30년 경력 국내 최고 데이터 컨설턴트가 알려주는 SQL 핵심!

PostgreSQL로 시작하는
SQL 코딩입문

SQL Programming **in PostgreSQL**

PostgreSQL로 시작하는 SQL 코딩입문(활용편)
SQL Programming in PostgreSQL

초판 발행 · 2019년 11월 15일

지은이 · 박상용

책임편집/진행 · 백소연 / **표지디자인** · 변효빈
편집디자인/인쇄 · 다큐솔루션

펴낸곳 · (주)엔코아
주소 · 서울시 서초구 서초대로46길 42
전화 · 02-754-7301 / **팩스** · 02-754-7305

ISBN 978-89-954474-6-8

정가 22,000원

엔코아 홈페이지 · www.en-core.com
플레이데이터 홈페이지 · https://playdata.io
플레이데이터 페이스북 · facebook.com/playdata.io
플레이데이터 인스타그램 · @playdata.io

예제 소스 · https://blog.naver.com/encore_playdata

> 이 책의 저작권은 (주)엔코아에 있으며, 저작권법에 의해 보호를 받는 저작물이므로 무단 복제 및 무단 전재를 금합니다. 내용의 전부 또는 일부를 이용하려면 반드시 (주)엔코아의 서면 동의를 받아야 합니다.

▶ 잘못된 책은 구입한 서점에서 바꿔 드립니다.

30년 경력 국내 최고 데이터 컨설턴트가 알려주는 SQL 핵심!

PostgreSQL로 시작하는
SQL 코딩입문

SQL Programming in PostgreSQL

박상용 지음

Part 02 활용편

| 지은이의 말

'PostgreSQL로 시작하는 SQL코딩입문'은 SQL의 기초적인 내용을 익히고자 하는 초심자를 위한 입문서이면서, 데이터베이스를 활용하는 다양한 SQL사례들을 제공하여 초중급 수준의 개발자까지 실무에서 활용이 가능하도록 구성하였습니다.

이 책에 앞서 출간된 기본편은 SQL과 데이터베이스에 대한 기본적인 개념과 함께 활용편에서 다루게 될 PostgreSQL에 특화된 다양한 SQL 문장을 익히는데 필요한 필수적인 기초 지식을 담고 있습니다. 활용편은 다양한 SQL 문장을 담고 있어, 다양한 예시를 통해 공부하고자 했던 분들의 아쉬움을 달래 드릴 수 있게 되었습니다.

이 책은 독자분이 기본편에 수록한 기본적인 SQL 문장을 소화했다는 전제 하에 실무에서 유용하게 사용할 수 있는 핵심적인 SQL 문장들을 포함하고 있습니다. 효율적인 페이지 처리 방법과 다양한 CTE활용 방법, 복합적인 DML 처리 등 일부는 복잡해 보일 수 있는 고급 SQL까지 배울 수 있습니다. 집필 의도에 맞추어 난해한 DBMS 내부의 처리 과정이나 SQL 튜닝의 영역까지는 다루지 않았지만, 필자가 현장에서 겪어본 수많은 경험에 비추어 SQL을 보다 효율적으로 사용할 수 있는 방법과 개념들을 소개하는데 주력하였습니다. 특히 실무 현장에서 SQL을 사용하고 있는 초급 개발자이거나 다소간의 실무 경험이 있으면서 SQL 활용 능력의 향상을 고대하시던 분들께 이 책에 수록된 내용이 단비가 되어드릴 수 있을 것입니다.

기본편에서도 말씀드렸지만 이 책은 SQL에 대한 지식과 기술을 습득하실 때 든든한 밑거름이 되어드릴 것입니다. 하지만, SQL에 대한 모든 내용, 특히 PostgreSQL에서 사용할 수 있는 모든 SQL을 다루고 있지는 않습니다. 이 책에서 다루지 않은 부분들은 다른 서적을 참고하시거나 인터넷 검색을 통해 더 많은 지식과 기술을 살펴보고 활용해 보시기 바랍니다. 그리고 DBMS 벤더에서 제공하는 기술 매뉴얼은 필독서에 해당하기 때문에 반드시 살펴보시기를 권장 드립니다.

이 책을 보시는 분들은 함께 제공해 드리는 SQL 스크립트를 통해 실습을 해 보실 수 있으며, PostgreSQL의 설치는 인터넷 검색이나 기본편에서 설명해 드린 내용을 참고하시기 바랍니다. 실습용 스크립트는 예제 SQL을 실행해 보실 수 있도록 구성하였습니다. 이 스크립트를 다양하게 응용해 봄으로써 독자분들은 필자의 기대를 훨씬 뛰어넘는 결과를 얻을 수도 있습니다.

앞서 말씀드린 바와 같이 이 책은 PostgreSQL을 매개로 하여 SQL을 활용하는 다양한 방법을 소개해 드리는데 중점을 두고 있습니다. 다음 기회에는 이 책에서 다루지 않았던 인덱스에 대한 내용이나 실행계획, SQL 성능에 대한 부분 등 좀 더 심화된 내용을 소개하여 독자분들의 SQL 사용 능력을 한 층 더 끌어올릴 수 있도록 해 보고자 합니다.

마지막으로 이 책을 집필하는데 많은 독려와 영감을 아낌없이 제공해 준 HRD본부 동료들을 비롯한 엔코아의 모두와 사랑하는 가족에게 깊은 감사를 드립니다.

2019년 11월
박 상 용

SQL 코딩입문 (활용편) 목차

Part 02 활용편

1장 SQL 활용력을 높이자

1.1 조회 결과의 가공	13
1.1.1 검색 결과 정렬하기	13
1.1.2 검색 결과 행 제한하기	20
1.1.3 함수를 이용한 행 단위 연산	29
1.1.4 VALUES 목록	86
1.2 데이터 그룹화	93
1.2.1 GROUP BY	93
1.2.2 HAVING	97
1.3 집계 함수(Aggregate Functions)의 사용	99
1.3.1 COUNT 함수	101
1.3.2 SUM 함수	103
1.3.3 AVG 함수	104
1.3.4 MIN 함수	105
1.3.5 MAX 함수	106
1.3.6 DISTINCT 함수	107

Part 02 활용편

1장 SQL 활용력을 높이자

1.4 서브 쿼리(SUB-QUERY)	108
1.4.1 서브 쿼리(SUB-QUERY)란?	108
1.4.2 단일행 서브 쿼리	115
1.4.3 다중행 서브 쿼리	117
1.4.4 다중 컬럼 서브 쿼리	121
1.4.5 상관 서브 쿼리	124
1.4.6 스칼라 서브 쿼리	127
1.4.7 WITH 서브 쿼리(공통 테이블 표현식)	128
1.4.8 인라인 뷰(INLINE VIEW)와 추출 테이블(DERIVED TABLE)	136
1.5 집합 연산	140
1.6 데이터의 계층적 질의	146

Part 02 활용편

2장 도전! SQL 레벨업

2.1 다중 행의 결과를 하나의 행에 나열	163
2.1.1 컬럼 값 연결(COLUMN VALUES CONCATENATION)	163
2.1.2 행을 열로 바꾸는 방법, 피봇(PIVOT)	168
2.2 단일 행을 다중 행으로 변환	183
2.2.1 하나의 열에 나열된 문자열을 다중 행으로 변환	183
2.2.2 단일 행의 다중 열을 다중 행으로 변환, 언피봇(UNPIVOT)	190
2.3 그룹 함수를 이용한 소계, 총계 구하기	196
2.3.1 ROLLUP	196
2.3.2 CUBE	213
2.3.3 GROUPING SETS	217
2.4 윈도우 함수에 대한 이해와 활용	221
2.5 페이지 처리	242

2.6 복잡한 DML 문장 255

- 2.6.1 SELECT 구문을 활용한 INSERT 255
- 2.6.2 SELECT 구문을 활용한 UPDATE, DELETE 257
- 2.6.3 JOIN을 통한 UPDATE 260
- 2.6.4 JOIN을 통한 단일 테이블 DELETE 262
- 2.6.5 다중 테이블 INSERT 262
- 2.6.6 다중 테이블 UPDATE 264
- 2.6.7 다중 테이블 DELETE 266
- 2.6.8 다양한 DML을 한 번에 처리 267
- 2.6.9 데이터 유무에 따른 UPDATE, INSERT 분기 처리 268

Part 01 기본편

1장
SQL 소개

1.1 SQL이란?

1.2 SQL의 역사

1.3 SQL과 표준 SQL

1.4 데이터와 데이터베이스

    1.4.1 데이터, 정보, 지식은 어떻게 다른가?

    1.4.2 데이터베이스와 데이터베이스 시스템

    1.4.3 데이터베이스 관리 시스템

    1.4.4 데이터베이스의 유형

1.5 RDBMS의 데이터 저장 기본 구조, 테이블

1.6 SQL, 입문자에서 고수가 되기까지

Part 01 기본편

2장 예제용 DB 만들기

2.1 왜 데이터베이스 설계가 필요한가?
    2.1.1 데이터베이스 설계란?
    2.1.2 데이터베이스는 어떻게 설계하는가?
    2.1.3 잘 설계된 데이터베이스의 특징
2.2 예제 DB 설계를 위한 업무 명세
2.3 예제 DB 설계하기
    2.3.1 단계1 : 업무 명세 내용 분석
    2.3.2 단계2 : 논리 데이터 모델을 설계한다
    2.3.3 단계3 : 물리 데이터 모델로 전환한다
    2.3.4 단계4 : 테이블을 생성한다

Part 01 기본편

3장 SQL 기본 다지기

3.1 SQL의 종류
    3.1.1 DDL(Data Definition Language, 데이터 정의어)
    3.1.2 테이블 정보 확인하기
    3.1.3 DML · 데이터 추가, 삭제, 갱신하기
3.2 데이터 조회(select) 기본
    3.2.1 SELECT 문장의 기본 구성
    3.2.2 SELECT 문장의 실행 순서
    3.2.3 출력할 열 제어하기
    3.2.4 조건절
    3.2.5 집합의 확장 검색 · 조인(JOIN)
    3.2.6 주석(Comment) 처리

1
SQL 활용력을 높이자

이 장에서는 기본적인 SQL 문장의 구성과 사용 방법을 충분히 이해했음을 전제로 SQL 활용 능력을 배가시키기 위한 다양한 SQL 문장 구성과 활용 사례를 설명합니다. 아울러 실무에서 접할 수 있는 다양한 상황을 가정하여 이를 SQL로 해결하는 방법도 살펴 보겠습니다. 그러나 지나치게 복잡한 SQL을 무리하게 작성해야 하는 상황은 가급적 배제해, SQL의 다양한 활용 방법과 SQL로 할 수 있는 일들을 이해할 수 있는 기회를 제공하며 SQL활용 능력을 배가시킬 수 있는 기틀을 제공합니다.

SQL 활용력을 높이자 | 1장

1.1 조회 결과의 가공

앞 장에서 테이블에 저장된 데이터를 원하는 조건으로 검색하여 조회하는 방법, 검색 조건을 지정하는 방법, 집합을 연결하는 방법 등 기본적인 SELECT 문장의 사용 방법을 살펴보았다. 이 절에서는 임의의 테이블 또는 여러 테이블을 연결하여 데이터를 조회할 때 실행 결과를 원하는 형태로 재구성하거나 가공하여 조회하는 방법에 대해 설명한다. 예를 들면 검색한 결과 집합을 원하는 기준에 따라 정렬하거나, 조회 결과 행이 매우 많을 경우 일정 분량씩 끊어서 조회-분할 조회-하게 한다. 또는 검색 결과 데이터를 출력하는데 있어서 연산이나 가공을 통해 가독성을 높이거나 또 다른 결과값을 만들어 내는 등의 조작이 포함된다. 이때 프로그램 작성에 자주 사용하는 IF ~ THEN ~ ELSE와 같은 제어문을 SELECT 문장에서 사용하는 방법 등 다양한 활용 방법도 함께 설명할 예정이다. 이 절에 설명하는 SELECT 문장의 사용 방법들은 실무 현장에서 매우 자주 사용되는 응용 형태이기 때문에 충분한 이해와 연습이 필요하다.

1.1.1 검색 결과 정렬하기

대부분의 DBMS는 테이블에 저장된 데이터를 조회할 때 입력(INSERT)된 순서로 행들이 출력된다. 그렇기 때문에 원하는 기준에 따른 순서로 검색 결과 집합을 조회해 출력하고자 한다면 추가적인 조작이 필요하다. 이러한 목적을 위해 사용되는 것이 ORDER BY 절이다. 즉, SELECT 문장의 마지막 위치에 ORDER BY 절을 추가함으로써 FROM과 WHERE 절에 의해 만들어진 검색 결과 집합에 대해 SELECT절에 기술된 내용에 따라 가공 처리된 결과 값을 ORDER BY절에 지정된 순서에 따라 정렬하여 출력하게 된다. 이러한 SELECT 문장의 처리 과정 혹은 처리 순서에 대해서는 앞 장에서 설명한 내용을 상기해 보기 바란다.

ORDER BY 절은 SELECT 문장에 의해 추출된 결과 집합을 지정한 기준에 따라 DBMS가 오름차순(Ascending Order)이나 내림차순(Descending Order)으로 정렬하는 처리까지 수행하라는 요구에 해당하는 구문이다. 관계형 데이터베이스에서 결과 집합의 정렬은 ORDER BY 절에 의해 수행된다. ORDER BY 절을 사용하는 예시는 다음과 같다.

```
1  SELECT 컬럼1, 컬럼2, ...
2  FROM   테이블1
3  WHERE  검색조건
4  ORDER BY 정렬기준컬럼1 ASC,
5           정렬기준컬럼2 DESC ;
```

ORDER BY 절에는 정렬 기준으로 사용하고자 하는 컬럼을 기술하며, 정렬 기준으로 사용하려는 컬럼이 여러 개인 경우는 콤마(,)로 구분하여 정렬 기준 컬럼을 나열한다. 이때 정렬 결과는 ORDER BY 절에 나열한 컬럼의 순서에 따라 순차적으로 적용된다. 위의 SELECT 문장을 예로 들면, ORDER BY 절에 두 개의 컬럼(정렬기준컬럼1, 정렬기준컬럼2)이 정렬 기준으로 제시되었기 때문에 결과 집합을 정렬할 때 첫 번째 위치에 있는 정렬기준컬럼1이 첫 번째 정렬 기준이 되어 이 컬럼의 데이터 값을 기준으로 정렬을 수행하게 된다. 정렬 수행 중 이 컬럼에 동일한 값이 있을 경우 두 번째 위치에 있는 컬럼인 정렬기준컬럼2가 두 번째 정렬 기준이 되어 이 컬럼의 데이터 값에 따라 2차 정렬을 수행한다.

```
1  SELECT 컬럼1, 컬럼2, ...
2  FROM   테이블1
3  WHERE  검색조건
4  ORDER BY 정렬기준컬럼1 ASC,     ← 첫 번째 정렬기준
5           정렬기준컬럼2 DESC ;    ← 두 번째 정렬기준
```

ORDER BY 절에 나열하는 각각의 정렬 기준 컬럼에 대해 오름차순이나 내림차순으로 정렬 순서를 지정할 수 있다. 각 정렬 기준 컬럼에 대해 정렬 순서를 지정하는 방법은 위 SQL의 예시와 같이 정렬 기준 컬럼명 다음에 최소 하나 이상의 공백을 추가한 후 뒤이어 오름차순일 경우는 ASC, 내림차순일 경우는 DESC 라는 키워드를 붙여준다. ASC나 DESC는 각각의 정렬 기준 컬럼에 대해 개별적으로 모두 지정되어야 하며, ASC가 기본 옵션이기 때문에 생략하면 자동적으로 오름차순으로 정렬된다.

```
Script                                              1장_01_검색결과의 정렬(1)
1    SELECT emp_no, emp_name, hire_date, sal, age
2    FROM    sqlstudy.enc_emp
3    ORDER BY hire_date DESC ;
```

```
SQL Shell (psql)
postgres=# SELECT emp_no, emp_name, hire_date, sal, age
postgres-# FROM    sqlstudy.enc_emp
postgres-# ORDER BY hire_date DESC ;
 emp_no | emp_name |  hire_date  |  sal   | age
--------+----------+-------------+--------+-----
    110 | 신회장   | 2001-10-01  | 100000 |  70
    109 | 도윤완   | 2001-09-01  |  90000 |  45
    108 | 송현철   | 2001-08-01  |  80000 |  32
    107 | 도인범   | 2001-07-01  |  70000 |  35
    106 | 장기태   | 2001-06-01  |  60000 |  43
    105 | 오명심   | 2001-05-01  |  50000 |  43
    104 | 남도일   | 2001-04-01  |  40000 |  46
    103 | 윤서정   | 2001-03-01  |  30000 |  36
    102 | 강동주   | 2001-02-01  |  20000 |  35
    101 | 김사부   | 2000-01-01  |  10000 |  45
(10개 행)

postgres=#
```

[그림 1-1] order by 절을 사용한 내림차순 정렬 문장 예시와 실행 결과

ORDER BY 절에는 정렬 기준 컬럼을 포함하여 다음과 같은 다양한 정렬 기준이 사용될 수 있다.

- 정렬 기준으로 사용하고자 하는 컬럼
- SELECT 절에 사용된 컬럼의 별명(ALIAS)
- SELECT 절에 나열한 컬럼의 위치 번호
- 연산식 혹은 표현식(Expression)

컬럼이 아닌 연산식 혹은 표현식 등이 정렬 기준이 된 경우는 연산식 혹은 표현식을 수행한 결과값에 따라 정렬을 수행한다. ORDER BY 절에 나열하는 정렬 기준 컬럼이나 표현식 등은 SELECT 절에 나열되지 않아도 사용할 수 있으며, 이 경우는 주어진 정렬 기준을 정렬 작업에만 활용하고 출력 결과에는 포함시키지 않는다.

참고로 SQL의 SELECT 절에 열거된 컬럼 이름이나 FROM 절에 명시한 테이블 이름의 우측에 한 칸 이상을 이격하여 명시한 별명을 ALIAS 라고 부르며, 해당 SQL 문장 내에서 컬럼이나 테이블의 이름을 간결하게 줄여서 지칭하고자 하는 경우에 사용한다.

일반적으로 숫자나 특수 문자로 시작하지 않아야 하며, 공백이나 특수문자를 포함하거나 대소문자를 구분하여 그대로 사용하고자 할 때는 이중인용부호("")로 둘러싸야 한다. DBMS와 버전에 따라서는 한글 단어를 ALIAS로 사용할 수도 있다.

표준 SQL에서는 SELECT 절에 나열된 컬럼만을 ORDER BY 절에 사용할 수 있도록 한다. 그러나 대부분의 DBMS는 SELECT 절에 나열하지 않은 컬럼일지라도 정렬 기준으로 사용할 수 있도록 하고 있으며, 이 책에서 다루고 있는 PostgreSQL도 이 범주에 속한다. 그러나 이와 같은 확장 방식은 버전이 바뀌면 달라질 수 있다. 더불어 DBMS에 따라 차이도 있기 때문에 소스 코드 변경 없이 다른 DBMS에서 실행시킬 수 있는 이식성을 감안하더라도 가능하면 표준SQL 방식에 맞춰 SELECT 절에 나열된 컬럼이나 표현식을 정렬 기준으로 가져가는 것이 유리하다.

SELECT 절에 명시하지 않은 컬럼을 ORDER BY 절에 사용할 수 있다 하더라도 GROUP BY 절이 존재하거나 결과 집합을 그룹화하는 DISTINCT, UNION 등이 포함된 경우는 SELECT 절에 명시된 컬럼만 ORDER BY 절에 사용할 수 있다.

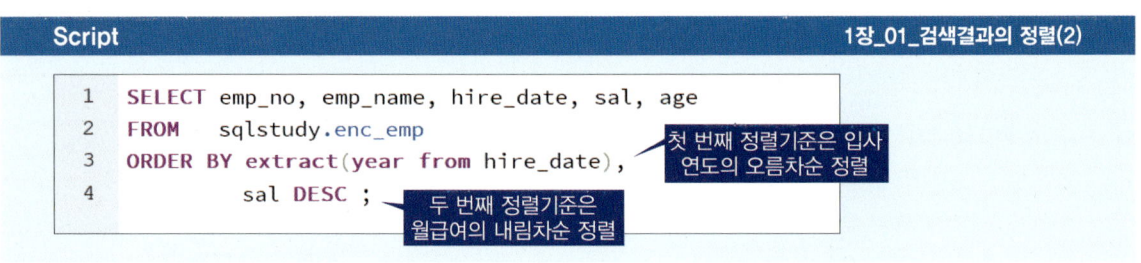

```
postgres=# SELECT emp_no, emp_name, hire_date, sal, age
postgres-# FROM    sqlstudy.enc_emp
postgres-# ORDER BY extract(year from hire_date),
postgres-#          sal DESC ;
 emp_no | emp_name | hire_date  |  sal   | age
--------+----------+------------+--------+-----
    101 | 김사부   | 2000-01-01 |  10000 |  45
    110 | 신회장   | 2001-10-01 | 100000 |  70
    109 | 도윤완   | 2001-09-01 |  90000 |  45
    108 | 송현철   | 2001-08-01 |  80000 |  32
    107 | 도인범   | 2001-07-01 |  70000 |  35
    106 | 장기태   | 2001-06-01 |  60000 |  43
    105 | 오명심   | 2001-05-01 |  50000 |  43
    104 | 남도일   | 2001-04-01 |  40000 |  46
    103 | 윤서정   | 2001-03-01 |  30000 |  36
    102 | 강동주   | 2001-02-01 |  20000 |  35
(10개 행)

postgres=#
```

[그림 1-2] order by 절에 사용 가능한 컬럼 예시

ORDER BY 절에 나열하는 컬럼이나 표현식 등이 SELECT 절에 나열한 컬럼이나 표현식 등과 동일한 경우, ORDER BY 절에 컬럼이나 표현식 등을 직접 기술하는 대신 아래와 같이 SELECT 절에 나열된 해당 컬럼이나 표현식 등의 위치 번호를 사용할 수도 있다. ORDER BY 절에 SELECT 절에서의 위치 번호를 사용하더라도 각각의 정렬 기준에 대해 ASC나 DESC는 동일하게 추가 지정할 수 있다. 그러나 이 방법은 SELECT 절에 나열한 컬럼의 순서가 바뀌면 정렬 기준이 의도치 않게 바뀔 수 있어 SQL을 작성하여 시험하거나 일시적으로 사용할 SQL을 작성할 때는 편의상 유용할 수 있다. 하지만 다른 사용자가 사용할 응용 프로그램의 소스 코드 내에 내장하는 경우에는 가급적 컬럼명을 지정하는 방식이 유리하다.

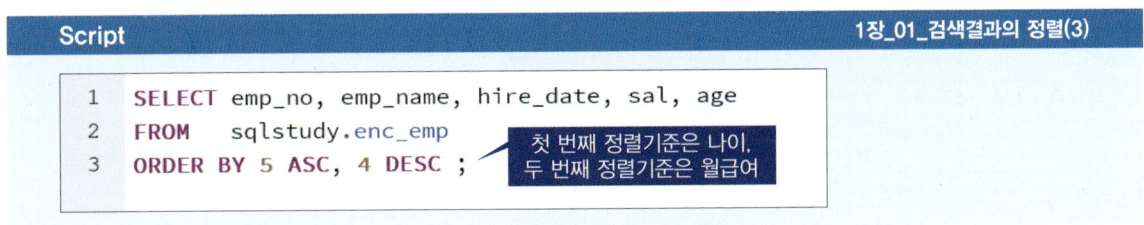

```
SQL Shell (psql)

postgres=# SELECT emp_no, emp_name, hire_date, sal, age
postgres-# FROM    sqlstudy.enc_emp
postgres-# ORDER BY 5 ASC, 4 DESC ;
 emp_no | emp_name | hire_date  |  sal   | age
--------+----------+------------+--------+-----
    108 | 송현철   | 2001-08-01 |  80000 |  32
    107 | 도인범   | 2001-07-01 |  70000 |  35
    102 | 강동주   | 2001-02-01 |  20000 |  35
    103 | 윤서정   | 2001-03-01 |  30000 |  36
    106 | 장기태   | 2001-06-01 |  60000 |  43
    105 | 오명심   | 2001-05-01 |  50000 |  43
    109 | 도윤완   | 2001-09-01 |  90000 |  45
    101 | 김사부   | 2000-01-01 |  10000 |  45
    104 | 남도일   | 2001-04-01 |  40000 |  46
    110 | 신회장   | 2001-10-01 | 100000 |  70
(10개 행)

postgres=#
```

[그림 1-3] select 절의 컬럼 위치를 order by 정렬 기준으로 사용한 예시

정렬 기준 컬럼에 빈값(null)이 포함된 경우 DBMS 종류에 따라서 빈값(null)을 가장 큰 값 또는 가장 작은 값으로 취급한다. 오라클이나 DB2 와 같은 DBMS에서는 빈값(null)을 가장 큰 값으로 취급하고, SQL Server나 MySQL 같은 DBMS에서는 가장 작은 값으로 취급한다. 이 책에서 다루고 있는 PostgreSQL에서는 빈값(null)을 가장 큰 값으로 취급한다.

TABLE : T1

COL1	COL2	COL3
1	2	aa
2	10	Ba
3	1	[null]
4	6	CC
5	[null]	BCA
6	[null]	BBD
7	3	Aa

Script

1장_01_검색결과의 정렬(4)

SELECT COL1, COL2, COL3 FROM T1 ORDER BY COL2 ASC;

결과

col1 integer	col2 integer	col3 text
3	1	[null]
1	2	aa
7	3	Aa
4	6	CC
2	10	Ba
5	[null]	BCA
6	[null]	BBD

Script

1장_01_검색결과의 정렬(5)

SELECT COL1, COL2, COL3 FROM T1 ORDER BY COL2 DESC;

결과

col1 integer	col2 integer	col3 text
5	[null]	BCA
6	[null]	BBD
2	10	Ba
4	6	CC
7	3	Aa
1	2	aa
3	1	[null]

1.1.2 검색 결과 행 제한하기

테이블에 저장된 데이터를 조회할 때, 출력할 대상 집합의 행이 너무 많으면 한 화면에 모두 보여줄 수 없게 된다. 이때 출력할 대상 행을 일정 개수 단위로 끊어서 분할 출력 한다면 조회 결과를 확인하는데 훨씬 편리할 것이다. 이와 같이 출력 대상 집합을 일정 개수 단위로 끊어서 분할 출력하는 방식을 일반적으로 TOP-N 쿼리라고 부른다.

TOP-N 쿼리를 처리하는 방식은 상당한 시간 동안 표준SQL에 수용되지 않았기 때문에 DBMS마다 다르게 발전해 왔다. 오라클의 경우는 ROWNUM이라는 가상 컬럼(PSEUDO COLUMN)을 이용한 STOP KEY 처리 방식을 사용하고, SQL SERVER는 TOP 옵션을 사용한다. 또 다른 많은 DBMS의 경우는 LIMIT 절을 사용하는 방법 등 다양하게 TOP-N 쿼리를 구현하고 있다. PostgreSQL의 경우도 쿼리 결과로 반환되는 결과 집합의 행 수를 제한하기 위해 LIMIT 절을 사용할 수 있다. 하지만 이들은 모두 표준SQL이 아니기 때문에 DBMS 마다 사용 방법이 차이가 있고 따라서 호환성에도 제약이 있다.

PostgreSQL에서 LIMIT 절을 사용하는 문장의 형태는 다음과 같다.

```
1  SELECT ...
2  FROM    테이블 또는 테이블 표현식
3  [WHERE ...]
4  [ORDER BY ...]
5  [LIMIT {출력행수 | ALL}] [OFFSET 건너뛸행수]
```

위 SELECT 문장의 5번 라인에 보이는 것처럼 LIMIT 다음에 출력할 행 수를 지정한다. 출력할 행 수는 일반적으로 양의 정수일 때 의미가 있으며, 출력할 행의 개수 대신 ALL 이나 빈값(NULL) 이 지정되면 LIMIT 절을 생략한 것과 동일하게 처리되어 결과 집합의 모든 행이 출력된다. 출력할 행 수에 0을 지정하면 공집합(EMPTY SET)이 반환된다.

위 SELECT 문장의 5번 라인에 제시된 OFFSET은 검색 결과 집합을 출력할 때 건너뛸 행 수를 지정한다. 즉, 검색 결과 집합을 출력할 때 LIMIT 절을 사용하여 먼저 출력한 행이 있다면 그 행들을 건너뛰어 다음 행부터 출력하기 위한 목적으로 사용된다. 건너뛴다는 의미는 결과 집합의 첫 행부터 시작하여 OFFSET 절에 지정한 행 수를 지날 때까지는 결과 집합을 스캔만 하고, 지정한 행 수를 지나면 그 때부터 출력을 시작한다는 의미이다. 이때 LIMIT 절이 있으면 LIMIT 절에 지정한 행 수까지만 출력이 되고, LIMIT 절을 지정하지 않았으면 OFFSET 절에 지정한 행 수를 지난 지점부터 결과 집합의 끝까지 모든 행이 출력된다. LIMIT 절에 지정한 출력할 행 수보다 결과 집합 자체나 남은 결과 집합의 행 수가 적으면 이 제한값 이하의 행 수로 출력될 수 있다.

OFFSET 절의 건너뛸 행 수에 0이나 빈값(null)이 지정되면 OFFSET 절을 생략한 것과 동일하고, 결과 집합의 전체 행 수보다 큰 값을 지정하면 공집합이 반환된다. PostgreSQL에서 LIMIT와 OFFSET 뒤에는 추가적인 키워드 없이 각각의 의미에 해당하는 숫자만 지정하면 된다.

LIMIT와 OFFSET 절을 사용한 SELECT 문장의 예시는 다음과 같다.

예시 — 1장_02_검색결과 행의 출력제한(1)

```
1  SELECT * FROM ENC_EMP LIMIT 3 ;
```

결과

	emp_no integer	emp_name text	dept_no integer	hire_date date	sal integer	manager_emp_no integer	age integer	area text
1	101	김사부	100	2000-01-01	10000	110	45	정선
2	102	강동주	100	2001-02-01	20000	101	35	정선
3	103	윤서정	200	2001-03-01	30000	101	36	정선

Script — 1장_02_검색결과 행의 출력제한(2)

```
1  SELECT * FROM ENC_EMP LIMIT 3 OFFSET 3 ;
```

결과

	emp_no integer	emp_name text	dept_no integer	hire_date date	sal integer	manager_emp_no integer	age integer	area text
1	104	남도일	200	2001-04-01	40000	101	46	부산
2	105	오명심	300	2001-05-01	50000	101	43	부산
3	106	장기태	300	2001-06-01	60000	109	43	대전

LIMIT를 사용하여 결과 집합의 행 수를 제한하는 것은 결과 집합을 일정한 순서로 정렬하여 조회할 때 더 의미가 있다. 사실 테이블에 데이터가 저장된 상태는 일반적으로 사용자가 원하는 정렬 순서와 무관한 경우가 대부분이다. 사용자가 데이터를 조회하는 거의 모든 형태는 저장된 데이터에 대해 '가장 최근' 이나 '가장 큰' 혹은 '가장 작은' 것부터 순서대로 조회하는 경우가 대부분이다. 이러한 목적을 위해서는 필연적으로 ORDER BY 절을 사용하게 되며, 이렇게 사용자가 원하는 정렬 순서를 지정한 상태에서 일관된 정렬 순서를 유지하면서 일정 행을 각각 나누어 출력을 하기 때문에 TOP-N이라는 말이 사용되는 것이다. ORDER BY를 지정하지 않으면, 결과 집합의 크기나 DBMS가 결과 집합을 생성하는 방식 등에 따라 반환되는 집합의 행 순서가 달라질 수 있기 때문에 10번째에서 20번째 행을 요청할 경우 어떤 데이터가 반환될지 알 수 없게 된다. 다시 말해서 ORDER BY를 사용하여 일관된 정렬 순서를 유지한 상태에서 LIMIT 및 OFFSET이 사용되어야 결과 집합을 나누어서 조회할 때 연속성을 유지할 수 있다는 것이다. 다음은 ORDER BY 절을 사용하여 일관된 정렬 순서를 유지하도록 한 상태에서 LIMIT와 OFFSET을 사용하는 예시이다.

 사원 테이블에서 월급여가 가장 많은 사원부터 순서대로 3명을 출력하라.

예시   1장_02_검색결과 행의 출력제한(3)

```
1  SELECT * FROM ENC_EMP
2  ORDER BY SAL DESC
3  LIMIT 3 ;
```

결과

	emp_no integer	emp_name text	dept_no integer	hire_date date	sal integer	manager_emp_no integer	age integer	area text
1	110	신회장	400	2001-10-01	100000	[null]	70	서울
2	109	도윤완	400	2001-09-01	90000	110	45	서울
3	108	송현철	400	2001-08-01	80000	109	32	대구

사원 테이블에서 월급여가 가장 많은 순서로 4번째부터 3명을 출력하라.

예시 1장_02_검색결과 행의 출력제한(4)

```
1  SELECT * FROM ENC_EMP
2  ORDER BY SAL DESC
3  LIMIT 3 OFFSET 3 ;
```

결과

	emp_no integer	emp_name text	dept_no integer	hire_date date	sal integer	manager_emp_no integer	age integer	area text
1	107	도인범	300	2001-07-01	70000	101	35	대전
2	106	장기태	300	2001-06-01	60000	109	43	대전
3	105	오명심	300	2001-05-01	50000	101	43	부산

OFFSET 절은 건너뛸 행 수를 충족할 때까지 출력하지 않고 단지 읽고 지나가기만 하기 때문에, OFFSET 절을 사용할 때 건너뛸 행 수가 커질수록 읽고 버릴 행도 늘어나 비효율이 커지고, 그만큼 쿼리 수행 성능도 나빠질 수 있다는 점을 고려해야 한다.

TOP-N 쿼리를 처리하는 방법에 대한 표준화는 이 기능이 SQL의 핵심적인 부분이 아니고, 더욱이 각 DBMS들이 독자적인 방법으로 해결을 해 왔기 때문에 표준SQL에서 오랫동안 다루어지지 않았다. 그러나 마침내 SQL:2008 표준SQL 버전에 와서 FETCH FIRST 절을 정의

함으로써 이루어졌다. 현재 IBM DB2, PostgreSQL, SQL Server 2012 및 Oracle 12c 등 SQL:2008 버전을 수용하고 있는 DBMS들은 FETCH FIRST 절을 사용하여 TOP-N 쿼리를 처리할 수 있다. 하지만 DBMS에 따라 수용 범위가 조금씩 다르고, 각각의 DBMS가 갖고 있던 기존의 TOP-N 처리 방식과의 호환 때문에 조금씩의 차이가 나타나기도 한다. PostgreSQL에서 FETCH FIRST 절을 사용하는 문장의 예시는 다음과 같으며, 대괄호 [ ]는 생략 가능함을, 중괄호 { }는 내부의 수직바 | 표시로 구분한 것들 중 하나를 선택해야 함을 나타낸다.

```
1  SELECT ...
2  FROM      테이블 또는 테이블 표현식
3  [WHERE ...]
4  [ORDER BY ...]
5  [OFFSET 건너뛸행수 {ROW | ROWS}]
6  [FETCH {FIRST | NEXT} [출력할행수] {ROW | ROWS} ONLY] ;
```

위 문장의 5번과 6번 라인에서

- ROW 와 FIRST 는 각각 ROWS 및 NEXT 와 동의어이다.
- '건너뛸행수' 는 0(Zero) 이상의 양의 정수여야 한다. 기본적으로 0(Zero)이나 빈값(NULL)은 OFFSET 절을 생략한 것과 같다. '건너뛸행수' 의 값이 결과 집합의 행 수보다 크면 공집합이 반환된다.
- '출력할행수'는 1 이상이어야 하며, '출력할행수'를 지정하지 않으면 기본적으로 1로 처리한다. 또한 0(Zero)을 지정하면 공집합을 반환하며, 빈값(NULL)을 지정하면 FETCH FIRST 절을 생략한 것과 동일하다.
- 6번 라인의 FETCH FIRST절 사용 시 ONLY 키워드는 반드시 함께 사용해야 한다.

위 문장의 4번 라인과 같이 결과 집합을 항상 원하는 정렬 순서로 보려면 ORDER BY 절을 사용한 상태에서 FETCH FIRST 절을 사용해야 한다. 다음은 FETCH FIRST 구문을 사용하는 예시이다.

사원 테이블에서 월급여가 가장 많은 순서로 4번째부터 3명을 출력하라.

예시 　　　　　　　　　　　　　　　　　　　　　　　1장_02_검색결과 행의 출력제한(5)

```
1   SELECT * FROM ENC_EMP
2   ORDER BY SAL DESC
3   OFFSET 3 ROWS
4   FETCH FIRST 3 ROWS ONLY ;
```

결과

	emp_no integer	emp_name text	dept_no integer	hire_date date	sal integer	manager_emp_no integer	age integer	area text
1	107	도인범	300	2001-07-01	70000	101	35	대전
2	106	장기태	300	2001-06-01	60000	109	43	대전
3	105	오명심	300	2001-05-01	50000	101	43	부산

SQL:2008 표준SQL 버전에 따르면 FETCH 절 앞에 OFFSET 절이 와야 한다. 그러나 PostgreSQL에서는 OFFSET과 FETCH 절의 순서에 제약을 두지 않는다.

FETCH FIRST 절에 지정한 행 수를 출력할 때 ORDER BY 정렬 기준으로 사용된 컬럼이나 컬럼 표현식의 결과에 동일값이 있을 경우 표준SQL에서는 WITH TIES 옵션을 추가하여 동일한 정렬 기준값을 갖고 있는 행들을 추가로 더 출력하도록 정의하고 있다. 하지만 PostgreSQL은 현재 최종 버전인 11버전에서도 아직까지 WITH TIES 옵션이 반영되지 않고 있다. 이 부분은 현재도 PostgreSQL 개발자들 간에 계속적으로 활발한 논의가 진행되고 있어 다음 버전에서는 반영될 수 있을 것으로 기대된다.

TOP-N 쿼리는 일관된 정렬 순서로 결과 집합을 연속성 있게 분할 출력하는 유용한 방법을 제공하지만, 앞에서 언급한 바와 같이 결과 집합이 매우 크거나 OFFSET 절의 건너뛸 행 수가 너무 커서 읽고 지나가야 하는 행이 늘어날수록 수행 속도가 저하되는 문제가 있다. 이는 결과 집합에 대한 ORDER BY 정렬을 수행하려면 결과 집합의 마지막 행까지 모두 읽어야만 정렬 기준에 따른 가장 크거나 가장 작은 값을 알 수 있기 때문에 결과 집합이 클수록 모두 읽는데 시간이 더 걸릴 수밖에 없다. 또한 LIMIT 절은 ORDER BY 정렬을 위해 결과 집합을 모두 읽은 후에 정렬을 시도할 때 LIMIT 절에 지정한 출력할 행 수까지만 정렬을 수행하고 그 이하는 정렬을 수행하지 않는 동작 방식을 갖고 있다. 그러나 OFFSET 절이 있으면 건너뛸 행 수를 충족할 때까지 정렬을 계속 수행해야 하기 때문에 결과적으로 LIMIT 절에 지정한 행 수까지 포함하여 정렬을 수행할 범위가 되어 OFFSET 절의 값이 클수록 정렬 부담이 커져서 성능에 영향을 주게 된다. 아래 그림은 ORDER BY 쿼리와 TOP-N쿼리의 동작 방식을 비교한 것이다.

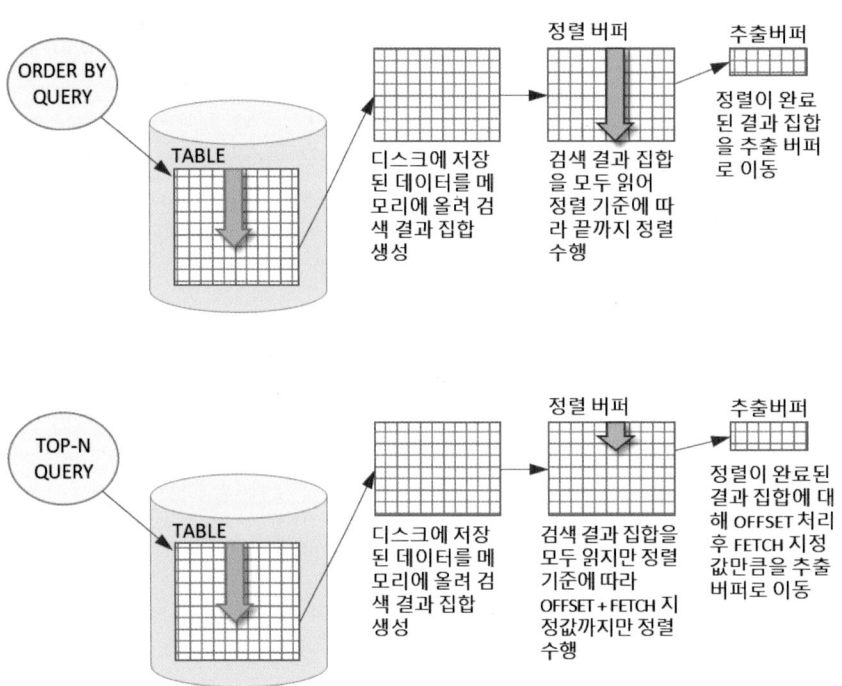

[그림 1-4] ORDER BY 쿼리와 TOP-N쿼리의 동작 방식 비교

TOP-N 쿼리를 처리할 때 이와 같은 성능 문제를 해소하기 위한 방법으로 PIPELINED ORDER BY혹은 PIPELINED SORTING 이라고 부르는 처리 방식을 사용할 수 있다.

한 예로 가장 최근의 판매 건부터 10개의 판매 건을 조회하고자 하는 경우, DBMS는 모든 판매 건을 읽어 판매 일자를 내림차순으로 정렬한 후 판매 일자가 가장 큰 첫 번째 행부터 10개를 추출할 수 있다. 그러나 DBMS가 단지 10개의 행만 필요하다는 사실을 알고 있고, 또한 판매 일자 (SALE_DATE) 컬럼에 적당한 인덱스가 있다면, 인덱스가 갖고 있는 정렬 순서를 활용하여 판매 일자가 가장 큰 행부터 작은 행 순으로 인덱스(테이블에 저장된 데이터를 빠르게 찾을 수 있도록 지정한 컬럼값의 크기 순으로 해당 컬럼을 오름차순이나 내림차순으로 정렬하여 별도로 저장하고 있는 공유 가능한 데이터베이스 개체)를 읽어가면서 해당하는 실제 행을 추출하고, 10개의 행을 채우고 나면 더 이상의 실행은 하지 않고 멈출 수 있다. 이렇게 하면 결과 집합 전체를 읽고 정렬할 필요가 없어서 성능적으로 큰 효과를 얻을 수 있다. 아래 그림은 PIPELINED TOP-N 쿼리의 동작 방식을 표현한 것이다.

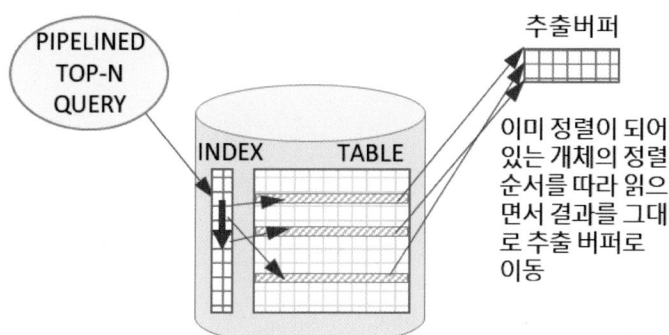

[그림 1-5] PIPELINED TOP-N 쿼리의 동작 방식

이와 같은 PIPELINED ORDER BY 혹은 PIPELINED SORTING은 웹 화면 게시판의 게시글 목록을 일정 행씩 나누어서 페이지로 구분하여 보여주는 화면과 같이 페이지 처리를 구현하는 화면에서 자주 사용된다. 하지만 테이블에 저장된 데이터 양에 관계 없이 즉각적인 성능 향상 효과를 얻을 수 있다 하더라도, 역시 OFFSET 절에 의해 먼저 출력한 부분들을 읽고 지나가는 문제를 갖고 있다. 따라서 인덱스를 사용하지 않는 일반적인 TOP-N 쿼리만큼의 비효율은 아니더라도 OFFSET 절에 지정한 값이 커질수록 읽고 지나갈 범위도 늘어나 성능적으로 비효율이 커진다. 아래 그림은 PIPELINED ORDER BY 처리 시의 비효율에 대해 표현한 것이다.

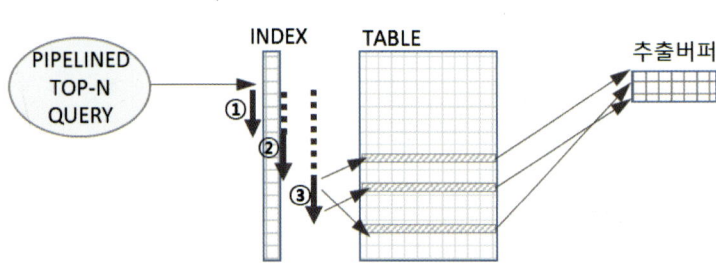

[그림 1-6] PIPELINED ORDER BY 처리 시의 비효율

이를 극복하는 방법을 비롯하여 효과적으로 페이지 처리를 하는 방법에 대해서는 뒤에서 다시 설명할 것이다. 아래는 페이지 처리가 구현된 예시로, DBGuide.net 사이트의 한 게시판 화면의 모습이다.

번호	분류	제목	작성일	조회수
3389	Etc	데이터 폭증 시대에 발맞추는 저장장치 기술	2018.01.08	3445
3388	Etc	쿼리박스(QueryBox), DBA를 위한 무료 멀티 데이터베이스 성능 관리 도구	2017.11.24	3102
3387	Etc	데이터 품질관리 솔루션 SDQ	2017.06.02	3963
3386	Etc	다운타임 없는 서비스 구현 패턴	2017.05.29	1956
3385	Etc	쿼리박스(QueryBox), 사용이 편리한 무료 멀티 데이터베이스 쿼리 툴	2016.12.05	5024
3384	Etc	디지털, 속도의 전쟁 VS 데이터, 품질의 전쟁	2016.11.28	2275
3383	Etc	네트워크 분석의 이론과 적용 사례	2016.11.16	4125
3382	Etc	정규화와 응집도에 대한 고찰	2016.09.26	3205
3381	Etc	엑셀보다 쉬운 SAS 엔터프라이즈 가이드	2016.08.09	3677
3380	Oracle	SSD에서 클라우드 : 스토리지 저장매체의 발전과 데이터 활용 특성	2016.07.20	3005

[그림 1-7] 페이지 처리가 구현된 웹 게시판 화면 예시

1.1.3 함수를 이용한 행 단위 연산

함수는 일반 프로그램에서 제공하는 함수들과 같은 개념으로, 입력 인자로 제공한 데이터를 미리 정해진 규칙에 따라 조작하여 그 결과를 반환한다. 함수는 사용자들 간에 공유가 가능한 데이터베이스 개체이며, SQL 문장 내에 내장하여 사용하거나 데이터베이스 내에서 사용하기 때문에 일반 프로그램에서 사용하는 함수와 구별하여 SQL 함수라고 부르기도 한다. 아래 그림은 함수의 동작 개념을 표현한 것이다.

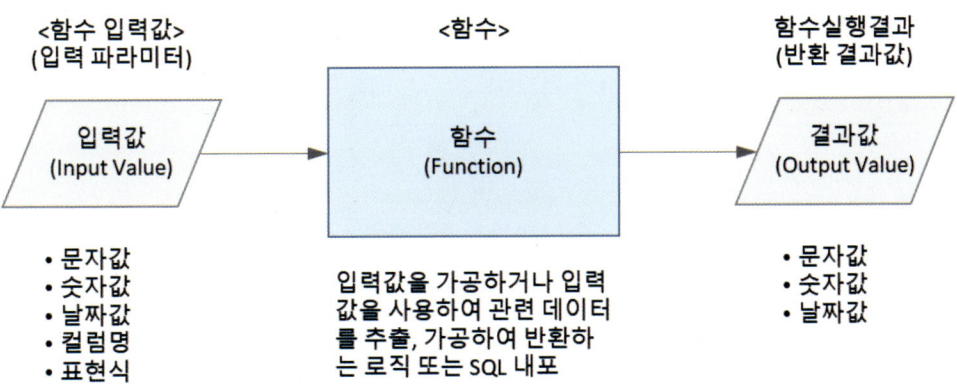

[그림 1-8] 함수의 동작 개념

함수(FUNCTION)는 다양하게 분류할 수 있다. DBMS에 기본적으로 내장하여 제공되는지, 사용자가 직접 만들 수 있는지에 따라 내장함수(BUILD-IN FUNCTION)와 사용자 정의 함수(USER-DEFINED FUNCTION)로 나눌 수 있다. 내장 함수는 다시 처리 대상, 즉 입력값이 단일행인지 여러 행인지에 따라 단일행 함수(SINGLE-ROW FUNCTION)와 다중행 함수(MULTI-ROW FUNCTION)로 나누기도 한다. 여기서 다중행 함수는 더 세분화하여 집계 함수(AGGREGATE FUNCTION), 그룹 함수(GROUP FUNCTION), 윈도우 함수(WINDOW FUNCTION) 등으로 나눌 수 있다. 여기서는 내장 함수 중 PostgreSQL이 제공하는 단일행 함수를 중심으로 설명한다. 아래 그림은 단일행 함수와 다중행 함수의 동작 개념을 표현한 것이다.

□ 단일행 함수(SINGLE-ROW FUNCTION)

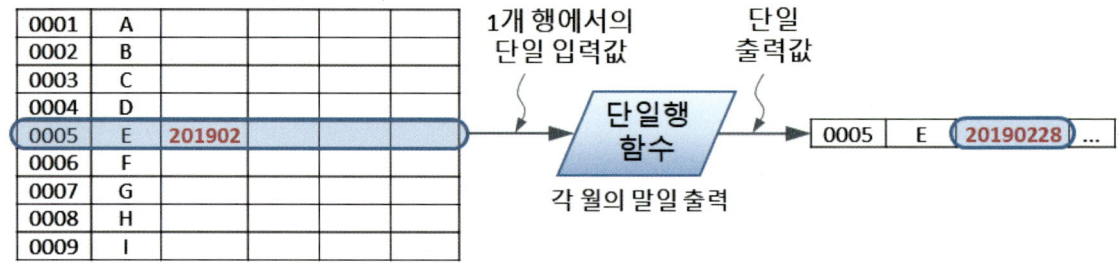

□ 다중행 함수(MULTI-ROW FUNCTION)

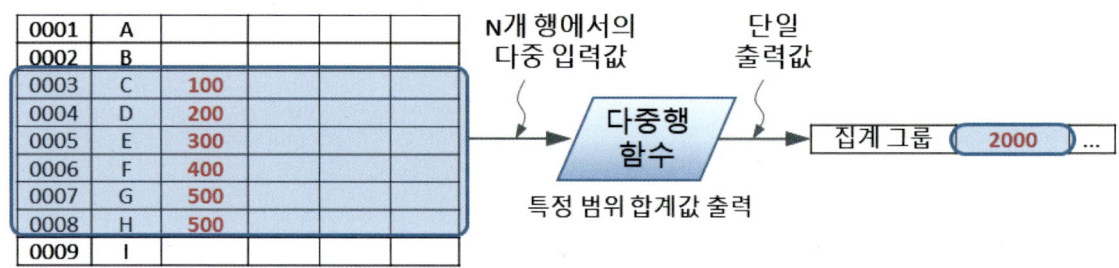

[그림 1-9] 단일행 함수와 다중행 함수의 동작 개념

내장 함수는 데이터 값들을 간편하게 조작할 수 있도록 하고, 그 유형에 따라 다양한 결과를 생성하여 SQL을 좀 더 효과적으로 사용할 수 있도록 해 준다. 내장 함수는 표준SQL에 따라 대부분의 DBMS가 공통적으로 제공하는 것도 있고, DBMS 마다 독자적으로 제공하고 있는 것도 있다. 또한 공통적으로 제공하는 함수라 하더라도 그 이름이나 표현법에서 다소 차이가 있는 등 DBMS에 따라 큰 차이가 나타나는 부분이다.

일반적으로 함수는 입력되는 값이 하나 이상이라도 출력은 단일하기 때문에 입력과 출력이 다대일(M:1) 형태로 비교되는 특징을 갖고 있으며, 함수에 입력되는 값 또한 하나 이상의 인자가 사용될 수 있다. 함수의 인자는 함수명 뒤에 괄호를 사용하여 그 괄호 안에 표시하고, 괄호 안에 표시된 인자의 값이 함수에 입력되어 일련의 조작을 거친 후 하나의 출력값을 생성한다. 입력값으로 사용될 수 있는 데이터 형식은 문자, 숫자, 날짜/시간, 기간 등으로 다양하며, 출력값의 데이터 형식 또한 문자, 숫자, 날짜/시간, 기간 등 다양하게 나타날 수 있다. 단일행 함수가 처리하는 입력값의 데이터 형식에 따라 문자형 함수, 숫자형 함수, 날짜형 함수, 변환형 함수 등으로 구분해 볼 수 있으며, 앞에서 언급한 바와 같이 DBMS 마다 상당히 많은 종류의 내장 함수를 제공하면서 사용법도 각기 다른 경우가 많으므로 해당 DBMS별로 매뉴얼을 참조하는 것이 좋다.

(1) 문자형 함수(CHARACTER/STRING FUNCTION)

문자형 함수는 문자값을 검사 및 조작하는 함수를 말하며, 문자 데이터를 입력을 받아서 문자나 숫자값으로 결과를 반환한다. 입력에 사용되는 문자 데이터 형식은 고정 문자형(CHAR, CHARACTER)이나 가변 문자형(VARCHAR, CHARACTER VARYING, TEXT 등) 등이며, 고정 문자형 데이터는 정의된 길이보다 입력값이 짧을 경우 남은 길이를 공백 문자로 채워서 저장하기 때문에 일부 문자형 함수 사용 시 주의가 필요하다. 함수의 입력 인자로 사용되는 입력 형태는 문자 형식의 상수, 변수, 컬럼, 그리고 문자값을 결과로 반환하는 또 다른 함수가 될 수 있다.

PostgreSQL에서 함수는 입력 인자를 구분하기 위해 쉼표(,)를 사용할 수도 있지만 키워드를 사용하는 함수도 있다. PostgreSQL에서 빈번하게 사용되는 대표적인 문자형 내장 함수는 다음과 같다. 함수 형식에서 대괄호 [ ]는 생략 가능함을 나타낸다.

1) 문자열 병합/연결 함수
① ||
- 함수 형식 : 인자1 || 인자2 [|| ...]

    * 인자1, 인자2 등의 입력 인자들은 문자열이나 비문자열 모두 가능
- 반환값 데이터 형식 : text
- 함수 설명 : 문자열을 병합 또는 연결(CONCATENATION) 하며, 입력 인자 중 하나라도 빈값(NULL)이 있으면 결과는 빈값(NULL)이 된다.

예시	1장_03_문자열함수_문자열병합,연결함수(1)

'Home' || ' ' || 'Study' ➡ Home Study
'Value : ' || 56 ➡ Value : 56
'ABC' || NULL || 43 ➡ 빈값(NULL)

② CONCAT

- 함수 형식 : CONCAT(인자1, 인자2 [, ...])

  * 인자1, 인자2 등의 입력 인자들은 문자열이나 비문자열 모두 가능

- 반환값 데이터 형식 : text

- 함수 설명 : || 와 마찬가지로 모든 인수의 문자열 표현을 병합 또는 연결(CONCATENATION) 하지만, || 와 다른 점은 입력 인자 중 빈값(NULL)은 무시하고 처리한다는 것이다.

예시	1장_03_문자열함수_문자열병합,연결함수(2)

CONCAT('Home', ' ', 'Study') ➡ Home Study
CONCAT('Value : ', 56) ➡ Value : 56
CONCAT('ABC', NULL, 43) ➡ ABC43

③ CONCAT_WS

- 함수 형식 : CONCAT_WS(구분자 문자, 인자1, 인자2 [, ...])

  * 인자1, 인자2 등의 입력 인자들은 문자열이나 비문자열 모두 가능

- 반환값 데이터 형식 : text

- 함수 설명 : 구분자를 명시한 첫 번째 인자를 제외한 모든 문자열을 병합 또는 연결(CONCATENATION) 하며, 연결 시 첫 번째 인자의 문자를 구분자로 사용한다. 입력 인자 중 빈값(NULL)이 있으면 무시하고 처리한다.

예시	1장_03_문자열함수_문자열병합,연결함수(3)

CONCAT_WS(', ', 'Home', 'Study', 12) ➡ Home, Study, 12
CONCAT_WS(' : ', 'Value', 56) ➡ Value : 56
CONCAT_WS('/', 'ABC', NULL, 43, 'Copy') ➡ ABC/43/Copy

④ LPAD

- 함수 형식 : LPAD(대상문자열, 전체길이 [, 채울 문자])

- 반환값 데이터 형식 : text

- 함수 설명 : 대상문자열 앞에(왼쪽에) 채울 문자를 전체길이에 도달할 때까지 채우며, 채울 문자를 생략하면 기본적으로 공백을 추가함.

* 지정한 전체길이가 대상문자열보다 짧으면 왼쪽부터 지정한 전체길이까지 남기고 이후 오른쪽 부분은 잘라 버린다.

| 예시 | 1장_03_문자열함수_문자열병합,연결함수(4) |

LPAD('Home', 7, 'zx') ➡ zxzHome
LPAD('FLY', 6) ➡ '   FLY'
LPAD('ABCDEFGHIJK', 5) ➡ ABCDE

⑤ **RPAD**
- 함수 형식 : RPAD(대상문자열, 전체길이 [, 채울 문자])
- 반환값 데이터 형식 : text
- 함수 설명 : 대상문자열의 길이가 지정한 전체길이에 이를 때까지 채울 문자를 대상 문자열의 오른쪽 끝에 추가하며, 채울 문자를 생략하면 기본적으로 공백을 추가한다.

* 지정한 전체길이가 대상 문자열보다 짧으면 왼쪽부터 지정한 전체 길이까지 남기고 이후 오른쪽 부분은 잘라 버린다.

| 예시 | 1장_03_문자열함수_문자열병합,연결함수(5) |

RPAD('Home', 7, 'zx') ➡ Homezxz
RPAD('FLY', 6) ➡ 'FLY   '
RPAD('ABCDEFGHIJK', 5) ➡ ABCDE

⑥ **REPEAT**
- 함수 형식 : REPEAT(문자열, 반복횟수)
- 반환값 데이터 형식 : text
- 함수 설명 : 지정한 문자열을 반복횟수만큼 반복한다.

| 예시 | 1장_03_문자열함수_문자열병합,연결함수(6) |

REPEAT('Abc', 4) ➡ AbcAbcAbcAbc

2) 문자열 길이 반환 함수

① **CHAR_LENGTH, CHARACTER_LENGTH, LENGTH**
- 함수 형식 : CHAR_LENGTH(문자열), CHARACTER_LENGTH(문자열), LENGTH(문자열)
- 반환값 데이터 형식 : int
- 함수 설명 : 지정한 문자열의 문자 수를 반환한다. 문자열에 빈값(NULL)이 주어지면 함수 실행 결과는 빈값(NULL)이 된다.

예시	1장_04_문자열함수_문자열길이변환함수(1)

CHAR_LENGTH('ABC') ➡ 3, LENGTH('ABC') ➡ 3,
CHAR_LENGTH('가나다') ➡ 3, LENGTH('가나다') ➡ 3
CHAR_LENGTH(NULL) ➡ 빈값(NULL)

② OCTET_LENGTH

- 함수 형식 : OCTET_LENGTH(문자열)
- 반환값 데이터 형식 : int
- 함수 설명 : 문자열의 바이트 수를 반환한다.

예시	1장_04_문자열함수_문자열길이변환함수(2)

OCTET_LENGTH('ABCD') ➡ 4
OCTET_LENGTH('가나다') ➡ 9

* 한글의 바이트 수 산출 시 UTF8 문자셋 환경에서는 한글 한 글자를 3바이트로 처리한다. MSWIN949, KSC5601등과 같은 기본 문자셋 환경에서는 한글 한 글자를 2바이트로 처리한다.

3) 문자열 교체/변환 함수

① OVERLAY

- 함수 형식 : OVERLAY(대상 문자열 placing 바꿀 문자열 from 시작 위치 [for 문자 수])
- 반환값 데이터 형식 : text
- 함수 설명 : 대상 문자열에 대해 시작 위치부터 오른쪽으로 문자 수만큼의 문자열을 바꿀 문자열로 교체한다.

  'for 문자 수' 부분을 생략하면 시작 위치부터 바꿀 문자열과 동일한 문자 수만큼 교체된다.

  시작 위치가 대상 문자열의 길이보다 크면 대상 문자열의 오른쪽 끝에 바꿀 문자열을 추가한다.

  'for 문자 수'를 0으로 지정하면 시작 위치에 바꿀 문자열을 삽입한다.

예시	1장_05_문자열함수_문자열교체,변환함수(1)

OVERLAY('Koxxxxxa' placing 're' from 3 for 5) ➡ Korea
OVERLAY('Koxxxxxa' placing 're' from 3) ➡ Korexxxa
OVERLAY('Koxxxxxa' placing 're' from 20 for 5) ➡ Koxxxxxare
OVERLAY('Koxxxxxa' placing 're' from 3 for 0) ➡ Korexxxxxa

② INITCAP

- 함수 형식 : INITCAP(문자열)
- 반환값 데이터 형식 : text
- 함수 설명 : 문자열에 포함된 각 단어의 첫 글자를 대문자로 변환하고, 나머지는 소문자로 변환한다.

예시	1장_05_문자열함수_문자열교체,변환함수(2)

INITCAP('hello world') ➡ Hello World

③ REPLACE

- 함수 형식 : REPLACE(대상문자열, 찾을 문자열, 바꿀 문자열)
- 반환값 데이터 형식 : text
- 함수 설명 : '대상 문자열' 내에 존재하는 모든 '찾을 문자열'을 '바꿀 문자열'로 교체한다.

예시	1장_05_문자열함수_문자열교체,변환함수(3)

REPLACE('abcdefabcdef', 'cd', 'XX') ➡ abXXefabXXef

④ TRANSLATE

- 함수 형식 : TRANSLATE(대상문자열, 찾을 문자 집합, 바꿀 문자 집합)
- 반환값 데이터 형식 : text
- 함수 설명 : '찾을 문자 집합'의 문자와 일치하는 '대상 문자열'의 문자를 '바꿀 문자 집합'의 문자 중에서 '찾을 문자 집합'의 각 문자 위치에 해당하는 문자로 교체한다. '찾을 문자 집합'이 '바꿀 문자 집합'보다 긴 경우 '바꿀 문자 집합'의 각 문자와 위치가 매칭되지 않는 '찾을 문자 집합'의 나머지 문자는 대상 문자열에 대해 삭제할 문자로 역할을 하게 된다.

예시	1장_05_문자열함수_문자열교체,변환함수(4)

TRANSLATE('12345', '143', 'ax') ➡ a2x5

* 대상문자열 12345에 대해 1은 a로, 4는 x로 교체하고, 3은 삭제함.

⑤ LOWER
- 함수 형식 : LOWER(문자열)
- 반환값 데이터 형식 : text
- 함수 설명 : 주어진 문자열을 소문자로 변환한다.

| 예시 | 1장_05_문자열함수_문자열교체,변환함수(5) |

LOWER('THOMAS') ➡ thomas

⑥ UPPER
- 함수 형식 : UPPER(문자열)
- 반환값 데이터 형식 : text
- 함수 설명 : 주어진 문자열을 대문자로 변환한다.

| 예시 | 1장_05_문자열함수_문자열교체,변환함수(6) |

UPPER('thomas') ➡ THOMAS

4) 문자열 위치 반환 함수

① POSITION
- 함수 형식 : POSITION('찾을 문자열' IN '대상 문자열')
- 반환값 데이터 형식 : int
- 함수 설명 : 주어진 '대상 문자열'에 '찾을 문자열'이 존재할 때 그 시작위치를 반환한다. 비교 시 대소문자를 구분하며, '찾을 문자열'을 찾지 못하면 0을 반환 한다.

| 예시 | 1장_06_문자열함수_문자열위치반환함수(1) |

POSITION('om' IN 'Thomas') ➡ 3
POSITION('OM' IN 'Thomas') ➡ 0
POSITION('과제' IN '당면한 과제에 대한 해법은 다양하다.') ➡ 5

② STRPOS

- 함수 형식 : STRPOS(대상문자열, 찾을 문자열)
- 반환값 데이터 형식 : int
- 함수 설명 : 주어진 대상 문자열에 대해 찾을 문자열이 시작되는 위치를 반환한다. POSITION 함수와 동일하며, 인자의 순서만 반대이다.

예시	1장_06_문자열함수_문자열위치반환함수(2)

STRPOS('High', 'ig') ➡ 2
STRPOS('당면한 과제에 대한 해법은 다양하다.', '과제') ➡ 5

5) 문자열 추출 함수
① SUBSTRING, SUBSTR

- 함수 형식 : SUBSTRING(대상 문자열 [FROM 시작 위치] [FOR 가져올 문자 수])

  SUBSTR(대상 문자열, 시작 위치 [, 가져올 문자 수])
- 반환값 데이터 형식 : text
- 함수 설명 : 대상 문자열의 지정한 '시작 위치'부터 '가져올 문자 수'에 지정한 만큼의 문자를 반환한다. FROM 옵션과 FOR 옵션 중 어느 하나를 생략 하는 것은 가능하나 둘 다 생략할 수는 없다. FROM만 주어질 경우 시작 위치부터 오른쪽의 모든 문자열을 반환한다. FOR만 주어질 경우는 대상 문자열의 왼쪽 첫 글자부터 '가져올 문자 수'에 지정한 만큼의 문자를 반환한다. '시작 위치'에 0이나 음수를 지정하면 대상 문자열의 왼쪽 끝 첫 문자 앞에 가상의 문자가 있는 것처럼 간주하여 왼쪽 방향으로 각각 0, -1, -2, … 와 같은 위치를 설정한다. 설정한 위치에서 주어진 '시작 위치'를 기점으로 '가져올 문자 수'가 있으면 그만큼을 반환하고, FOR옵션이 생략되었으면 이후의 모든 문자열을 반환한다. '가져올 문자 수'에는 0 이상의 정수값을 지정해야 하며, 0을 지정하면 가져올 문자가 없기 때문에 빈값(NULL)이 아닌 빈문자(EMPTY STRING)을 반환한다. 빈문자(EMPTY STRING)은 빈값(NULL)이 아니기 때문에 '||'을 사용한 문자열 연결 시 연결하는 문자열을 반환한다. SUBSTR 함수는 SUBSTRING 함수와 동일하지만 FROM과 FOR 키워드를 사용하지 않고 콤마(,)로 구분한다. 키워드를 사용하지 않기 때문에 '시작 위치'와 '가져올 문자 수'는 인자의 위치로 구분할 수밖에 없다 보니 '가져올 문자 수'는 생략할 수 있어도 '시작 위치'는 생략할 수 없다.

| 예시 | 1장_07_문자열함수_문자열추출함수(1) |

SUBSTRING('Tomato Plan' FROM 3 FOR 3) ➡ mat
SUBSTRING('Tomato Plan' FROM 3) ➡ mato Plan
SUBSTRING('Tomato Plan' FOR 3) ➡ Tom
SUBSTRING('Tomato Plan' FROM 0) ➡ Tomato Plan
SUBSTRING('Tomato Plan' FROM -1 FOR 4) ➡ To
SUBSTRING('Tomato Plan' FROM 3 FOR 0)||'XX' ➡ XX
SUBSTR('Tomato Plan', 2, 3) ➡ oma
SUBSTR('Tomato Plan', 3) ➡ mato Plan
SUBSTR('Tomato Plan', -2, 4) ➡ T
SUBSTR('Tomato Plan', 3, 0)||'XX' ➡ XX
SUBSTR('고구려 문화의 향연', 2, 3) ➡ 구려

② LEFT

- 함수 형식 : LEFT(대상 문자열, 가져올 문자 수)
- 반환값 데이터 형식 : text
- 함수 설명 : '대상 문자열'의 왼쪽 첫 글자부터 '가져올 문자 수' 만큼의 문자를 반환한다. '가져올 문자 수'에 음수를 지정하면 대상 문자열의 오른쪽 끝에서 해당 수치만큼의 문자를 제거하고 남은 문자열을 반환한다. 0을 지정하면 가져올 문자가 없기 때문에 빈문자열(EMPTY STRING)을 반환한다. '가져올 문자 수'에 빈값(NULL)이 지정되면 함수 결과는 빈값(NULL)을 반환한다.

| 예시 | 1장_07_문자열함수_문자열추출함수(2) |

LEFT('Tomato Plan', 3) ➡ Tom
LEFT('고구려 문화의 향연', 3) ➡ 고구려
LEFT('Tomato Plan', -2) ➡ Tomato Pl
LEFT('Tomato Plan', 0)||'XX' ➡ XX
LEFT('Tomato Plan', NULL)||'XX' ➡ 빈값(NULL)

③ RIGHT

- 함수 형식 : RIGHT(대상 문자열, 가져올 문자 수)
- 반환값 데이터 형식 : text

- 함수 설명 : '대상 문자열'의 오른쪽 끝에서부터 '가져올 문자 수'에 지정한 만큼의 문자를 반환한다. '가져올 문자 수'에 음수를 지정하면 대상 문자열의 왼쪽 첫 문자에서부터 해당 수치만큼의 문자를 제거하고 남은 문자열을 반환한다. 0을 지정하면 가져올 문자가 없기 때문에 빈문자열(EMPTY STRING)을 반환한다. '가져올 문자 수'에 빈값(NULL)이 지정되면 함수 결과는 빈값(NULL)을 반환한다.

| 예시 | 1장_07_문자열함수_문자열추출함수(3) |

RIGHT('Tomato Plan', 4) ➡ Plan
RIGHT('고구려 문화의 향연', 6) ➡ 문화의 향연
RIGHT('Tomato Plan', -2) ➡ mato Plan
RIGHT('Tomato Plan', 0)||'XX' ➡ XX
RIGHT('Tomato Plan', NULL)||'XX' ➡ 빈값(NULL)

④ SPLIT_PART
- 함수 형식 : SPLIT_PART(대상 문자열, 구분자 문자, 필드 번호)
- 반환값 데이터 형식 : text
- 함수 설명 : '대상 문자열'이 주어진 '구분자 문자'를 포함하고 있을 때, '구분자 문자'를 기준으로 나누어진 부분 문자열을 필드라고 명명하고, 주어진 필드 번호에 해당하는 부분 문자열을 반환한다. 필드 번호는 0보다 큰 값이어야 하며, 구분자 문자로 나누어진 필드 개수보다 큰 값을 지정하면 빈문자열(EMPTY STRING)을 반환한다. 필드 번호에 빈값(NULL) 이 지정되면 함수 결과는 빈값(NULL)을 반환한다.

| 예시 | 1장_07_문자열함수_문자열추출함수(4) |

SPLIT_PART('고구려/백제/신라', '/', 2) ➡ 백제
SPLIT_PART('고구려,백제,신라', ',', 2) ➡ 백제
SPLIT_PART('고구려/백제/신라', '/', 4)||'XX' ➡ XX
SPLIT_PART('고구려/백제/신라', '/', NULL)||'XX' ➡ 빈값(NULL)

6) 문자열 제거 함수
① TRIM
- 함수 형식 : TRIM([LEADING | TRAILING | BOTH] [제거할 문자] FROM 대상 문자열)
  TRIM([LEADING | TRAILING | BOTH] [FROM] 대상문자열 [, 제거할 문자])

- 반환값 데이터 형식 : text
- 함수 설명 : '대상 문자열'의 시작/끝/양쪽 끝에서 '제거할 문자'만 포함된 가장 긴 문자열을 제거한다. '제거할 문자'를 생략하면 기본적으로 공백 문자를 제거한다. 두 번째의 TRIM 함수 사용 형태는 TRIM 함수의 비표준 버전이다.

예시 — 1장_08_문자열함수_문자열제거함수(1)

```
TRIM(BOTH 'x' FROM 'xTOMxxx')  ➡  TOM
TRIM(BOTH 'zxCUSTOMERyxzyxy', 'xyz')  ➡  CUSTOMER
```

② **LTRIM**

- 함수 형식 : LTRIM(대상 문자열, 제거할 문자)
- 반환값 데이터 형식 : text
- 함수 설명 : '대상 문자열'의 왼쪽 처음부터 '제거할 문자'에 지정한 문자만 포함하는 가장 긴 문자열을 제거한다. '제거할 문자'를 생략하면 기본적으로 공백 문자를 제거한다. '제거할 문자'는 대소문자를 구분하므로 정확하게 지정해야 한다.

예시 — 1장_08_문자열함수_문자열제거함수(2)

```
LTRIM('zzzyCUSTOM', 'xyz')  ➡  CUSTOM
LTRIM('    가오리')  ➡  가오리
```

③ **RTRIM**

- 함수 형식 : RTRIM(대상 문자열, 제거할 문자)
- 반환값 데이터 형식 : text
- 함수 설명 : '대상 문자열'의 끝에서부터 '제거할 문자'에 지정한 문자만 포함하는 가장 긴 문자열을 제거한다. '제거할 문자'를 생략하면 기본적으로 공백 문자를 제거한다. '제거할 문자'는 대소문자를 구분하므로 정확하게 지정해야 한다.

예시 — 1장_08_문자열함수_문자열제거함수(3)

```
RTRIM('CUSTOMERxxxxx', 'x')  ➡  CUSTOMER
RTRIM('고구려    ')  ➡  고구려
RTRIM('CUSTOMERyxzyxy', 'xy')  ➡  CUSTOMERyxz
```

④ BTRIM

- 함수 형식 : BTRIM(대상 문자열 [, 제거할 문자])
- 반환값 데이터 형식 : text
- 함수 설명 : '대상 문자열'의 시작과 끝에서 '제거할 문자'로만 구성되는 가장 긴 문자열을 제거한다. '제거할 문자'를 생략하면 기본적으로 공백 문자를 제거한다.

예시	1장_08_문자열함수_문자열제거함수(4)

BTRIM('xyxCUSTOMyyx' , 'xy') ➡ CUSTOM

7) 기타 문자열 함수

1) ASCII

- 함수 형식 : ASCII(문자 | 문자열)
- 반환값 데이터 형식 : int
- 함수 설명 : 주어진 문자 또는 문자열에 대해 첫 번째 문자의 ASCII 코드번호를 반환한다.

예시	1장_09_문자열함수_기타문자열함수(1)

ASCII('x') ➡ 120
ASCII('A') ➡ 65
ASCII('Automatic') ➡ 65
ASCII('학교') ➡ 54617

② CHR

- 함수 형식 : CHR(ASCII번호)
- 반환값 데이터 형식 : text
- 함수 설명 : ASCII 코드 번호를 문자가 숫자로 변환한다.

예시	1장_09_문자열함수_기타문자열함수(2)

CHR(65) ➡ A

③ REVERSE

- 함수 형식 : REVERSE(문자열)
- 반환값 데이터 형식 : text
- 함수 설명 : 주어진 문자열의 반전 문자열을 반환한다.

예시 — 1장_09_문자열함수_기타문자열함수(3)

REVERSE('ABCDE') ➡ EDCBA

문자형 함수는 실무에서 아주 빈번하게 사용되는 함수이기 때문에 잘 숙지해 두면 큰 도움이 될 수 있다. 예를 들어, 다음과 같은 상황에서 어떤 함수를 사용하여 해결할 수 있는지 살펴보자.

> 고객(ENC_CUSTOMER) 테이블에서 이메일의 길이가 긴 순서로 3명을 출력하되 이메일의 길이가 같을 경우 전화번호의 국번이 큰 것을 우선적으로 출력하라.

Script — 1장_09_문자열함수_문제(1)

```sql
SELECT * FROM enc_customer
ORDER BY LENGTH(email) DESC,
         SPLIT_PART(phone_number, '-', 2) DESC
FETCH FIRST 3 ROW ONLY ;
```

결과

	cust_id text	cust_name text	gender text	phone_number text	email text	city text	country_cd text	cust_div_cd text	job_cd text	birth_date date
1	1000019	아구스	남	010-0123-3430	[null]	부산	20	201	99	1980-08-08
2	1000016	리예화	여	010-0930-0240	lee.yh@gmail.com	부산	12	202	25	1987-02-15
3	1000015	디니엘헤니	남	010-0540-0650	danien@gmail.com	대구	21	201	25	1985-07-07

고객(ENC_CUSTOMER) 테이블에서 생일이 가장 빠른 고객부터 3명을 출력하되 고객명, 성별, 전화번호, 생일 등의 컬럼값을 ':'로 연결하여 KEYWORD라는 이름으로 출력하라.

Script   1장_09_문자열함수_문제(2)

```sql
1  SELECT CONCAT_WS(':',cust_name,gender,phone_number,birth_date)
2          AS KEYWORD
3  FROM   enc_customer
4  ORDER BY birth_date
5  FETCH FIRST 3 ROW ONLY;
```

결과

	keyword text
1	윤중호:남:010-0333-0444:1951-02-25
2	박병수:남:010-0910-0910:1971-03-31
3	김사부:남:010-0001-9991:1972-06-29

(2) 숫자형 함수(NUMERIC FUNCTION)

숫자형 함수는 숫자 데이터를 입력 받아 정해진 조작을 거쳐 숫자를 결과로 반환하는 함수이다. 대표적으로 많이 사용하는 숫자형 함수는 다음과 같다.

1) ABS
- 함수 형식 : ABS(숫자)
- 반환값 데이터 형식 : 입력과 동일한 데이터 형식
- 함수 설명 : 주어진 숫자의 절대값을 반환한다.
  절대값 산출은 '@' 연산자를 사용해도 동일한 결과를 얻는다.

예시	1장_10_숫자형함수(01)

ABS(-17.4) ➡ 17.4
@ -5.7 ➡ 5.7

2) CBRT, SQRT

- 함수 형식 : CBRT(숫자), SQRT(숫자)
- 반환값 데이터 형식 : DOUBLE PRECISION
- 함수 설명 : CBRT는 세제곱근, SQRT는 제곱근을 반환하는 함수이다.

예시	1장_10_숫자형함수(02)

CBRT(27.0) ➡ 3
SQRT(16.0) ➡ 4
SQRT(2.0) ➡ 1.4142135623731

3) CEIL, CEILING

- 함수 형식 : CEIL(숫자)
- 반환값 데이터 형식 : 입력과 동일(DOUBLE PRECISION OR NUMERIC)
- 함수 설명 : CEIL은 주어진 인수값보다 크거나 같은 최소 정수를 반환한다. CEILING은 CEIL과 동일하며, CEIL의 별칭이다.

예시	1장_10_숫자형함수(03)

CEIL(-42.8) ➡ 42
CEIL(0.1) ➡ 1
CEIL(2.4) ➡ 3

4) DIV, MOD

- 함수 형식 : DIV(Y, X), MOD(Y, X)
- 반환값 데이터 형식 : 입력과 동일한 데이터 형식(X, Y 모두 NUMERIC)
- 함수 설명 : DIV와 MOD는 각각 Y ÷ N 연산 결과의 정수 몫과 나머지 값이다. MOD 함수를 사용한 나머지 연산은 '%' 연산자를 사용하여 동일한 결과를 얻을 수 있다.

| 예시 | 1장_10_숫자형함수(04) |

DIV(9, 4) ➡ 2
MOD(9, 4) ➡ 1
5 % 4 ➡ 1

5) EXP

- 함수 형식 : EXP(숫자)
- 반환값 데이터 형식 : 입력과 동일한 데이터 형식(DOUBLE PRECISION 또는 NUMERIC)
- 함수 설명 : EXP는 자연로그의 역함수로 사용되는 지수함수로서, EXP(x) 또는 ex로 표현된다. 함수의 인자는 밑 e에 적용되는 지수이며, 밑 e를 지수 x 만큼 거듭제곱한 값을 반환한다.

| 예시 | 1장_10_숫자형함수(05) |

EXP(1.0) ➡ 2.7182818284590452

6) FLOOR

- 함수 형식 : FLOOR(숫자)
- 반환값 데이터 형식 : 입력과 동일(DOUBLE PRECISION OR NUMERIC)
- 함수 설명 : FLOOR는 주어진 인수값보다 작거나 같은 최대 정수를 반환한다.

| 예시 | 1장_10_숫자형함수(06) |

FLOOR(-42.8) ➡ -43
FLOOR(0.6) ➡ 0
FLOOR(3.4) ➡ 3

7) LN, LOG

- 함수 형식 : LN(숫자)
          LOG(숫자)
- 반환값 데이터 형식 : 입력과 동일(DOUBLE PRECISION OR NUMERIC)
- 함수 설명 : LN은 자연로그, LOG는 밑이 10인 로그 값을 반환한다.

예시	1장_10_숫자형함수(07)

```
LN(2.0)    ➡  0.6931471805599453
LOG(100.0) ➡  2
```

8) POWER

- 함수 형식 : POWER(a, b)
- 반환값 데이터 형식 : 입력과 동일(NUMERIC)
- 함수 설명 : a의 b승 연산 결과를 반환한다.

예시	1장_10_숫자형함수(08)

```
POWER(2.0, 4.0) ➡ 16
POWER(9.0, 3.0) ➡ 729
```

9) ROUND

- 함수 형식 : ROUND(숫자 [, s])
- 반환값 데이터 형식 : 입력과 동일(DOUBLE PRECISION OR NUMERIC)
- 함수 설명 : 입력한 숫자를 소수 이하 s 자리에서 반올림한 결과를 반환한다. s가 생략되면 기본적으로 0이 적용되어 1의 자리에서 반올림한 정수를 반환한다. s에 음수를 지정하면 지정한 값만큼 십의 자리, 백의 자리 등 숫자의 왼쪽으로 반올림 위치가 이동한다. 음수로 지정한 값이 입력한 숫자의 가장 높은 단위 위치를 넘어가면 0을 반환한다.

예시	1장_10_숫자형함수(09)

```
ROUND(42.4)        ➡ 42
ROUND(42.4382, 2)  ➡ 42.44
ROUND(42.4382, -1) ➡ 40
ROUND(47.4, -1)    ➡ 50
ROUND(42.4382, -3) ➡ 0
```

10) SIGN

- 함수 형식 : SIGN(숫자)
- 반환값 데이터 형식 : 입력과 동일(DOUBLE PRECISION OR NUMERIC)
- 함수 설명 : 입력한 숫자의 부호를 -1, 0, +1 로 반환한다.

예시	1장_10_숫자형함수(10)

```
SIGN(-8.4)  ➡  -1
SIGN(0)     ➡  0
SIGN(3.5)   ➡  1 (+1)
```

11) TRUNC

- 함수 형식 : TRUNC(숫자 [, s])
- 반환값 데이터 형식 : 입력과 동일(DOUBLE PRECISION OR NUMERIC)
- 함수 설명 : 입력한 숫자를 소수 이하 s자리에서 자른 결과를 반환한다. s가 생략되면 기본적으로 0이 적용되어 1의 자리에서 자른 결과를 반환한다. s에 음수를 지정하면 지정한 값만큼 십의 자리, 백의 자리 등 숫자의 왼쪽으로 자름 처리 위치가 이동한다. 음수로 지정한 값이 입력한 숫자의 가장 높은 단위 위치를 넘어가면 0을 반환한다.

예시	1장_10_숫자형함수(11)

```
TRUNC(42.8)       ➡  42
TRUNC(42.4382, 2) ➡  42.43
TRUNC(42.4382, -1) ➡ 40
TRUNC(47.6, -1)   ➡  40
TRUNC(47.6, -3)   ➡  0
```

12) WIDTH_BUCKET

- 함수 형식 : WIDTH_BUCKET(대상값, 하한값, 상한값, 버킷수)
- 반환값 데이터 형식 : int
- 함수 설명 : 하한값과 상한값 사이에서 버킷 수만큼 버킷을 구분하여 대상값이 속하는 버킷의 번호를 반환한다. 대상값, 하한값, 상한값 인자들의 데이터 형식은 DOUBLE PRECISION이나 NUMERIC 이고, 버킷 수는 정수값이다.

예시	1장_10_숫자형함수(12)

```
WIDTH_BUCKET(5.35, 0.024, 10.06, 5)  ➡  3
```

13) 삼각함수 (SIN, COS, TAN, ...)

- 함수 형식 : SIN(x), COS(x), TAN(x), ...

- 반환값 데이터 형식 : DOUBLE PRECISION
- 함수 설명 : 입력한 숫자의 삼각함수 값을 반환한다.

예시 — 1장_10_숫자형함수(13)

SIN(45.0) ➡ 0.850903524534118

숫자형 함수는 실무에서 문자형 함수만큼은 아니더라도 상당히 빈번하게 사용되는 함수이므로 잘 숙지해 두면 많은 도움이 될 수 있다. 예를 들어, 다음과 같은 상황에서 어떤 함수를 사용하여 해결할 수 있는지 살펴보자.

> 사원(ENC_EMP) 테이블에서 사원의 월급여가 30,000 이하이면 4등급, 60,000 이하이면 3등급, 90,000 이하이면 2등급, 90,000을 넘으면 1등급으로 분류하여 출력하라. (월급여의 상한은 100,000이라고 가정)

예시 — 1장_10_숫자형함수(14)

```sql
1  SELECT emp_no, emp_name, sal,
2         ABS(CEIL(sal/30000.0) - 5) AS "등급"
3  FROM   ENC_EMP ;
```

결과

	emp_no integer	emp_name text	sal integer	등급 numeric
1	101	김사부	10000	4
2	102	강동주	20000	4
3	103	윤서정	30000	4
4	104	남도일	40000	3
5	105	오명심	50000	3
6	106	장기태	60000	3
7	107	도인범	70000	2
8	108	송현철	80000	2
9	109	도윤완	90000	2
10	110	신회장	100000	1

(3) 날짜형 함수(DATETIME FUNCTION)

날짜형 함수는 날짜/시간(DATE/TIME) 데이터 형식의 값을 연산하는데 사용될 수 있는 함수이다. 날짜/시간 데이터 형식은 일반적으로 세기, 년, 월, 일, 시, 분, 초, 그리고 데이터 형식에 따라 밀리(10^{-3})초, 마이크로(10^{-6})초와 시간대(TIME ZONE)까지 포함하고 있다. 그 외에 10년 단위(DECADE), 1000년 단위(MILLENNIUM) 등도 사용할 수 있다. 이러한 정보들을 이용하여 특정 시점을 산출하거나 시간 간격(INTERVAL) 등을 계산하는 것이 날짜형 함수를 사용한 연산의 대부분이다. 물론 날짜/시간 데이터 형식으로부터 출력 시 사용자가 보기 편한 형식으로 데이터 값을 가공하는 경우도 있다. 이러한 내용은 변환형 함수에서 다시 설명할 것이다. 날짜/시간 데이터 연산에 사용되는 데이터 형식은 주로 날짜형(DATE), 시간형(TIME), 타임스탬프(TIMESTAMP) 등이 있으며, 각각의 데이터 형식의 예시는 다음과 같다.

- **날짜형(DATE)** : 연, 월, 일 값을 표시하며, 시간대 정보는 포함하지 않는다.

예시 및 결과 1장_11_날짜형함수(1)

SELECT CURRENT_DATE ;
결과 : 2019-04-18

- **시간형(TIME)** : 시, 분, 초, 마이크로 초, 시간대 정보를 표시한다.

예시 및 결과 1장_11_날짜형함수(2)

SELECT CURRENT_TIME ;
결과 : 10:32:25.436599+09:00

- **타임스탬프(TIMESTAMP)** : 날짜형(DATE)과 시간형(TIME)을 합친 형태로 표시한다.

예시 및 결과 1장_11_날짜형함수(3)

SELECT CURRENT_TIMESTAMP ;
결과 : 2019-04-18 10: 32:25.436599+09

날짜/시간 데이터 형식은 위에 설명한 여러 가지 정보들을 포함하여 내부적으로 숫자 형식으로 변환하여 저장하기 때문에, 날짜/시간 데이터에 대한 연산은 함수를 사용하지 않고 사칙연산자를 사용해서 수행할 수도 있다. 사칙연산자를 사용한 날짜/시간 연산의 기본적인 형태는 다음과 같다.

- **날짜 + 숫자** : 숫자는 날 수를 의미하는 정수이며, 숫자만큼 날 수를 더한 날짜를 반환한다. 숫자는 시간 간격(INTERVAL)으로 대체할 수 있다.
- **날짜 - 숫자** : 숫자는 날 수를 의미하는 정수이며, 숫자만큼 날 수를 뺀 날짜를 반환한다. 숫자는 시간 간격(INTERVAL)으로 대체할 수 있다.
- **날짜1 - 날짜2** : 날짜 간의 뺄셈은 날 수가 반환된다.
- **날짜 + 시간간격(INTERVAL)** : 주어진 날짜에 시간 간격(INTERVAL)을 더한 타임스탬프 값을 반환한다.
- **시간 간격(INTERVAL) * 숫자, 시간 간격(INTERVAL) / 숫자** : 주어진 시간 간격에 대해 숫자만큼을 곱하거나 나눈 시간 간격(INTERVAL) 결과를 반환한다.
- **시간 간격(INTERVAL)과 시간 간격(INTERVAL)의 +, - 연산** : 시간 간격 (INTERVAL)을 반환한다.

사칙연산자를 사용한 날짜/시간 데이터의 연산 형태를 정리해 보면 다음과 같다.

1) 더하기(+) 연산 형태

Script 1장_11_날짜형함수(4)

예시	결과
date '2019-02-26' + integer '7' 또는	
date '2019-02-26' + 7	date '2019-03-05'
date '2019-04-05' + interval '1 hour'	timestamp '2019-04-05 01:00:00'
date '2019-04-05' + time '03:00'	timestamp '2019-04-05 03:00:00'
interval '1 day' + interval '1 hour'	interval '1 day 01:00:00'
timestamp '2019-04-05 01:00' + interval '23 hours'	timestamp '2019-04-06 00:00:00'
time '01:00' + interval '3 hours'	time '04:00:00'

[표 1-1] 날짜/시간 데이터의 더하기(+) 연산 형태 예시

더하기 연산에서 연산자 좌, 우의 값의 위치는 바뀌어도 무방하다.

2) 빼기(-) 연산 형태

Script 1장_11_날짜형함수(5)

예시	결과
- interval '23 hours'	interval '-23:00:00'
date '2019-04-05' - date '2019-02-21'	43 (일)
date '2019-04-05' - integer '7' 또는 date '2019-04-05' - 7	date '2019-03-29'
date '2019-04-05' - interval '1 hour'	timestamp '2019-04-04 23:00:00'
time '05:00' - time '03:00'	interval '02:00:00'
time '05:00' - interval '2 hours'	time '03:00:00'
timestamp '2019-04-05 23:00' - interval '23 hours'	timestamp '2019-04-05 00:00:00'
interval '1 day' - interval '1 hour'	interval '1 day -01:00:00'
timestamp '2019-04-05 03:00' - timestamp '2019-04-02 12:00'	interval '2 days 15:00:00'

[표 1-2] 날짜/시간 데이터의 빼기(-) 연산 형태 예시

3) 곱하기(*), 나누기(/) 연산 형태

Script 1장_11_날짜형함수(6)

예시	결과
interval '1 sec' * 900 또는	
interval '1 second' * 900	interval '00:15:00'
interval '1 day' * 21	
interval '1 day' * 10.8	interval '21 days'
interval '10 days 19:12:00'	
interval '1 hour' * 3.5 또는	
interval '1 hour' * double precision '3.5'	interval '03:30:00'
interval '1 hour' / 1.5 또는	
interval '1 hour' / double precision '1.5'	interval '00:40:00'
Interval '1 day' / 1.5 또는	
Interval '1 day' / double precision '1.5'	interval '16:00:00'

[표 1-3] 날짜/시간 데이터의 곱하기(*), 나누기(/) 연산 형태 예시

곱하기 연산에서 연산자 좌, 우 값의 위치는 바뀌어도 무방하다.

대표적으로 많이 사용하는 날짜형 함수는 다음과 같다.

4) 기간 산출 함수 : AGE()

- 함수 형식 : AGE(TIMESTAMP1 [, TIMESTAMP2])
- 반환값 데이터 형식 : INTERVAL
- 함수 설명 : TIMESTAMP1과 TIMESTAMP2를 모두 입력하면 TIMESTAMP1 에서 TIMESTAMP2를 뺀 결과를 '년 월 일 시:분:초' 형식의 INTERVAL 값으로 반환한다. TIMESTAMP1만 입력하면 현재일(CURRENT_DATE) 자정 시점에서 TIMESTAMP1을 뺀 INTERVAL 값을 반환한다. 입력값의 데이터 형식은 TIMESTAMP와 DATE 모두 가능하다.

예시 1장_11_날짜형함수(7)

AGE(timestamp '2019-04-10', timestamp '2017-03-01') ➡ 2 years 1 mon 9 days
AGE(timestamp '1989-05-15') ➡ 29 years 11 mons 3 days (현재일 = '2019-04-18')

5) 현재 날짜/시간 함수

① CLOCK_TIMESTAMP(), TIMEOFDAY()

- 함수 형식 : CLOCK_TIMESTAMP() ─ 별도의 입력 인자가 없다.
             TIMEOFDAY() ─ 별도의 입력 인자가 없다.
- 반환값 데이터 형식 : TIMESTAMP(시간대 정보 포함)
- 함수 설명 : PostgreSQL에서 제공하는 비표준SQL 함수이며, CLOCK_ TIMESTAMP()는 함수가 호출된 순간의 시간대 정보가 포함된 현재 시점 값을 반환하기 때문에 하나의 트랜잭션 내에서 이 함수가 여러 번 반복적으로 호출되면 매 호출 시마다 다른 시간 값을 반환할 수 있다.
             TIMEOFDAY()는 CLOCK_TIMESTAMP() 처럼 시간대 정보가 포함된 실제의 현재 시점 값이지만 서식화된 텍스트 문자열로 현재 시점 값을 반환한다.

예시 1장_11_날짜형함수(8)

SELECT CLOCK_TIMESTAMP(); ➡ 2019-04-18 22:39:37.005773+09
SELECT TIMEOFDAY(); ➡ Thu Apr 18 22:39:37.005773 2019 KST

② CURRENT_DATE, CURRENT_TIME, CURRENT_TIMESTAMP

- 함수 형식 : CURRENT_DATE — 입력 인자가 없다.

  CURRENT_TIME — 입력 인자가 없다.

  CURRENT_TIME(정밀도숫자)

  CURRENT_TIMESTAMP — 입력 인자가 없다.

  CURRENT_TIMESTAMP(정밀도숫자)

- 반환값 데이터 형식 : 각각 DATE, TIME(시간대 정보 포함),

  TIMESTAMP(시간대 정보 포함)

- 함수 설명 : 각각 현재 날짜, 현재 시간, 현재 날짜 및 시간을 반환하는 표준 SQL 함수이며, 별도의 입력 인자를 갖지 않는다. 이들은 모두 현재 트랜잭션의 시작 시점에 채집한 값으로, 현재 트랜잭션이 종료될 때까지 수 차례 반복 사용되어도 값이 변하지 않는다. 이것은 트랜잭션 중에 값이 바뀌지 않도록 하기 위한 하나의 기능이며, 단일 트랜잭션이 현재 시간에 대한 일관된 값을 유지함으로써 동일 트랜잭션 내에서의 복수의 데이터 처리가 동일한 타임스탬프를 갖도록 한다.

  CURRENT_TIME과 CURRNENT_TIMESTAMP는 시간대 정보를 포함하여 결과를 반환한다.

  CURRENT_TIME과 CURRNENT_TIMESTAMP는 필요 시 정밀도를 입력 인자로 사용할 수 있으며, 정밀도 값을 입력하면 초 필드에서 지정한 정밀도 값에 해당하는 소수 자릿수 이하에서 반올림한 결과를 반환한다. 입력 인자를 사용하지 않으면 사용 가능한 전체 정밀도로 초 필드가 표현된다.

예시　　　　　　　　　　　　　　　　　　　　　　1장_11_날짜형함수(9)

```
SELECT CURRENT_DATE;        ➡ 2019-04-18
SELECT CURRENT_TIME;        ➡ 14:39:53.662522+09
SELECT CURRENT_TIMESTAMP;   ➡ 2019-04-18 14:39:53.662522+09
SELECT CURRENT_TIME(2);     ➡ 14:39:53.66+09
SELECT CURRENT_TIMESTAMP(2);➡ 2019-04-18 14:39:53.66+09
```

③ LOCALTIME, LOCALTIMESTAMP

- 함수 형식 : LOCALTIME — 입력 인자가 없다.

  LOCALTIME(정밀도숫자)

  LOCALTIMESTAMP — 입력 인자가 없다.

  LOCALTIMESTAMP(정밀도숫자)

- 반환값 데이터 형식 : 각각 TIME(시간대 정보 미포함),

    TIMESTAMP(시간대 정보 미포함)
- 함수 설명 : 각각 현재 시간, 현재 날짜 및 시간을 반환하는 표준 SQL 함수이며, 별도의 입력 인자를 갖지 않는다. 이들은 모두 현재 트랜잭션의 시작 시점에서 채집한 값이며, 현재 트랜잭션이 종료될 때까지 수 차례 반복 사용되어도 값이 변하지 않는다. 이것은 트랜잭션 중에 값이 바뀌지 않도록 하기 위한 하나의 기능으로, 단일 트랜잭션이 현재 시간에 대한 일관된 값을 유지함으로써 동일 트랜잭션 내에서 복수의 데이터 처리가 동일한 타임스탬프를 갖도록 한다.

    CURRENT_TIME및 CURRNENT_TIMESTAMP와의 차이는 반환 결과값에 시간대 정보를 포함하지 않는다는 점이다.

    LOCALTIME과 LOCALTIMESTAMP는 필요시 정밀도를 입력 인자로 사용할 수 있으며, 정밀도 값을 입력하면 초 필드에서 지정한 정밀도 값에 해당하는 소수 자릿수 이하에서 반올림한 결과를 반환한다. 입력 인자를 사용하지 않으면 사용 가능한 전체 정밀도로 초 필드가 표현된다.

예시 — 1장_11_날짜형함수(10)

```
SELECT LOCALTIME;          ➡ 14:39:53.662522
SELECT LOCALTIMESTAMP;     ➡ 2019-04-18 14:39:53.662522
SELECT LOCALTIME(2);       ➡ 14:39:53.66
SELECT LOCALTIMESTAMP(2);  ➡ 2019-04-18 14:39:53.66
```

④ NOW(), STATEMENT_TIMESTAMP(), TRANSACTION_TIMESTAMP()

- 함수 형식 : NOW() — 입력 인자가 없다.

    STATEMENT_TIMESTAMP() — 입력 인자가 없다.

    TRANSACTION_TIMESTAMP() — 입력 인자가 없다.
- 반환값 데이터 형식 : TIMESTAMP(시간대 정보 포함)
- 함수 설명 : PostgreSQL에서 제공하는 비표준SQL 함수이며, 이들 모두 현재 트랜잭션의 시작 시점에서의 타임스탬프 값을 반환한다.

    TRANSACTION_TIMESTAMP()는 CURRENT_TIMESTAMP와 동일하지만 의미를 명확하게 하기 위한 명칭이다.

    NOW()는 TRANSACTION_TIMESTAMP()와 동일한 전형적인 PostgreSQL 함수이다.

    STATEMENT_TIMESTAMP()는 현재 SQL 문장의 시작 시점에서의 타임스탬프 값을 반환한다.

예시	1장_11_날짜형함수(11)

```
SELECT NOW();  ➡ 2019-04-18 22:47:06.069299+09
SELECT TRANSACTION_TIMESTAMP();  ➡ 2019-04-18 22:47:06.069299+09
SELECT STATEMENT_TIMESTAMP();  ➡ 2019-04-18 22:47:06.069299+09
```

6) 날짜/시간 구성 필드 추출 함수

① DATE_PART()

- 함수 형식 : DATE_PART(시간 필드 문자, 소스)
- 반환값 데이터 형식 : DOUBLE PRECISION
- 함수 설명 : 소스(SOURCE)는 DATE, TIME, TIMESTAMP 및 INTERVAL이 될 수 있으며, 주어진 소스 값으로부터 지정한 시간 필드에 해당하는 값을 추출하여 반환한다. EXTRACT와 사용 형태는 다르지만 동일한 목적으로 사용된다.

예시	1장_11_날짜형함수(12)

```
DATE_PART('hour', timestamp '2019-04-15 20:38:40')  ➡ 20
DATE_PART('month', interval '2 years 3 months')  ➡ 3
```

② EXTRACT()

- 함수 형식 : EXTRACT(시간필드 FROM 소스)
- 반환값 데이터 형식 : DOUBLE PRECISION
- 함수 설명 : 소스(SOURCE)는 DATE, TIME, TIMESTAMP 및 INTERVAL이 될 수 있으며, 주어진 소스 값으로부터 지정한 시간 필드에 해당하는 값을 추출하여 반환하는 표준SQL 함수이다. 사용할 수 있는 시간 필드는 DATE_PART에서의 시간 필드 문자와 동일하며, DATE_PART에서는 단일 인용부호('')로 둘러싸서 사용하기 때문에 시간 필드 문자라고 표현했지만 EXTRACT에서는 인용부호 없이 "시간 필드 FROM" 형태로 사용하는 것이 다르다. 자주 사용되는 시간 필드는 다음과 같다.

- CENTURY, CENTURIES : 세기
  ▷ 약어로 C, CENT, CENTS로 사용 가능.

예시	1장_11_날짜형함수(13)

```
EXTRACT(CENTURY FROM TIMESTAMP '2019-04-05')  ➡ 21
EXTRACT(CENTURY FROM TIMESTAMP '2000-12-25')  ➡ 20
```

- YEAR, YEARS : 년
    ▷ 약어로 Y, YR, YRS로 사용 가능.
    ▷ 소스가 TIMESTAMP이면 연도 값을, INTERVAL이면 연수(NUMBER OF YEARS)를 반환한다. INTERVAL의 경우 'months'의 값이 있으면 12로 나눈 몫을 'years' 값에 더하여 연수로 반환한다.

예시	1장_11_날짜형함수(14)

EXTRACT(YEAR FROM TIMESTAMP '2019-04-05') ➡ 2019
EXTRACT(YEAR FROM INTERVAL '29 years 11 mons') ➡ 29
EXTRACT(YEAR FROM INTERVAL '28 years 15 mons') ➡ 29

- MONTH, MONTHS : 월
    ▷ 약어로 MON, MONS로 사용 가능.
    ▷ 소스가 TIMESTAMP이면 1 ~ 12 사이의 월 번호를, INTERVAL이면 'months'나 'mons'에 해당하는 값을 12로 나눈 나머지(0 ~ 11)를 월 수(NUMBER OF MONTHS)로 반환한다.

예시	1장_11_날짜형함수(15)

EXTRACT(MONTH FROM TIMESTAMP '2019-04-05') ➡ 4
EXTRACT(MONTH FROM INTERVAL '2 years 3 mons') ➡ 3
EXTRACT(MONTH FROM INTERVAL '2 years 13 mons') ➡ 1

- DAY, DAYS : 일
    ▷ 약어로 D로 사용 가능
    ▷ 소스가 TIMESTAMP이면 1 ~ 31 사이의 일자 값을, INTERVAL이면 일 수(NUMBER OF DAYS)를 반환한다.

예시	1장_11_날짜형함수(16)

EXTRACT(DAY FROM TIMESTAMP '2019-04-15') ➡ 15
EXTRACT(DAY FROM INTERVAL '38 days 10 minute') ➡ 38

- HOUR, HOURS : 시
    ▷ 약어로 H, HR, HRS로 사용 가능
    ▷ 소스가 TIMESTAMP나 TIME이면 시간 필드(0 ~ 23)의 값을 반환하고, INTERVAL이면 'hours'의 값을 반환한다. INTERVAL인 경우 'minutes'나 'mins'가 존재하면 이 값을 60으로 나눈 몫을 더하여 시간 값으로 반환한다.

예시	1장_11_날짜형함수(17)

EXTRACT(HOUR FROM TIMESTAMP '2019-04-05 20:38:40') ➡ 20
EXTRACT(HOUR FROM TIME '22:13:30.27') ➡ 22
EXTRACT(HOUR FROM INTERVAL '28 years 13 mon 27 hours') ➡ 27
EXTRACT(HOUR FROM INTERVAL '3 mons 1 hours 65 mins') ➡ 2
EXTRACT(HOUR FROM INTERVAL '3 mons 65 mins') ➡ 1

- MINUTE, MINUTES : 분 (0 ~ 59)
  ▷ 약어로 M, MIN, MINS로 사용 가능.
  ▷ 소스가 TIMESTAMP나 TIME이면 분(MINUTE) 필드의 값을, INTERVAL이면 'minutes'나 'mins' 값을 반환한다. INTERVAL인 경우 'seconds'나 'secs'가 존재하면 그 값을 60으로 나눈 몫을 더하여 분 값으로 반환한다.

예시	1장_11_날짜형함수(18)

EXTRACT(MINUTE FROM TIMESTAMP '2019-04-05 20:38:40') ➡ 38
EXTRACT(MINUTE FROM TIME '22:13:40.27') ➡ 13
EXTRACT(MINUTE FROM INTERVAL '2 days 15 mins') ➡ 15
EXTRACT(MIN FROM INTERVAL '3 hours 8 mins 75 secs') ➡ 9

- SECOND, SECONDS : 초 (0 ~ 59.nnnnnn)
  ▷ 약어로 S, SEC, SECS로 사용 가능.
  ▷ 소스가 TIMESTAMP나 TIME이면 소수 부분을 포함한 초 필드의 값을 반환한다. INTERVAL이면 'seconds'나 'secs'의 값을 60으로 나눈 나머지를 초 값으로 반환한다.

예시	1장_11_날짜형함수(19)

EXTRACT(SEC FROM TIMESTAMP '2019-04-05 23:10:12.21') ➡ 12.21
EXTRACT(SEC FROM CURRENT_TIMESTAMP) ➡ 16.452304
EXTRACT(SEC FROM INTERVAL '38 hours 88 mins 75 sec') ➡ 15

- MILLISECOND, MILLISECONDS : 밀리(10^{-3})초
    ▷ 약어로 MS, MSEC, MSECS, MSECOND, MSECONDS, MILLISEC, MILLISECS, MILLISECON 등으로 사용 가능.
    ▷ 초 이하의 전체 소수 부분까지 포함하여 1,000을 곱한 결과를 반환한다.

예시	1장_11_날짜형함수(20)

    (CURRENT_TIMESTAMP = 2019-04-20 11:14:39.874241+09)
    EXTRACT(MSEC FROM CURRNET_TIMESTAMP) ➡ 39874.241
    EXTRACT(MSEC FROM INTERVAL '2 mins 36.9secs') ➡ 36900

- MICROSECOND, MICROSECONDS : 마이크로(10^{-6})초
    ▷ 약어로 USECOND, USECONDS, US, USEC, USECS 등으로 사용 가능.
    ▷ 초 이하의 전체 소수 부분까지 포함하여 1,000,000을 곱한 결과를 반환한다.

예시	1장_11_날짜형함수(21)

    (CURRENT_TIMESTAMP = 2019-04-20 14:50:52.025743+09)
    EXTRACT(MICROSECONDS FROM TIME '17:12:28.5') ➡ 28500000
    EXTRACT(USEC FROM CURRENT_TIMESTAMP) ➡ 52025743

- QUARTER, QUARTERS : 날짜가 속한 연도의 분기 값(1~4)
    ▷ 약어로 QTR, QTRS로 사용 가능.

예시	1장_11_날짜형함수(22)

    EXTRACT(QUARTER FROM TIMESTAMP '2019-04-05') ➡ 2

- DOY : 연중 일(1 ~ 365/366)
    ▷ 날짜가 속한 연도의 1월 1일부터 시작하여 몇 번째 일인지를 반환한다. 운영체제에서 윤년이 구현될 경우 366일이 될 수 있다.

예시	1장_11_날짜형함수(23)

    EXTRACT(DOY FROM TIMESTAMP '2019-04-20') ➡ 110

- DOW : 일요일(0) ~ 토요일(6) 사이의 요일 번호

    ▷ 0 ~ 6 사이의 숫자로 요일 값을 반환한다. DOW는 TO_CHAR(…, 'D')처럼 일요일 ~ 토요일까지의 요일을 반환하지만 요일 번호는 다르다.

예시	1장_11_날짜형함수(24)
EXTRACT(DOW FROM TIMESTAMP '2019-04-20') ➡ 6 EXTRACT(DOW FROM TIMESTAMP '2019-04-21') ➡ 0	

- ISODOW : 월요일(1) ~ 일요일(7) 사이의 요일 번호

    ▷ 1 ~ 7 사이의 숫자로 요일 값을 반환하며, ISO 8601의 요일 번호 지정 방식을 따른다. 일요일을 제외하면 DOW와 동일한 요일 번호를 반환한다. ISODOW는 TO_CHAR(…, 'ID') 변환함수와 동일한 결과를 반환한다.

예시	1장_11_날짜형함수(25)
EXTRACT(ISODOW FROM TIMESTAMP '2019-04-20') ➡ 6 EXTRACT(ISODOW FROM TIMESTAMP '2019-04-21') ➡ 7	

- EPOCH : 초 수

    ▷ TIMESTAMP WITH TIME ZONE으로 설정된 날짜/시간 값인 경우 1970-01-01 00:00:00 UTC 이후의 초 수를 나타낸다. 그러므로 서울의 시간대를 고려하면 9시간에 해당하는 초 수를 더해서 생각하면 된다.

    DATE 및 TIMESTAMP 값의 경우(시간대 정보를 포함하지 않았을 때)는 지역 시간으로 1970-01-01 00:00:00 이후의 초 수를 나타낸다.

    INTERVAL 값의 경우는 정의된 시간 간격에 대한 총 초 수가 된다.

예시	1장_11_날짜형함수(26)
EXTRACT(EPOCH FROM CURRENT_TIMESTAMP) ➡ 1555747419.94125 EXTRACT(EPOCH FROM TIMESTAMP WITH TIME ZONE '2019-04-20 17:03:39.94') ➡ 1555747419.94 EXTRACT(EPOCH FROM TIMESTAMP '2019-04-20 17:03:39.94') ➡ 1555779819.94 EXTRACT(EPOCH FROM INTERVAL '5 days 3 hours') ➡ 442800	

7) 날짜/시간 절사(切捨, Truncation) 함수 : DATE_TRUNC()

- 함수 형식 : DATE_TRUNC(시간 필드 문자, 소스)
- 반환값 데이터 형식 : TIMESTAMP(시간대 정보 포함 가능) 또는 INTERVAL
- 함수 설명 : 소스(SOURCE)는 DATE, TIME, TIMESTAMP 및 INTERVAL이 될 수 있으며, TIME이나 TIMESTAMP가 시간대 정보를 포함하고 있으면 결과에도 시간대 정보가 포함된다. 소스로부터 시간 필드 문자에 해당하는 정밀도로 날짜/시간 값 또는 시간 간격 값을 잘라낸 결과를 반환한다.

예시	1장_11_날짜형함수(27)

DATE_TRUNC('day', CURRENT_TIMESTAMP) ➡ 2019-04-20 00:00:00+09
DATE_TRUNC('hour', TIMESTAMP '2019-04-20 10:38:40') ➡ 2019-04-20 10:00:00
DATE_TRUNC('hour', INTERVAL '2 days 3 hours 40 mins') ➡ 2 days 03:00:00

8) 날짜/시간 중첩 검사 함수 : OVERLAPS

- 함수 형식 : 시간 선분1 OVERLAPS 시간 선분2
- 반환값 데이터 형식 : BOOLEAN
- 함수 설명 : 시간 선분1과 시간 선분2가 겹치는지 여부를 검사하여 겹치면 TRUE, 겹치지 않으면 FALSE를 반환한다. 시간 선분이란, 시작 시점과 종료 시점으로 표현한 시간의 기간을 의미한다. 시작 시점과 종료 시점은 일반적으로 날짜, 시간, 타임스탬프 등을 사용하여 시작 일자와 종료 일자, 또는 시작 일시와 종료 일시 등으로 표현한다. OVERLAPS는 특수한 연산자로 부르기도 하며, 다음과 같이 좌, 우에 시간 선분을 의미하며(시작 시점, 종료 시점) 쌍으로 비교할 시간 선분을 기술한다.

(시작 일자1, 종료 일자1) OVERLAPS (시작 일자2, 종료 일자2)

OVERLAPS는 좌, 우에 기술하는 시간 선분에 대해 우선 순위를 요구하지 않는다. 즉, 시간 선분1(시작 일자1, 종료 일자1)과 시간 선분2(시작 일자2, 종료 일자2)는 위치를 바꾸어도 문제가 없다. OVERLAPS의 특징은 종료 시점을 개방점으로 처리하기 때문에 시간선분1의 종료 시점과 시간선분2의 시작 시점이 같은 값일 때 이를 겹치지 않은 것으로 판단한다. 아래 그림은 이러한 개념을 표현한 것이다.

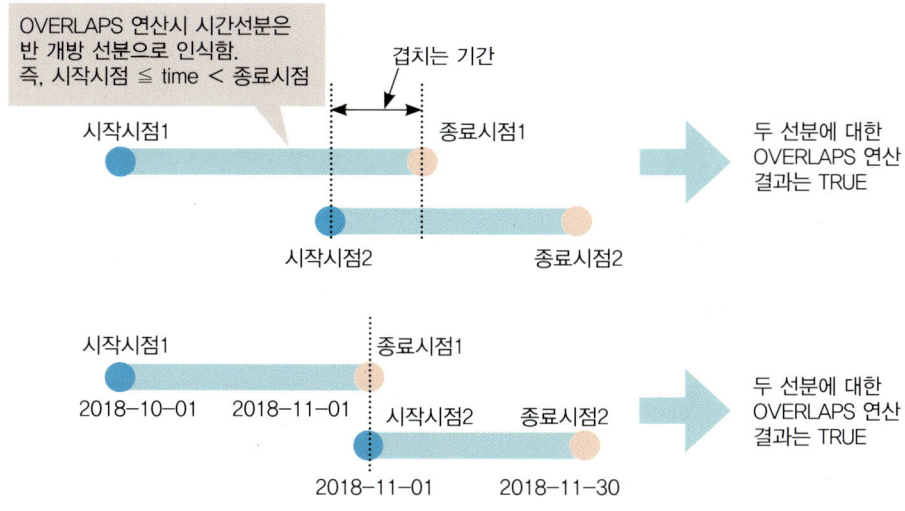

[그림 1-10] OVERLAPS 연산 시 시간 선분 비교 방식

시간 선분을 표현하는 방법은 앞에서 설명한 날짜, 시간, 타임스탬프 등의 쌍으로 표현하는 방법 외에, 날짜, 시간, 타임스탬프와 시간 간격(INTERVAL)을 지정하여 표현할 수도 있다.

예시 및 결과		1장_11_날짜형함수(28)
예시1	SELECT (DATE '2018-10-04', DATE '2018-12-31') OVERLAPS (DATE '2018-12-10', DATE '2019-03-31');	
결과	TRUE	
예시2	SELECT (DATE '2018-10-04', INTERVAL '100 days') OVERLAPS (DATE '2019-01-26', DATE '2019-04-26');	
결과	FALSE	
예시3	SELECT (DATE '2018-12-01', DATE '2019-02-26') OVERLAPS (DATE '2019-02-26', DATE '2019-04-20');	
결과	FALSE	
예시4	SELECT (DATE '2019-03-05', DATE '2019-03-05') OVERLAPS (DATE '2019-03-05', DATE '2019-03-10');	
결과	TRUE	

지금까지 날짜 연산에 자주 사용되는 함수들을 살펴 보았다. 날짜 연산 함수 중 AGE 함수는 두 시점 간의 시간 간격을 사람이 보기 쉬운 형태로 반환하지만 월마다 일 수가 다르기 때문에 AGE 함수에서 반환된 'months' 값에는 모호성이 존재할 수 있다. 즉, AGE 함수에서 반환된 기간(INTERVAL) 값과 두 시점 사이의 실제 일 수에는 차이가 있을 수 있다는 점을 주의해야 한다. 그것은 PostgreSQL이 AGE 함수를 처리하면서 월 필드를 계산할 때 비교하는 두 개의 날짜 중 빠른 것의 월을 사용하여 'months' 결과를 만들어 내기 때문에 발생한다. 아래는 이러한 차이를 보여주는 예시이다.

> **예시** 1장_11_날짜형함수(29)
>
> AGE(DATE '2019-03-23', DATE '2019-02-22') ➡ 1 mon 1 day
> DATE '2019-03-23' - DATE '2019-02-22' ➡ 29 (일)

위 예시에서 보는 바와 같이 2월이 28일까지만 있기 때문에 실제 일 수를 계산하면 29일이 되지만, AGE 함수는 2월을 기준으로 3월 22일까지를 1달이라고 계산하여 '1months 1 day'라는 결과를 반환하였다. AGE 함수를 수행할 때 필드 별로 뺄셈을 먼저 수행한 다음, 음수 필드 값을 조정해서 년, 월, 일 및 시·분·초 결과를 반환하는 방식으로 수행하기 때문에 이러한 결과가 나온다. 이때 1 months는 30일로 계산하게 된다.

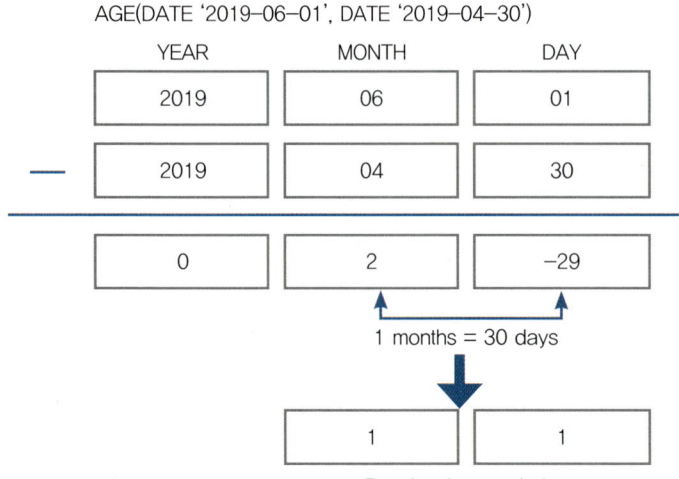

[그림 1-11] AGE 함수의 연산 방식

위 예시에서처럼 일반적으로 '1months 1 day'라는 기간과 '29일'이 같다고 보기는 어렵지만, 상식선에서 2월1일부터 5월1일까지의 기간을 이야기 할 때 '3달'이라고 하는 것과는 같은 의미로 이해하고 사용하면 될 것이다.

지금까지 살펴 본 날짜/시간 함수를 사용하여 다음과 같은 상황을 해결하기 위한 SQL을 작성해 보자.

 고객(ENC_CUSTOMER) 테이블로부터 고객의 현재 나이가 36년 1개월 이상인 고객에 대해 고객번호, 고객명, 성별, 거주지역, 생일, 나이를 출력하라.

(해설) 고객(ENC_CUSTOMER) 테이블의 구성 컬럼 중 BIRTH_DATE 컬럼을 이용하여 고객별 나이를 계산할 수 있다. 고객별 나이를 계산한 결과가 '36 years 1 mons' 이상인 고객을 검색하여 조회하는 SELECT 문장을 작성하면 된다. 검색을 위한 조건이 주어져 있으므로 이것을 WHERE 절에 표현한다. 이 조건을 WHERE 절에 표현하는 방법은 다음과 같은 두 가지 방법이 있다. 각각 고객 테이블의 데이터 양과 색인 구성 같은 환경 여건에 따라 효율성에 차이가 있을 수 있다. 가능하면 [방법2]와 같이 테이블의 컬럼에 대해 직접적인 연산이나 가공을 하지 않고 사용할 수 있는 방법이 바람직하다.

방법1 1장_11_날짜형함수(30)

```sql
1  SELECT cust_id, cust_name, gender, city, birth_date, age(birth_date)
2  FROM   sqlstudy.enc_customer
3  WHERE  AGE(birth_date) > '36 years 1 mon';
```

결과

	cust_id character (7)	cust_name character varying (50)	gender character varying (4)	city character varying (20)	birth_date date	age interval
1	1000001	유시진	남	서울	1983-03-01	36 years 1 mon 19 days
2	1000003	서대영	남	수원	1981-09-09	37 years 7 mons 11 days
3	1000007	윤중호	남	서울	1951-02-25	68 years 1 mon 23 days
4	1000008	박병수	남	세종	1971-03-31	48 years 20 days
5	1000011	송상현	남	서울	1980-07-01	38 years 9 mons 19 days
6	1000012	하지혜	여	세종	1980-05-01	38 years 11 mons 19 days
7	1000019	아구스	남	부산	1980-08-08	38 years 8 mons 12 days
8	9000001	김사부	남	여수	1972-06-29	46 years 9 mons 21 days

방법2 1장_11_날짜형함수(31)

```sql
SELECT cust_id, cust_name, gender, city, birth_date, age(birth_date)
FROM   sqlstudy.enc_customer
WHERE  birth_date < CURRENT_DATE - INTERVAL '36 years 1 mon';
```

결과

	cust_id character (7)	cust_name character varying (50)	gender character varying (4)	city character varying (20)	birth_date date	age interval
1	1000001	유시진	남	서울	1983-03-01	36 years 1 mon 19 days
2	1000003	서대영	남	수원	1981-09-09	37 years 7 mons 11 days
3	1000007	윤중호	남	서울	1951-02-25	68 years 1 mon 23 days
4	1000008	박병수	남	세종	1971-03-31	48 years 20 days
5	1000011	송상현	남	서울	1980-07-01	38 years 9 mons 19 days
6	1000012	하지혜	여	세종	1980-05-01	38 years 11 mons 19 days
7	1000019	아구스	남	부산	1980-08-08	38 years 8 mons 12 days
8	9000001	김사부	남	여수	1972-06-29	46 years 9 mons 21 days

(4) 변환형 함수(CONVERSION FUNCTION)

변환형 함수는 숫자형이나 날짜형과 같은 다양한 데이터 형식을 서식화된 문자열로 변환하거나, 반대로 서식화된 문자열을 특정 데이터 형식으로 변환하는 함수이다. 데이터 형식의 변환은 다음과 같이 명시적인 방법과 암시적인 방법으로 나누어 볼 수 있다.

- **명시적(EXPLICIT) 변환**
  변환형 함수를 사용하여 데이터 형식의 변환을 명시한 경우를 말한다.

- **묵시적(IMPLICIT) 변환**
  변환형 함수를 사용하지 않았는데도 DBMS가 내부적으로 데이터 형식을 자동 변환하여 처리하는 경우를 말한다.

묵시적 변환의 경우는 DBMS가 알아서 처리해 주기 때문에 언뜻 편리한 것처럼 생각될 수 있다. 하지만 내부적인 데이터 형식 변환의 원리를 정확히 파악하지 못하면 예상치 못한 성능 저하가 발생하거나 DBMS가 알아서 데이터 형식을 변환하지 않는 경우도 있을 수 있어 에러가 발생할 수도 있다. 때문에 가급적이면 명시적인 데이터 형식 변환 방법을 사용하는 것이 바람직하다.

데이터 변환 함수는 모두 단일행 함수이며, 호출될 때마다 입력 인자의 데이터 값을 명시된 데이터 형식으로 변환하는 처리를 수행한다. 그러므로 변환형 함수가 SELECT 절에서 출력되는 행마다, 그리고 그 행의 특정 컬럼마다 실행되는 것은 사용자의 가독성 향상을 위해 필요한 처리-이 역시 출력할 행이 매우 많으면 변환형 함수의 실행이 늘어나 성능에 영향을 줄 수도 있기는 하지만-라고 생각할 수 있다. 하지만 WHERE 절의 검색 조건에서 원하는 데이터를 찾기 위해 변환형 함수를 사용하여 컬럼의 데이터 값을 변환해야만 검색이 가능한 경우가 있다면, 이때의 변환형 함수는 테이블에 저장된 해당 컬럼의 모든 데이터에 대해 변환형 함수를 적용해 보아야만 원하는 조건 검색이 가능하여 성능에 큰 영향을 미칠 수 있어 주의가 필요하다. 이러한 상황이 발생하는 것은 처음 데이터 모델 설계 단계부터 잘못 되었거나, 개발자가 다른 방법으로 SQL을 작성할 수 있도록 대안을 찾아보는 노력이 부족했던 탓이라고 볼 수 있다.

변환형 함수는 SQL을 더욱 강력하게 만들어 주는 매우 유용한 무기라고 할 수 있으므로 잘 이해하고 활용하면 SQL만으로 원하는 멋진 결과를 얼마든지 만들어 낼 수 있다. 변환형 함수는 숫자형과 날짜형 데이터의 출력 형식을 지정할 때 사용할 수 있는 포맷이 DBMS별로 매우 다양하게 제공되기 때문에 어느 한 DBMS에서 사용하던 변환형 함수와 변환 포맷이 다른 DBMS에서도 그대로 사용될 수 있다고 보장할 수 없다. 그러므로 사용하는 DBMS마다 어떠한 변환형 함수와 변환 포맷이 제공되는지를 확인하여 사용하는 것이 필요하다. 여기서는 예제 DBMS인 PostgreSQL에서 자주 사용하는 변환형 함수와 변환 포맷을 중심으로 설명한다.

변환형 함수는 일반적으로 2개의 입력 인자를 갖고 있다. 첫 번째 인자는 서식화하고자 하는 데이터 값(테이블의 컬럼이 될 수도 있다)이고, 두 번째 인자는 출력 또는 입력 형식을 정의하는 포맷 문자열이다. 다만, TO_TIMESTAMP 함수의 경우는 단 하나의 입력 인자를 사용할 경우도 있다. 변환형 함수의 종류는 다음과 같다.

[표 1-4] 변환형 함수의 종류

변환형 함수	설명
TO_CHAR()	입력 값을 지정한 형식의 문자열로 변환한다.
TO_DATE()	입력 문자열이 지정한 형식에 맞으면 날짜형 데이터로 변환한다.
TO_NUMBER()	입력 문자열이 지정한 형식에 맞으면 숫자형 데이터로 변환한다.
TO_TIMESTAMP()	입력 문자열이 지정한 형식에 맞으면 시간대를 포함한 타임스탬프 값으로 변환한다. 또는 입력한 EPOCH 초 수를 시간대가 포함된 타임스탬프 값으로 변환한다.

1) TO_CHAR()

- 함수 형식 : TO_CHAR(입력값, 포맷 문자열)
- 입력값 데이터 형식 : TIMESTAMP, INTERVAL, INT, DOUBLE PRECISION, NUMERIC 등
- 반환 데이터 형식 : 문자형(TEXT)

예시 1장_12_변환형함수(1)

```
TO_CHAR(CURRENT_TIMESTAMP, 'HH24:MI:SS') ➡ 13:51:36
TO_CHAR(INTERVAL '15h 2m 12s', 'HH24:MI:SS') ➡ 15:02:12
TO_CHAR(125,'099999') ➡ 000125
TO_CHAR(125.8,'999D99') ➡ 125.80
TO_CHAR(-125.8,'S999D99') ➡ -125.80
```

- 날짜/시간형 데이터 변환 포맷 문자

구분	포맷 문자	설명
년	YYYY	연도(4자리 이상)
	Y,YYY	쉼표 사용 연도(4자리 이상)
	YY	두 자리 연도(년의 마지막 2자리)
월	MM	월 번호(01 ~ 12) * 접두어 FM을 붙이면 앞의 0을 제거

구분	포맷 문자	설명
월	MONTH Month month	영문 월 전체 이름(대문자) 영문 월 전체 이름(첫 글자만 대문자) 영문 월 전체 이름(소문자) * 문자열 9자리까지 공백 문자로 채워 반환 * 접두어 FM을 붙이면 뒤의 공백 문자를 제거 * 접두어 TM을 붙이면 뒤 공백 제거와 함께 '?월'로 번역.
	MON Mon mon	대문자 영문 월 약어 이름 첫 글자만 대문자 영문 월 약어 이름 소문자 영문 월 약어 이름 * 약어는 접두어 TM을 붙이면 '월' 없이 월 숫자만 반환.
일	DD	월간 일자(01 ~ 31) * 접두어 FM을 붙이면 앞의 0을 제거
	DDD	연간 일자(001~ 366) * 접두어 FM을 붙이면 앞의 0을 제거
요일	DAY Day day	영문 요일 전체 이름(대문자) 영문 요일 전체 이름(첫 글자만 대문자) 영문 요일 전체 이름(소문자) * 문자열 9자리까지 공백 문자로 채워 반환 * 접두어 TM을 붙이면 뒤 공백 제거와 함께 '월요일' 과 같이 번역.
	DY Dy dy	영문 요일 약어 이름(대문자) 영문 요일 약어 이름(첫 글자만 대문자) 영문 요일 약어 이름(소문자) * 약어는 접두어 TM을 붙이면 '~요일' 없이 번역.
	D	요일 번호. 일요일(1) ~ 토요일(7) 사이의 값을 반환. EXTRACT(DOW …)처럼 일요일 ~ 토요일 사이의 요일 번호를 반환하지만 요일 번호는 DOW와 다르다.(0~6)
	ID	ISO 8601에 따른 요일 번호. 월요일(1) ~ 일요일(7). EXTRACT(ISODOW …)와 같은 결과를 반환.
주	W	월간 주(1 ~ 5). 월의 1일부터 시작하여 구분한 주 번호.
	WW	연간 주(1 ~ 53). 년의 1월1일부터 시작하여 구분한 주.
분기	Q	분기 번호(1 ~ 4). * TO_DATE나 TO_TIMESTAMP 처리 시는 무시된다.

구분	포맷 문자	설명
시	HH, HH12	시(01 ~ 12)
	HH24	시(01 ~ 24)
분	MI	분(00 ~ 59)
초	SS	초(00 ~ 59)
	MS	밀리 초(000 ~ 999)
	US	마이크로 초(000000 ~ 999999)
오전/오후	AM, PM	오전/오후 표시(점 없음). 소문자 사용시 소문자로 출력.
	A.M., P.M.	오전/오후 표시(점 있음). 소문자 사용시 소문자로 출력.
시간대	TZ tz OF	대문자 시간대 이름 소문자 시간대 이름 시간대 오프셋

포맷 문자 사용 예시 — 1장_12_변환형함수(2)

TO_CHAR(DATE '2019-04-05','YYYY년 FMMM월 FMDD일, TMDY요일, OF')
➡ 2019년 4월 5일, 금요일, +09

* 일반 텍스트는 TO_CHAR 포맷 문자와 함께 사용이 가능하고 문자 그대로 출력한다. 특히 큰 따옴표("")로 묶은 문자열은 그대로 출력되기 때문에 이를 이용하면 TO_CHAR 변환 함수를 더욱 강력하게 활용할 수 있다. 큰 따옴표가 있는 문자열은 TO_DATE, TO_NUMBER, TO_TIMESTAMP 변환 함수에서 건너뛰고 처리한다.

TO_CHAR(CURRENT_DATE,'YYYY년 TMMONTH FMDD일, TMDAY, TZ') ➡
2019년 4월 21일, 일요일, KST

TO_CHAR(CURRENT_DATE,'YYYY년 TMMON FMDD일, TMDAY, TZ') ➡
2019년 4 21일, 일요일, KST

TO_CHAR(CURRENT_DATE,'₩"YYYY년 FMMM월 DD일, TMdy₩"') ➡
"2019년 4월 21일, 일"

* 큰 따옴표를 포함하여 출력하고자 할 경우 역슬래시(₩)를 큰 따옴표 앞에 붙인다.

- 숫자형 데이터 변환 포맷 문자

포맷 문자	설명
9	• 지정된 자릿수의 값 (입력한 숫자에 대해 변환 출력하려는 자릿수만큼 9를 나열). • 나열할 자릿수는 입력한 숫자의 자릿수 이상이어야 한다. • 입력한 숫자의 자릿수보다 큰 자릿수를 지정하면 입력한 숫자 앞에 공백 문자를 채운다.
0	입력한 숫자 앞에 자릿수만큼 0을 채운다.
. (점)	소수점
, (쉼표)	천 단위 구분자
S	숫자에 고정된 부호
L	서버가 위치한 지역에서의 통화 기호
D	소수점
G	천 단위 구분자

포맷 문자 사용 예시   1장_12_변환형함수(3)

TO_CHAR(123, '9999999') ➡ '   123'

TO_CHAR(123, 'FM9999999') ➡ 123

    * FM접두어는 999999 포맷 문자에 의한 변환 결과의 앞에 채워진 공백 문자나 뒤에 채워진 0을 제거한다.

TO_CHAR(123, '00000') or TO_CHAR(123, '09999') ➡ 00123

TO_CHAR(20.3, '9999.99') ➡ ' 20.30'

TO_CHAR(20.3, 'FM9999.99') ➡ 20.3

TO_CHAR(-12, 'S999999') ➡ '   -12'

TO_CHAR(-12, 'FMS999999') ➡ -12

TO_CHAR(2000, 'L999G999') ➡ ₩ 2,000

TO_CHAR(2000, '₩999,999') ➡ ₩ 2,000

TO_CHAR(2000, '₩FM999,999') ➡ ₩2,000

TO_CHAR(-12454.8, 'FMS999G999D99') ➡ -12,454.8

2) TO_DATE()

- 함수 형식 : TO_DATE(입력값, 포맷 문자열)

    * TO_DATE 함수에 사용하는 포맷 문자열은 TO_CAHR 함수에서 날짜형 데이터의 변환에 사용하는 포맷 문자를 대부분 그대로 사용할 수 있다.

- 입력값 데이터 형식 : 문자열(TEXT)

- 반환 데이터 형식 : 날짜형(DATE)

예시	1장_12_변환형함수(4)

TO_DATE('20190420', 'YYYYMMDD') ➡ 2019-04-20 (날짜형 값)
TO_DATE('2019/04/20', 'YYYY/MM/DD') ➡ 2019-04-20 (날짜형 값)
TO_DATE('20 DEC 2018', 'DD MON YYYY') ➡ 2018-12-20 (날짜형 값)
TO_DATE('2019년 4월 5일', 'YYYY년 FMMM월 FMDD일') ➡
2019-04-05 (날짜형 값)

3) TO_NUMBER()

- 함수 형식 : TO_NUMBER(입력값, 포맷 문자열)

  * TO_NUMBER 함수에 사용하는 포맷 문자열은 TO_CAHR 함수에서 숫자형 데이터의 변환에 사용하는 포맷 문자를 대부분 그대로 사용할 수 있다.

- 입력값 데이터 형식 : 문자열(TEXT)
- 반환 데이터 형식 : 숫자형(NUMERIC)

예시	1장_12_변환형함수(5)

TO_NUMBER('-12,454.8','S99G999D9') ➡ -12454.8
TO_NUMBER('001235','099999') ➡ 1235
TO_NUMBER(NULL,'9') ➡ 빈값(NULL) (숫자형에 대응하는 빈값)

* 오라클은 숫자형에 대응하는 빈값을 TO_NUMBER(NULL)과 같이 사용할 수 있으나, PostgreSQL에서는 TO_NUMBER 함수의 사용 형식에 맞추어야 한다

4) TO_TIMESTAMP()

- 함수 형식 : TO_TIMESTAMP(입력값, 포맷 문자열)
             TO_TIMESTAMP(EPOCH 초 수)

  * TO_TIMESTAMP 함수에 사용하는 포맷 문자열은 TO_CAHR 함수에서 날짜형 데이터의 변환에 사용하는 포맷 문자를 대부분 그대로 사용할 수 있다.

  * 입력값으로 EPOCH 초 수를 사용하는 경우 1970-01-01 00:00:00+00 이후의 초 수 의미로 처리한다.

- 입력값 데이터 형식 : 포맷문자열 사용 시 문자열(TEXT),
                      EPOCH 초 수 사용 시 DOUBLE PRECISION
- 반환 데이터 형식 : 시간대가 포함된 타임스탬프(TIMESTAMP WITH TIME ZONE)

> **예시**   1장_12_변환형함수(6)
>
> TO_TIMESTAMP('05 APR 2019','DD MON YYYY')
> ➡ 2019-04-05 00:00:00+09
> TO_TIMESTAMP(1554752354) ➡ 2019-04-09 04:39:14+09
> TO_TIMESTAMP('2018 JUN','YYYY MON') ➡ 2018-06-01 00:00:00+09

* 입력값에 포함되지 않은 월(MONTH)은 1월로, 일(DAY)은 1일로 처리되고, 시, 분, 초는 00:00:00으로 처리된다.

지금까지 TO_CHAR, TO_NUMBER, TO_DATE, TO_TIMESTAMP 등과 같은 변환형 함수를 사용하는 데이터 변환에 대해 설명하였다. 이들의 공통점은 서식화된 문자열을 매개로 사용한다는 것이다. 이러한 방법은 일명 '서식화 변환'이라고 할 수 있다. 이와 대조적으로 서식화와 무관하게 데이터 형식 자체를 다른 데이터 형식으로 변환하는 일명 '데이터형 변환'도 있다. 데이터형 변환에 대해 사용되는 대표적인 변환 함수는 CAST 이다. CAST 함수를 사용하는 방법은 다음과 같다.

> CAST(표현식 AS 데이터 형식 [(길이)])

표현식은 어떠한 데이터 형식의 값이라도 해당될 수 있으며, 다른 함수가 사용될 수도 있다. 다른 함수가 사용된 경우는 그 함수의 결과값이 데이터형 변환의 대상이 된다. 날짜/시간 데이터 형식의 경우는 CAST 함수 수행 결과가 마치 변환 함수를 사용한 것과 같이 입력 데이터를 지정한 형식의 값으로 반환할 수도 있다. CAST를 사용하는 예시는 다음과 같다.

> **예시**   1장_12_변환형함수(7)
>
> CAST(1234 AS VARCHAR) ➡ '1234'
> CAST(2345 AS CHAR(10)) ➡ '2345'
> CAST('2019-04-05' AS DATE) ➡ 2019-04-05 (날짜형)
> CAST(CURRENT_TIMESTAMP AS DATE) ➡ 2019-04-15
> CAST(CURRENT_TIMESTAMP AS TIME) ➡ 16:36:50.936844

CAST를 사용한 데이터형 변환은 앞에서 여러 차례 예시로 제시되었던 이중 콜론(::)을 사용한 데이터형 변환과 동일하다. 그러므로 아래의 두 방법은 동일한 결과를 얻는다.

결과 — 1장_12_변환형함수(8)

```
SELECT CAST(1234 AS VARCHAR);
SELECT 1234::VARCHAR;
```

CAST나 이중 콜론을 이용한 데이터형 변환은 명시적(EXPLICIT)인 변환 방법이지만 이와 같은 데이터형 변환은 DBMS에 의해 내부적으로 묵시적(IMPLICIT)인 처리가 가장 많이 이루어지는 부분이다. 묵시적인 형변환은 주로 함수의 여러 인자 간에 데이터 형식을 일치시키기 위해서나 연산 시 피연산자들 간에 데이터 형식을 일치시키기 위한 목적으로 가장 많이 수행된다. 연산은 더하고 빼는 등의 사칙연산만이 아니라 비교와 같은 SQL 조건연산도 포함된다. 이에 대한 예시는 다음과 같다.

예시 — 1장_12_변환형함수(9)

```
SELECT 13 + '23' ;  ➡ 23은 문자이지만 내부적으로 INTEGER로 변환

SELECT '13.5' + 3.0 ; ➡ 13.5는 문자이지만 내부적으로 NUMERIC으로 변환

SELECT 'ABC'||23 ; ➡ 23은 숫자이지만 내부적으로 TEXT로 변환

SELECT * FROM ENC_EMP WHERE EMP_NO = '123';
```
➡ 문자 비교값 123에 대해 내부적으로 '123'::NUMERIC으로 처리됨

```
SELECT * FROM ENC_CUSTOMER WHERE BIRTH_DATE >= '2010-01-05';
```
➡ 문자 비교값 '2010-01-05'에 대해 내부적으로 '2010-01-05'::DATE로 처리됨

```
SELECT * FROM T1 A JOIN T2 B ON A.C1 = B.C2;
```
➡ T1 테이블의 C1 컬럼은 INTEGER, T2 테이블의 C2는 TEXT인 경우 PostgreSQL은 명시적인 데이터형 변환 처리를 하지 않는 한 연산 오류로 에러 처리함

위 예시에서 보는 것처럼 묵시적인 형변환은 정확히 이해하고 있지 못하면 예상치 못한 성능 저하나 에러를 겪게 되기 쉽다. 때문에 설계 시점부터 조인 연결고리로 사용될 수 있는 컬럼은 데이터 형식을 일치시켜야 하며, 필요 시 명시적인 데이터형 변환 처리를 하는 것이 바람직하다.

(5) 조건 표현식(CONDITIONAL EXPRESSIONS)

조건 표현식은 IF-THEN-ELSE 논리와 유사한 방식으로 표현식을 작성해서 SQL의 비교 연산 기능을 보완하는 역할을 한다. 표현식이라고 하지만 이들은 마치 함수와 같이 사용할 수 있어서 매 행마다 조건 연산을 수행하게 된다. SQL에서 자주 사용되는 조건 표현식은 다음과 같다.

1) CASE

CASE 표현식은 SQL에서 사용하는 대표적인 IF-THEN-ELSE 논리의 표현식이다. IF-THEN-ELSE 형식과 같이 검사 조건, 결과가 참인 경우 수행할 내용, 결과가 참이 아닌 경우 수행할 내용으로 구성하고, 표현식의 처음과 마지막에 CASE ~ END를 사용한다. 기본적인 형식은 다음과 같다.

```
CASE
        검사 조건   THEN   검사 조건이 참인 경우 수행할 내용
                   [ELSE  검사 조건이 참이 아닌 경우 수행할 내용]
END
```

CASE 표현식은 CASE 키워드로 시작해서 반드시 END 키워드로 끝나야 한다. CASE 표현식은 검사 조건을 구성하는 방식에 따라 다음과 같이 크게 두 가지로 나눈다.

- **SIMPLE CASE 표현식**

    이 형태에서 검사 조건은 항상 등가 비교(EQUAL)만 사용된다. CASE 다음에 검사 대상을 기술하고, WHEN 절에 비교할 값을 기술한다. 표현식의 형태는 다음과 같다.

> **예시**　　　　　　　　　　　　　　　　　　　　　　　　　　1장_13_조건표현식(1)
>
> 형식 : CASE 검사대상 WHEN 비교값 THEN … ELSE … END
>
> ```
> SELECT CUSTOMER_ID, CUSTOMER_TYPE,
>        CASE CUSTOMER_TYPE  WHEN '1' THEN '개인'
>                            WHEN '2' THEN '법인'
>                            WHEN '3' THEN '단체'
>                            ELSE '기타'
>        END AS TYPE_NAME
> FROM   CUSTOMER1;
> ```

결과

	customer_id integer	customer_type text	type_name text
1	100	1	개인
2	101	2	법인
3	102	1	개인
4	103	3	단체
5	104	2	법인
6	105	1	개인
7	106	1	개인
8	107	3	단체
9	108	4	기타

CUSTOMER_TYPE 컬럼에 저장된 값이 '1'이면 '개인', '2'이면 '법인', '3'이면 '단체'를 출력하고, '1', '2', '3' 이 아닌 다른 값이 저장된 경우 '기타'를 출력하는 표현식이다. 실제 저장된 값이 '1', '2', '3' 외에도 여러 가지 값이 있다면 이 세 가지를 제외한 나머지 모두는 '기타'로 출력된다.

- **SEARCHED CASE 표현식**

  이 형태에서 검사 조건은 EQUAL 뿐만 아니라 다양한 연산자를 모두 사용할 수 있고, SQL의 WHERE절에 기술하는 것처럼 다양한 조건을 AND/OR로 연결하여 검사 조건을 구성할 수 있다. 이를 위해 CASE 다음에 오는 WHEN 절에 검사 조건을 기술한다.

예시 — 1장_13_조건표현식(2)

형식 : CASE
　　　　　WHEN 검사 조건1 THEN 수행 내용1
　　　　　WHEN 검사 조건2 THEN 수행 내용2
　　　　　ELSE 수행 내용3
　　　　END

```
SELECT C1,
    CASE
        WHEN C1 = 1             THEN 'Type1'
        WHEN C1 = 2             THEN 'Type2'
        WHEN C1 >=3 AND C1 <=10 THEN 'Type3'
        WHEN C1 > 10            THEN 'Type4'
    END AS C1_NAME
FROM T1;
```

결과

	c1 integer	c1_name text
1	1	Type1
2	3	Type3
3	4	Type3
4	10	Type3
5	2	Type2
6	2	Type2
7	1	Type1
8	6	Type3
9	8	Type3
10	0	[null]

위 예문은 WHEN 절 다음에 ELSE 절을 기술하지 않았다. 이런 경우 WHEN 절에 기술된 조건들에 해당하지 않는 데이터 값이 등장하면 위 예문의 결과에서 10번째 줄에 나타난 바와 같이 빈값(NULL)이 반환되므로 주의가 필요하다.

| 예시 | 1장_13_조건표현식(3) |

```
SELECT  C1, C2,
        CASE
            WHEN C1 = 'A' AND C2 BETWEEN 10 AND 30 THEN 'Type1'
            WHEN C1 = 'B' AND C2 BETWEEN 30 AND 50 THEN 'Type2'
            ELSE 'Type3'
        END AS C2_NAME
FROM    T1;
```

결과

	c1 text	c2 integer	c2_name text
1	A	10	Type1
2	A	30	Type1
3	A	50	Type3
4	B	20	Type3
5	B	40	Type2
6	B	50	Type2
7	B	60	Type3
8	C	10	Type3
9	A	20	Type1
10	B	55	Type3

2) COALESCE

COALESCE 함수는 다음과 같은 형식으로 사용한다.

형식 : COALESCE(인자1 [, ...])

COALESCE 함수는 나열된 인자 중 빈값(NULL)이 아닌 첫 번째 인자를 반환한다. 나열된 모든 인자의 값이 빈값(NULL)인 경우는 함수의 결과도 빈값(NULL)을 반환한다. COALESCE 함수는 처리하려는 컬럼에 빈값(NULL)이 있을 경우 빈값(NULL)을 지정한 기본값으로 대체하기 위한 목적으로 주로 사용된다. COALESCE 함수를 사용하는 예시는 다음과 같다.

예시   1장_13_조건표현식(4)

```
SELECT full_name, short_name,
       COALESCE(full_name, short_name, '이름없음') AS name
FROM   T1;
```

결과

	full_name text	short_name text	coalesce text
1	가자전자주식회사	가자전자	가자전자주식회사
2	[null]	마을회관	마을회관
3	데이터통신연구소	대통연	데이터통신연구소
4	[null]	[null]	이름없음
5	사단법인 창호	창호	사단법인 창호

FULL_NAME 컬럼에 값이 있으면 FULL_NAME 컬럼값을 반환하고, 값이 없으면 SHORT_NAME 컬럼을 반환한다. SHORT_NAME 컬럼에도 값이 없으면 '이름없음'이라는 문자열을 반환한다. COALESCE 함수는 빈값(NULL)이 아닌 첫 번째 인자를 만나면 그 뒤의 인자는 더 이상 확인하지 않고 중단한다.

COALESCE 함수는 표준SQL에 정의된 함수이며, 이것을 지원하는 다른 DBMS에서도 동일하게 사용할 수 있다.

3) NULLIF

NULLIF 함수는 COALESCE 함수와 반대로 작동하는 역 연산 함수라고 할 수 있다. 입력 인자로 제시된 두 인자의 값을 비교하여 동일한 값이면 빈값(NULL)을 반환하고, 동일하지 않으면 첫 번째 인자의 값을 반환한다. 사용 형식은 다음과 같다.

형식 : NULLIF(인자1, 인자2)

예시   1장_13_조건표현식(5)

```
SELECT c1, c2, NULLIF(c1, '해당 없음') AS destination FROM T1;
```

위 예시에서 C1 컬럼의 값이 '해당 없음' 인 경우는 빈값(NULL)이 반환되고, 그렇지 않은 경우는 C1 컬럼의 값이 반환된다.

4) GREATEST / LEAST

GREATEST와 LEAST 함수는 입력 인자로 제시된 다수의 표현식 목록에서 최대 또는 최소값을 선택하여 반환한다. 사용 형식은 다음과 같다.

```
형식 : GREATEST(인자1 [, …])
       LEAST(인자1 [, …])
```

함수의 인자들에 사용되는 표현식은 모두 같거나 호환 가능한 데이터 형식을 가져야 하며, 함수의 결과 역시 동일한 데이터 형식으로 반환된다. 인자들 중 빈값(NULL)이 있으면 무시되며, 모든 인자들의 표현식이 빈값(NULL)인 경우는 결과 또한 빈값(NULL)이 된다. GREATEST와 LEAST 함수는 행마다 수행되는 단일행 함수에 속하며, 하나의 행에서 컬럼과 컬럼 간 또는 컬럼과 임의의 값의 크기를 비교하는 목적으로 주로 사용된다. GREATEST와 LEAST는 표준SQL이 아니지만 많은 DBMS들이 유사하게 제공하고 있는 확장 부분이다. 함수 사용에 대한 예시는 다음과 같다.

예시   1장_13_조건표현식(6)

```
SELECT GREATEST(200, 100, 350, 300) AS GT1,
       GREATEST('가두리', '가물치', '가원') AS GT2;
```

결과

	gt1 integer	gt2 text
1	350	가원

예시 — 1장_13_조건표현식(7)

```sql
SELECT LEAST(200, 100, 350, 300) AS GT1,
       LEAST('가두리', '가물치', '가원') AS GT2;
```

결과

	gt1 integer	gt2 text
1	100	가두리

GREATEST 함수를 사용하는 예시로, 다음과 같은 상황을 해결하기 위한 SQL 문장에 대해 생각해 보자.

 사원(ENC_EMP) 테이블에서 사원 목록에 대해 각 사원별로 그 사원의 나이와 사원별 관리자(MANAGER)의 나이를 비교하여 더 많은 나이를 출력하라.

Script — 1장_13_조건표현식(8)

```sql
1  SELECT A.EMP_NO, A.EMP_NAME, A.AGE,
2         B.EMP_NAME AS MGR_NAME, B.AGE AS MGR_AGE,
3         GREATEST(A.AGE, B.AGE)
4  FROM           SQLSTUDY.ENC_EMP A
5       LEFT JOIN SQLSTUDY.ENC_EMP B
6              ON A.MANAGER_EMP_NO = B.EMP_NO;
```

결과

	emp_no numeric (6)	emp_name character varying (50)	age numeric (3)	mgr_name character varying (50)	mgr_age numeric (3)	greatest numeric (3)
1	101	김사부	45	[null]	[null]	45
2	102	강동주	35	김사부	45	45
3	103	윤서정	36	김사부	45	45
4	104	남도일	46	김사부	45	46
5	105	오명심	43	김사부	45	45
6	110	신회장	70	[null]	[null]	70
7	109	도윤완	45	신회장	70	70
8	106	장기태	43	도윤완	45	45
9	107	도인범	35	김사부	45	45
10	108	송현철	32	도윤완	45	45

(6) 함수의 실행 횟수

함수는 그 사용 위치와 사용 방식에 따라서 모두 다른 실행 횟수로 나타날 수 있다. 이는 단일행 함수와 다중행 함수 모두에서 나타날 수 있는 문제로, 함수의 실행 횟수가 그 사용 위치와 사용 방식에 따라서 어떻게 달라지는지 이해한다면 SQL을 더욱 빠르고 효율적으로 실행되도록 할 수 있다.

아래 SELECT 문장을 예로 삼아 살펴 보겠다. 아래 SQL 문장에 사용된 함수는 모두 단일행 함수이며, SELECT 절에 사용된 함수1은 WHERE절 조건을 충족하여 출력이 이루어지는 모든 행에 대해 1회씩 수행된다. 따라서 출력되는 행이 매우 많다면 함수1의 실행 횟수도 크게 증가할 수 있고, 출력되는 행이 많지 않다면 함수1의 실행 횟수 또한 많지 않아 성능에 별다른 영향을 주지 않을 것이다.

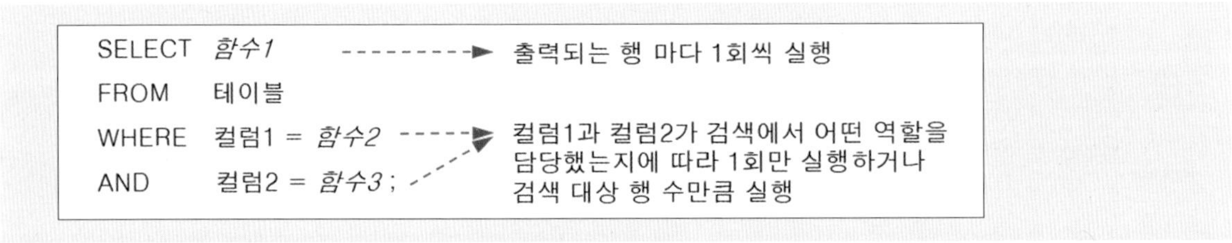

```
SELECT  함수1        --------▶ 출력되는 행 마다 1회씩 실행
FROM    테이블
WHERE   컬럼1 = 함수2 ----▶ 컬럼1과 컬럼2가 검색에서 어떤 역할을
AND     컬럼2 = 함수3;          담당했는지에 따라 1회만 실행하거나
                                검색 대상 행 수만큼 실행
```

[그림 1-12] SQL 문장에서 함수 사용 위치에 따른 실행 횟수 차이

WHERE 절에는 함수2와 함수3이 사용되었다. 이들은 각 함수의 결과와 비교하는 컬럼인 컬럼1과 컬럼2의 역할에 따라 실행 횟수가 달라질 수 있다. 즉, WHERE 절의 검색 조건은 크게 나누어 보면 일반적으로 원하는 데이터를 찾기 위해 데이터에 대한 접근 범위를 결정하는 접근 조건과, 그 조건에 의해 접근이 이루어진 다음 그 데이터가 원하는 데이터가 맞는지 확인하여 걸러내는 역할을 하는 필터링 조건으로 나누어 볼 수 있다. WHERE 절에 사용된 어떤 조건문이 접근 조건이 되는지 필터링 조건이 되는지는 DBMS에 의해 결정되거나 SQL 힌트라는 추가적인 문장 구성에 의해 결정될 수 있다. 이와 같은 결정에 영향을 미칠 수 있는 여러 가지 요소들 중 가장 중요한 것은 데이터에 대한 빠른 검색을 지원할 수 있는 적절한 인덱스의 유무이다. 즉 상수, 변수, 혹은 함수 연산 결과값과 일치하는 컬럼 값을 검색하려는 대상 컬럼에 적절한 인덱스가 생성되어 있는 경우에 접근 조건이 될 수 있다. 접근 조건에서 상수나 변수에 대해 사용되는 함수는 필터링 조건의 함수보다 먼저 실행되며, 1회의 실행으로 결과값을 생성한 후 해당하는 비교 대상 컬럼에 대해 상수화된 함수 결과값과 동일한 값을 찾는 방식으로 처리된다. 이렇게 해서 접근 조건에 의해 1차적인 대상이 선별되면 그 다음으로 남은 필터링 조건을 사용하여 원하는 데이터가 맞는지 확인하게 된다. 이때 필터링 조건에 기술된 함수가 1차 선별된 중간 집합의 모든 행에 대해서 1번씩 실행된다. 그러므로 접근 조건에 사용되는 함수는 한 번의 실행으로 끝날 수 있지만, 필터링 조건으로 사용되는 함수는 접근 조건에 의해

1차 선별된 중간 집합의 행 수만큼 반복적으로 실행된다. 접근 조건에 사용된 함수라도 컬럼에 대한 가공 처리로 사용하는 경우에는 필터링 조건으로 작용한다. 위 예시에서 컬럼1 조건이 접근 조건이 된다면 함수2는 한 번 실행될 수 있고, 컬럼2 조건이 필터링 조건이 된다면 함수3은 컬럼1 조건에 의해 1차 선별된 중간 집합의 행 수만큼 실행될 것이다. 반대로, 컬럼2 조건이 접근 조건이 되면 함수3은 한 번 실행될 수 있고, 컬럼1이 필터링 조건이 되면 함수2는 컬럼2 조건에 의해 1차 선별된 중간 집합의 행 수만큼 실행될 것이다.

다중행 함수에 대해서도 유사한 상황이 적용될 수 있다. 아래의 SQL문장은 테이블 T1으로부터 WHERE 절 조건에 해당하는 임의의 데이터를 추출한 후 GROUP BY 절에 명시된 기준에 따라 집계를 하는 SQL 문장이다. GROUP BY 처리에 대해서는 다음 절에서 다시 상세히 설명하겠지만, 아래 SQL 문장에서는 GROUP BY 기준에 GREATEST 함수가 사용되었고, SELECT 절에 다시 GREATEST 함수와, SUM 함수, 그리고 COALESCE 함수가 사용되었다.

```
1   SELECT  C1, GREATEST(C2, C3),
2           SUM(C4), SUM(COALESCE(C5, 0))
3   FROM    T1
4   WHERE   ...
5   GROUP BY C1, GREATEST(C2, C3);
```

SQL 문장의 실행 순서에 따르면, 먼저 WHERE 절에 의해 추출된 중간 집합은 GROUP BY 절에 의해 그룹핑 되고, 그 그룹핑 된 중간 집합에 대해 SELECT 절의 내용이 수행되게 된다. 이러한 처리 과정을 감안하면 GROUP BY 절에 명시된 C1 컬럼과 GREATEST 함수의 처리 결과가 그룹핑 기준이 된다. 때문에 GREATEST 함수는 그룹핑 대상이 되는 중간 집합의 모든 행에 대해 한 번씩 실행되어야 함을 알 수 있다.

그 다음으로는 최종 출력 결과를 만들기 위해서 SELECT 절에 명시된 함수들이 그룹핑 대상 집합의 모든 행에 대해 한 번씩 실행되는데, 이때 SELECT 절의 GREATEST 함수는 다시 실행하지 않고 GROUP BY 절에서 실행한 결과를 그대로 재사용한다. SELECT 절의 그룹핑 기준을 제외한 집계 함수들은 실제로 그룹핑 대상이 되는 모든 행에 대해 한 번씩 처리를 하게 되는데, 집계 함수의 특징은 처리 대상 중 빈값(NULL)은 건너뛴다는 것이다. 즉, SUM(C4)에서 C4 컬럼에 빈값(NULL)이 존재하는 경우, 이 빈값(NULL)을 건너뛰어 값이 있는 것들만 더하는 연산을 하게 된다. 예를 들어, 그룹핑 대상이 총 100개의 행이라고 할 때 C4 컬럼에 값이 저장된 행이 60개, 빈값(NULL)인 행이 40개라고 가정하면, SUM(C4) 함수가 실행될 때 값이 들어있는 60개 행에 대해서만 처리를 하여 총 60번의 더하기 연산을 하게 된다는 것이다.

그런데 SELECT 절의 두번째 집계함수로 SUM(COALESCE(C5, 0))으로 기술된 함수를 보면 SUM() 함수 연산을 하는 입력 대상이 COALESCE 함수를 적용한 결과로 되어 있다. 이것은 C5 컬럼에 빈값(NULL)이 존재하는 경우 이 빈값(NULL)을

0(ZERO)으로 대체해 더하기 연산을 하겠다는 의도이다. 이와 같은 상황은 어떤 임의의 값과 빈값(NULL)을 더한 결과가 빈값(NULL)이 되는 현상을 막기 위해 의도적으로 빈값(NULL)을 0으로 대체하여 더하기 연산의 결과가 빈값(NULL)이 되지 않도록 하려는 의도가 반영된 결과라 할 수 있다.

사실 SUM과 "+" 연산 모두 우리말로는 더하기 연산이라고 읽을 수 있지만 DBMS는 SUM과 "+" 연산을 처리하는 방식이 다르다. "+" 연산은 피연산자 중 하나라도 빈값(NULL)이 있으면 연산 결과도 빈값(NULL)이 되지만, SUM 함수는 임의의 컬럼에 저장된 값들 중 빈값(NULL)을 건너뛰어 값이 있는 것들만 연산을 하기 때문에 빈값(NULL)으로 인한 연산 결과의 왜곡이 없다. 다만, SUM 함수의 대상 컬럼이 모두 빈값(NULL)이면 SUM 연산의 결과도 빈값(NULL)이 된다는 점은 주의가 필요하다. 개발자가 SUM 함수 안에 빈값(NULL)을 0으로 대체하는 선처리를 하는 이유 중에는 대상 컬럼이 모두 빈값(NULL)인 경우 SUM함수가 빈값(NULL)을 반환하게 되므로 출력 시 빈값(NULL) 상태로 보여주는 것 보다는 0으로 대체해서 보여주려는 의도가 있을 수도 있다.

이러한 목적으로 SUM 함수 안에 빈값(NULL) 대체 함수 COALESCE를 사용한 경우를 가정해 보자. 앞의 예와 마찬가지로 그룹핑 대상이 총 100개의 행이라고 할 때, C5 컬럼에 값이 저장된 행이 40개, 빈값(NULL) 상태인 행이 60개라고 하자. 이때 COALESCE가 없다면 SUM이 40개의 행에 대해서만 더하기 처리를 하면 되는데, COALESCE로 인해 60개의 0이 추가되어 총 100개의 행을 대상으로 SUM 함수 처리를 하게 된다. 즉, SUM 안에 사용한 COALESCE 함수로 인해 처리하지 않아도 되었을 60개의 행에 대해서도 0을 더하는 연산을 하게 된 것이다.

이와 같은 비효율은 그룹핑 대상이 많은 상황에서 성능에 영향을 미치는 원인 중 하나로 작용할 수 있다. 때문에 처음에 SQL을 공부할 때부터 이러한 문제를 이해하고 더 효과적인 방법을 익히는 것이 바람직하다. 즉, 집계 함수는 빈값(NULL)을 제외한 실제로 값이 들어 있는 행에 대해서만 처리를 하도록 하고, 집계 함수의 처리 대상이 모두 빈값(NULL)인 경우 결과도 빈값(NULL)이 되는 상황만 빈값(NULL) 대체 함수로 처리하도록 하면 훨씬 효율적인 처리가 가능해진다. 이와 같은 원리에 따라 앞의 SQL 문장을 더 효율적인 문장으로 바꿔보면 다음과 같다.

```
1  SELECT C1, GREATEST(C2, C3),
2         COALESCE(SUM(C4), 0), COALESCE(SUM(C5), 0)
3  FROM   T1
4  WHERE  ...
5  GROUP BY C1, GREATEST(C2, C3);
```

(7) 검색 조건에서의 함수 사용

SQL을 작성하다 보면 원하는 데이터를 찾기 위한 검색 조건을 기술하는데 대상 컬럼에 대해 함수를 적용하거나, 어떠한 연산을 해야 하거나 하는 등의 가공이 필요한 상황을 자주 만나게 된다. 이러한 상황에서 주저 없이 검색 대상 컬럼에 대한 가공 내용을 포함한 SQL을 작성하는 개발자들을 자주 본다. 이와 같은 SQL 작성 습관은 저장된 데이터 양이 많지 않을 때는 별 문제없이 당장 원하는 답을 얻을 수는 있겠지만 장기적으로 볼 때 데이터 양이 증가할수록 SQL 성능이 저하되거나 심한 경우 시스템 전체에 심각한 부하를 유발하게 되는 원인이 될 수도 있다. 가능하면 검색 대상 컬럼에 곧바로 함수나 연산 등의 가공 형태를 기술하기 전에, 대상 컬럼을 가공하지 않고 비교 대상 값(상수나 변수)을 가공할 수 있는 방법에 대해 먼저 검토를 해 보는 것이 바람직하다. 그리고 처음 SQL을 배우는 단계에서부터 어렵더라도 꼭 이러한 SQL 작성 습관이 몸에 베이도록 해야 한다.

실제 업무에서 사용하는 테이블들은 대체로 대량의 데이터를 저장하고 있는 경우가 많다. 대량의 데이터를 저장하고 있는 테이블일수록 필요한 최소한의 데이터에만 접근하여 원하는 결과를 얻어내는 처리 기법이 매우 중요하다. 이때 필요한 것이 인덱스(INDEX)라는 데이터베이스 개체이다. 인덱스는 특정 컬럼이나 컬럼들에 대해 해당 컬럼에 저장된 값을 복사하여 이를 특정한 순서로 정렬하여 빠른 검색을 할 수 있도록 별도의 개체로 저장하고 있는 데이터베이스 개체이다. 이 인덱스를 제대로 사용하려면 우선 인덱스가 설정된 컬럼이 검색 조건 문장에서 가공되지 않아야 한다. 그래야만 해당 인덱스에서 검색을 시작할 위치를 찾는데 활용될 수 있다. SQL을 배우는 시점부터 인덱스가 설정된 컬럼이 검색 조건에 사용되었을 때 가능하면 이 컬럼에 연산이나 어떠한 가공 처리가 가해지지 않도록 조건문을 작성하는 습관을 들이는 것이 바람직하다.

아래 SQL의 경우를 살펴보면, 날짜 데이터 형식으로 정의된 C1 컬럼에 대해 문자 상수값으로 표현된 날짜에 해당하는 데이터를 찾기 위해서 C1컬럼을 TO_CHAR() 변환 함수로 가공을 하였다. 이렇게 되면 원하는 데이터를 찾기는 하겠지만 C1 컬럼에 인덱스가 설정되어 있을 때 C1 컬럼이 TO_CHAR() 함수에 의해 가공되어 있기 때문에 해당하는 검색 위치를 찾을 수 없게 된다. 따라서 테이블에 저장된 전체 데이터를 처음부터 끝까지 읽어 가면서 C1 컬럼의 데이터 마다 일일이 TO_CHAR() 함수를 적용하여 반환된 결과를 문자 상수 값과 비교하게 된다. 이렇게 처리하게 되면 테이블 T1에 저장된 데이터가 많아질수록 처리 성능은 급격히 나빠지게 될 것이다.

```
1  SELECT ... FROM T1
2  WHERE  TO_CHAR(C1, 'YYYYMMDD') = '20190405' ;
```

위 SQL은 다음과 같이 C1 컬럼에 TO_CHAR() 함수를 적용하지 않고 그대로 사용하거나 명시적으로 문자 상수에 데이터 형식을 지정하는 방법으로 컬럼 가공을 피할 수 있다.

- 방법1 : C1 = '20190405' 와 같이 직접 비교
- 방법2 : C1 = '20190405'::DATE 와 같이 문자 상수에 명시적으로 데이터 형식을 지정

위 해결 방법 중 방법1은 내부적으로 방법2와 같이 변환되어 처리되며, 문자 상수 값이 날짜 형식에 맞지 않거나 유효하지 않은 값을 갖고 있을 경우 에러로 처리하게 된다. 방법1 보다는 방법2와 같이 명시적으로 데이터형 변환을 지정하는 것이 가독성 관점에서도 유리하고, 실수를 사전에 예방할 수 있는 방법이라 할 수 있을 것이다.

아래의 SQL은 숫자 데이터 형식의 C1 컬럼에 대해 1.5배 한 결과가 500보다 큰 데이터를 찾는 경우이다. 예를 들어, C1 컬럼이 어떤 '판매 금액'이라고 가정했을 때 판매 금액이 1.5배 상승했을 때 500을 넘을 수 있는 데이터를 찾는 경우를 생각해 볼 수 있다. 이와 유사한 경우들은 업무 중에 상당히 빈번하게 발생한다. 아래 SQL은 원하는 데이터를 찾기 위해 C1 컬럼에 1.5을 곱해서 그 결과가 500을 넘는지를 체크하는 방식으로 요구 내용을 그대로 SQL로 옮긴 것이다.

```
1  SELECT ... FROM T1
2  WHERE  C1 * 1.5 >= 500 ;
```

위 SQL 문장 역시 C1 컬럼에 대해 1.5를 곱하는 연산 처리를 기술함으로써 C1 컬럼에 인덱스가 설정되어 있어도 인덱스에서 검색을 시작할 지점을 바로 찾을 수 없게 만들었다. 결과적으로 테이블 T1의 데이터를 처음부터 하나하나 읽어가면서 매 행마다 C1 컬럼의 값에 1.5를 곱해 그 결과가 주어진 조건을 만족하는지 확인하는 처리를 더 이상 처리할 데이터가 없을 때까지 반복해야만 한다. 따라서 테이블의 데이터 양이 증가할수록 SQL의 처리 속도는 느려질 수밖에 없게 된다. 위 SQL에서 C1 컬럼에 대해 직접적으로 연산을 하지 않으려면 다음과 같이 C1 컬럼에 1.5를 곱하는 대신 우측의 상수값에 대해 1.5를 나누는 방식으로 SQL을 작성하면 된다.

```
WHERE C1 >= 500 / 1.5
```

위와 같이 작성한 SQL은 상수값에 대한 연산을 단 한 번 먼저 수행하여 상수화된 결과값을 만들어낸 뒤 C1컬럼에 인덱스가 설정되어 있다면 상수화된 연산 결과값을 이용해 해당 인덱스에서 검색 위치를 바로 찾아갈 수 있다. 물론 인덱스를 적절하게 사용할 수 있는지의 문제는 이외에도 다양한 사항들에 연관되지만 위와 같이 컬럼을 가공하지 않는 SQL 형태를 갖추어야 인

덱스를 사용한 성능 향상도 고려할 수 있게 된다.

아래의 SQL은 C1 컬럼에 빈값(NULL)이 있을 수 있는 상황에서 C1 컬럼에 '3'이 저장되어 있는 행이나 빈값(NULL)인 경우 이것을 '3'으로 간주하여 C1 컬럼이 빈값(NULL)인 행까지 검색 결과에 포함하고자 하는 의도가 담겨 있다.

```
1   SELECT ...   FROM T1
2   WHERE  COALESCE(C1, '3') = '3' ;
```

위 SQL과 같이 작성하면 원하는 답은 얻을 수 있겠지만 앞에서 설명한 바와 같이 C1 컬럼이 함수에 의해 가공되었기 때문에 C1 컬럼에 인덱스가 설정되어 있어도 해당 인덱스 사용이 어렵게 된다. 이러한 경우는 COALESCE 함수를 사용하지 않고 다음과 같이 SQL의 조건 문장을 고쳐 쓸 수 있다.

- 방법1 : ⋯ WHERE C1 = '3' OR C1 IS NULL
- 방법2 : ⋯ WHERE C1 = '3'
  UNION ALL
  ⋯ WHERE C1 IS NULL

위와 같은 방법으로 C1 컬럼에 대한 조건을 2개의 조건절로 나누어 C1 컬럼에 대한 가공 없이 SQL을 작성할 수 있다. 하지만 빈값(NULL)을 찾는 조건 연산이 상황에 따라 인덱스를 사용할 수도 있고, 그렇지 않을 수도 있기 때문에 인덱스를 사용할 있는 경우에는 좋은 성능을 낼 수 있지만, 사용할 수 없는 경우에는 COALESCE 함수로 C1 컬럼을 가공했을 때의 상태와 다르지 않게 된다. 결과적으로 COALESCE 함수로 빈값(NULL)을 대체해야 하는 SQL 작성이 불가피 할 수밖에 없는 상황이 발생하는 근본적인 원인에 설계 문제가 존재한다. C1 컬럼에 대해 빈값(NULL)이 있을 경우 이것을 '3'으로 간주하는 것이 업무 처리 상에서의 특징이라면 설계 당시부터 C1 컬럼에 기본값(DEFAULT) 제약조건을 설정하여 빈값(NULL)이 발생할 경우 '3' 이 자동적으로 입력되도록 했다면 위 SQL은 COALESCE 함수를 사용할 필요 조차도 없이 C1 = '3' 과 같이 인덱스 사용이 가능한 일반적인 조건절로 작성할 수 있었을 것이기 때문이다.

마지막으로, 아래 SQL의 경우를 한 가지 더 살펴보자. 아래 SQL은 C1 컬럼에 빈값(NULL)이 있을 경우 이것을 'X'로 대체하여, 대체한 결과까지 포함해서 C1 컬럼이 'Y'인 행을 찾는 쿼리 문장이다.

```
1  SELECT ...  FROM T1
2  WHERE   COALESCE(C1, 'X') = 'Y' ;
```

이 SQL을 잘 살펴보면 C1 컬럼에 'Y' 값이 저장된 행만 찾는 것이기 때문에 C1 컬럼에 빈값(NULL)이 있는 경우 이것을 'X' 값으로 대체해도 결국 이 행들은 검색 대상에서 제외된다. 그렇다면 무엇 때문에 빈값(NULL)을 일부러 'X' 값으로 대체하는 수고를 하게 한 후, 'Y' 값을 갖고 있는 행만 찾게 했을까? 그것은 빈값(NULL)의 성질에 대해 정확히 이해하지 못한 상태에서 빚어진 막연한 우려의 결과로 볼 수 있다. 다시 말해, 빈값(NULL)과의 비교가 검색 결과를 왜곡시키는 결과로 나타나게 되지 않을까 하는 걱정 말이다. 그러나 위 SQL의 조건절은 다음과 같이 단순한 조건절 형태로 작성해도 된다.

```
WHETE  C1 = 'Y'
```

이와 같이 작성된 조건절은 C1 컬럼에 빈값(NULL)이 있더라도 빈값(NULL)은 애초에 비교 대상이 되지 않기 때문에 검색 대상에 처음부터 포함되지 않고 저장된 값이 'Y' 인 것만 찾게 된다. 따라서 C1 컬럼에 적절한 인덱스가 있다면 충분히 인덱스를 활용할 수 있는 상태가 될 수 있다.

지금까지 SQL의 조건절에서 검색 대상 컬럼에 대해 연산이나 함수를 사용한 가공 처리가 적용된 SQL의 문제점과 해결 방법에 대해 살펴 보았다. 앞에서도 몇 차례 이야기했지만 무분별하게 사용된 함수는 단순히 함수가 실행된다는 차원을 넘어서 자칫 테이블에 저장된 모든 데이터에 대해 함수가 실행되어야 하는 비효율을 유발할 수도 있다. 때문에 함수가 사용된 위치에 따라서 그 함수가 얼마나 많이 실행되고 그에 따라 어느 정도의 부하를 유발할 수 있는 지까지 이해할 수 있어야 한다. 아울러 조건절에 원하는 검색 조건을 기술할 때 무조건적인 연산이나 함수 사용보다는 가급적 검색 대상 컬럼을 가공하지 않고 조건절을 기술할 수 있도록 많은 고민과 연습이 필요하다. 물론 SQL을 처음 배우는 단계에서 이와 같은 SQL 작성 방식은 매우 어렵게 느껴질 수도 있다. 하지만 이러한 어려움을 하나씩 극복하다 보면 자신도 모르는 사이에 엄청난 수준에 올라와 있는 자신을 발견하게 될 것이다.

1.1.4 VALUES 목록

SQL에서 사용할 데이터는 기본적으로 테이블이라는 논리적인 구조로 디스크 상에 저장된다. 그러나 일시적 혹은 일회성으로 사용할 간단한 테스트용 데이터 등까지 전부 디스크 상에 테이블로 저장하게 되면 많은 디스크 소모로 불편이 발생할 것이다. 이러한 상황에서 대부분의 DBMS에는 대처 방법이 별도로 존재한다. 이 방법은 일시적으로 소량의 테스트용 데이터를 디스크에 테이블로 저장하지 않는다. 대신 일시적으로 메모리 상에 테이블처럼 생성하게 해 SQL 실행 동안만 유지하고 SQL이 종결됨과 동신에 메모리에서 제거하는 처리 방법을 사용한다. 이러한 목적으로 사용할 수 있는 방법 중 하나가 VALUES목록이다.

VALUES는 디스크 상에서 테이블을 실제로 생성하고 채울 필요가 없는 쿼리에 사용되는 '상수 테이블'을 생성하는 방법을 제공하는 표준SQL에 해당한다. VLAUES 목록에 대한 사용 방법은 다음과 같다.

```
VALUES ( expression [ , ... ] ) [ , ( ... ) [ , ... ] ]
```

소괄호가 사용된 각 표현식은 테이블의 행과 같다. 이러한 소괄호로 구분한 표현식을 콤마(,)로 구분하여 나열하면 마치 테이블의 여러 행을 기술한 것과 같은 형태가 된다. 소괄호 안에는 여러 개의 항목을 다시 콤마로 구분하여 나열할 수 있는데, 이것은 마치 테이블의 컬럼과 같다. 소괄호와 콤마로 구분하여 나열한 목록은 각 소괄호 마다 구성 항목의 수가 모두 동일해야 하고, 나열된 순서 상 같은 위치에 있는 항목들은 동일한 데이터 형식을 갖거나 호환 가능한 데이터 형식이어야 한다. 이것은 마치 테이블의 각 컬럼에 저장된 데이터들이 모두 동일한 데이터 형식을 갖고 있는 것과 같다. VALUES 목록의 각 컬럼에 할당되는 실제 데이터 형식은 뒤에서 설명할 집합 연산자 중 하나인 UNION과 동일한 규칙을 사용한다.

VALUES 목록의 예시는 다음과 같다.

예시 | 1장_14_VALUES목록(1)

```
1  VALUES (1, '첫번째 행'), (2, '두번째 행'), (3, '세번째 행');
```

결과

	column1 integer	column2 text
1	1	첫번째 행
2	2	두번째 행
3	3	세번째 행

위의 VALUES 문장은 2개의 컬럼과 3개의 행이 있는 테이블 형태를 반환한다. 각 항목의 컬럼명은 VALUES 문장에서 부여하지 않았지만 결과 집합을 보면 각 항목에 대해 column1, column2가 부여되어 있는 것을 볼 수 있다. 이것은 DBMS가 자동적으로 부여하는 각 컬럼의 명칭이다. 또한 각 컬럼의 데이터 형식은 첫 행에 데이터 형식이 명시적으로 지정된 경우, 이하의 컬럼에 대해 호환 여부를 검사하여 적절한 데이터 형식을 동일하게 적용한다. 명시적인 데이터 형식을 지정하지 않은 경우는 DBMS가 해당 컬럼의 모든 데이터에 호환 가능한 적절한 데이터 형식을 적용한다.

VALUES 목록은 아래와 같이 집합 연산자 UNION ALL을 사용하여 동일한 결과를 얻을 수 있다.

Script — 1장_14_VALUES목록(2)

```sql
SELECT 1 AS COLUMN1, '첫번째 행' AS COLUMN2
UNION ALL
SELECT 2, '두번째 행'
UNION ALL
SELECT 3, '세번째 행';
```

결과

	column1 integer	column2 text
1	1	첫번째 행
2	2	두번째 행
3	3	세번째 행

컬럼의 이름을 부여하는 방식은 표준SQL에 제시되어 있지 않기 때문에 VALUES 목록을 지원하는 DBMS들이 각자 독자적인 방법을 사용할 수 있다. 아울러 PostgreSQL은 VALUES 테이블의 컬럼에 기본적으로 column1, column2 등과 같이 이름을 할당하지만 다음과 같이 테이블의 별칭 목록을 사용하여 컬럼의 기본 이름을 재정의해서 사용할 수 있다. 이와 같이 VALUES 테이블의 각 컬럼에 대해 원하는 이름을 부여하여 사용하는 것이 일반적으로 더 유용하다.

Script 1장_14_VALUES목록(3)

```
1  SELECT *
2  FROM  (VALUES (1, '첫번째 행'),
3                (2, '두번째 행'),
4                (3, '세번째 행')
5        ) AS T1 (NUM, TITLE);
```

결과

	column1 integer	column2 text
1	1	첫번째 행
2	2	두번째 행
3	3	세번째 행

앞의 예시에서 보았듯이 VALUES 목록은 그 뒤에 나열된 표현식 목록만으로 실행될 수 있는 문장이 되기 때문에 구문상 SELECT 문장처럼 생각할 수 있으며, 실제로도 아래의 SELECT 문장과 동일하게 처리된다.

SELECT 컬럼 목록 FROM 테이블 표현식;

VALUES 목록이 SELECT 문장과 동일하게 인식되고 처리되기 때문에 SELECT가 가능한 곳이면 어디서든 사용할 수 있다. 예를 들면, FROM 절이나 SELECT 절에 삽입하여 사용할 수도 있고, 다른 테이블과 조인도 할 수 있다. 또한 다음과 같이 ORDER BY나 LIMIT, OFFSET 등을 추가하여 사용할 수도 있다. 여기서 LIMIT, OFFSET 사용 부분은 PostgreSQL에서의 확장 부분에 해당한다.

```
VALUES ( 표현식 [, ...] ) [, ...]
[ ORDER BY 정렬 기준 표현식 [ ASC | DESC ] [, ...] ]
[ LIMIT { 출력할 행 수 | ALL } ]
[ OFFSET 건너뛸 행 수 [ ROW | ROWS ] ]
```

LIMIT 절 대신 FETCH 절을 사용할 수도 있다.

```
[ FETCH { FIRST | NEXT } [ 출력할 행 수 ] { ROW | ROWS } ONLY ]
```

VALUES 목록이 소량의 임시 데이터 집합을 생성하는 유용한 방법을 제공하기는 하지만 행 수를 지나치게 많이 사용하면 메모리 부족 오류나 성능 저하가 발생할 수 있기 때문에 지나치게 많은 행을 정의하는 것은 피해야 한다. 그것은 DBMS가 VALUES 목록의 각 컬럼에 대한 데이터 형식을 할당하기 위해 VALUES 목록 전체를 스캔하기 때문에 나타날 수 있는 문제이다.

VALUES가 일반적으로 가장 많이 사용되는 경우는 다음과 같은 INSERT 문장이다.

Script 　　　　　　　　　　　　　　　　　　　　　　　　　1장_14_VALUES목록(4)

```
INSERT  INTO enc_emp (emp_no, emp_name, dept_no, hire_date, sal, age)
        VALUES (201, '강감찬', 501, '2017-06-16', 60000, 42);
```

INSERT 문장에 사용되는 VALUES절도 테이블처럼 목록 형태로 사용할 수 있다. 이때는 INSERT 대상 테이블이 이미 각 컬럼의 데이터 형식을 지정하고 있기 때문에, VALUES 목록의 데이터 형식을 할당하기 위한 VALUES 목록 전체에 대한 스캔이 필요 없게 된다. 따라서 INSERT 문장이 아닌 곳에서 사용할 때보다 더 큰 목록을 처리할 수 있다.

```
Script                                              1장_14_VALUES목록(5)
INSERT   INTO enc_emp (emp_no, emp_name, dept_no, hire_date, sal, age)
         VALUES  (201, '강감찬', 501, '2017-06-16', 60000, 42),
                 (202, '류현진', 500, '2002-05-20', 80000, 35),
                 (         … … …              ),
                 (303, '손흥민', 400, '2018-03-02', 85000, 27);
```

INSERT 문장에 사용하는 VALUES 절에서는 INSERT 대상 컬럼에 기본값(DEFAULT) 제약 조건이 설정되어 있는 경우, 직접 값을 입력하는 대신 아래와 같이 DEFAULT 라는 키워드로 대체할 수 있다. VALUES 절에 DEFAULT 키워드를 사용하는 것인 INSERT 문장에서만 가능하고 다른 문장에 사용되는 VALUES목록에 대해서는 허용되지 않는다.

```
Script                                              1장_14_VALUES목록(6)
CREATE TABLE enc_emp (
   … ,
   hire_date   date      DEFAULT current_date,
   sal         interger  DEFAULT 10000,
   … );
INSERT INTO enc_emp (emp_no, emp_name, dept_no, hire_date, sal, age)
      VALUES (501, '고현정', 200, DEFAULT, DEFAULT, 28);
```

VALUES 목록은 FROM절에 하나의 테이블처럼 사용되어 다른 테이블과의 조인 연산도 가능하다. 다음은 VALUES 목록을 조인 연산에 활용하는 예시이다. 주문(ENC_ORDER) 테이블에서 상품ID가 201인 상품은 주문 상태 (ORD_STATUS)가 '50'인 주문 건을 조회한다. 그리고 상품ID가 202인 상품은 주문 상태가 '20'인 주문 건을, 상품ID가 204인 상품은 주문 상태가 '40'인 주문 건을 각각 조회한다.

예시   1장_14_VALUES목록(7)

```
1  SELECT A.*
2  FROM   SQLSTUDY.ENC_ORDER A
3         JOIN (VALUES (201, '50'),
4                      (202, '20'),
5                      (204, '40')
6              ) AS B (PROD, STATUS)
7         ON  A.PROD_ID = B.PROD
8         AND A.ORD_STATUS = B.STATUS;
```

결과

	ord_no integer	cust_id character (7)	ord_dt timestamp with time zone	prod_id numeric (4)	quantity numeric (5)	amount integer	ord_status character varying (10)
1	103	1000003	2009-01-12 10:00:00+09	201	71	10650	50
2	111	1000011	2009-01-20 10:00:00+09	201	79	11850	50
3	122	1000002	2009-01-01 01:00:00+09	201	90	13500	50
4	126	1000001	2009-01-01 05:00:00+09	202	94	3290	20
5	128	1000008	2009-01-01 07:00:00+09	204	96	4320	40

위 SQL문장은 다음과 같이 작성해도 동일한 결과를 얻는다.

예시   1장_14_VALUES목록(8)

```
1  SELECT *
2  FROM   SQLSTUDY.ENC_ORDER
3  WHERE (PROD_ID, ORD_STATUS) IN ((201, '50'),
4                                  (202, '20'),
5                                  (204, '40'));
```

VALUES 목록을 이용한 조인 처리는 UPDATE 문장에서도 사용할 수 있다. 다음은 UPDATE 문장에서 VALUES 목록을 이용한 조인 처리의 예시이다. 사원 테이블에서 100번 부서와 200

번 부서의 사원의 월급여 인상 조정을 처리하려고 한다. 이에 대해 100번 부서 사원의 경우 월급여가 30,000 이상이면 월급여를 1.2배 인상 조정하고, 200번 부서 사원의 경우 월급여가 40,000 이상이면 월급여를 1.4배 인상 조정하는 UPDATE 문장을 작성한 것이다.

```
예시                                                    1장_14_VALUES목록(9)
1   UPDATE SQLSTUDY.ENC_EMP A
2     SET SAL = SAL * B.INCREASE_RATE
3   FROM (VALUES (100, 30000, 1.2),(200, 40000, 1.4))
4        AS B (DEPT_NO, TARGET, INCREASE_RATE)
5   WHERE A.DEPT_NO = B.DEPT_NO AND A.SAL >= B.TARGET;
```

UPDATE 문장에서 VALUES 목록을 사용하는 경우에도 SELECT의 경우와 마찬가지로 FROM 절에서 VALUES목록에 대해 AS 절을 사용하여 각 컬럼의 이름을 부여하는 것이 유용하다.

1.2 데이터 그룹화

이 절에서는 데이터를 가공하여 의미 있는 정보를 만들기 위해 가장 자주 사용하는 SQL 문장 형태의 하나인 데이터 그룹핑 방법에 대해 설명한다.

1.2.1 GROUP BY

GROUP BY는 지정한 컬럼의 데이터 값이나 표현식의 결과값이 동일한 데이터를 하나로 묶어(그룹핑) 그룹별로 다양한 집계 작업을 수행하는 SQL문장 구문으로, GROUP BY 절에는 일반적으로 집계 함수가 함께 사용된다. 예를 들어, 사원 테이블에서 부서별로 사원 목록을 검색해 부서별 사원 수가 몇 명인지를 알고자 할 때 사원 목록을 추출하여 부서별로 정렬하고 각 부서의 사원들을 일일이 세어본다면 매우 비효율적일 것이다. 이때 사원 테이블에서 데이터를 추출하고, 데이터를 부서별로 묶어 각 부서별로 사원수를 카운트한 결과를 그룹핑 기준인 부서와 함께 출력한다면 쉽고 빠르게 부서별 사원수를 확인할 수 있을 것이다. 이와 같이 GROUP BY 절은 집계 함수를 함께 사용하여 테이블에 저장된 데이터를 다양한 형태로 가공하거나 의사결정을 위한 의미 있는 정보를 만들어낼 수 있어 실무에서도 매우 자주 사용되는 구문이므로 충분한 이해와 연습이 필요하다.

GROUP BY 절은 WHERE 절이 있으면 WHERE 절 다음에, WHERE 절이 없으면 FROM 절 다음에 위치한다. 또한 집계 기준으로 지정한 컬럼의 컬럼값이나 표현식의 결과값에 따라 같은 값들끼리 그룹을 만들어 그룹별로 검색한 데이터들의 집계값을 만들거나 혹은 지정한 컬럼에 대한 그룹핑 결과를 만들기 위해 사용한다. 예를 들어, 우리가 관리하는 고객이 거주지역별로 몇 명씩인지를 카운트해 보는 GROUP BY 절이 처리되는 과정을 도식화해 보면 다음과 같다.

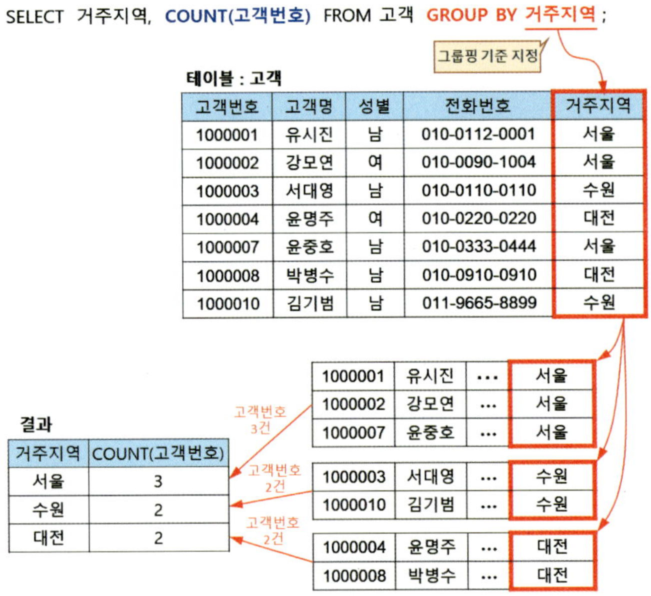

[그림 1-13] GROUP BY 절의 처리 과정

GROUP BY 절의 구문 형태는 다음과 같다.

```
1  SELECT 집계기준컬럼1, 집계기준컬럼2, 집계함수(집계대상컬럼), ...
2  FROM 테이블1
3  WHERE 검색조건
4  GROUP BY 집계기준컬럼1, 집계기준컬럼2 ;
```

먼저 FROM절에 기술한 테이블1에서 WHERE절의 검색 조건에 해당하는 데이터를 추출한다. 이후 GROUP BY절에 명시한 집계 기준 컬럼의 데이터 값이 같은 것끼리 그룹핑 한 후 각 그룹에 대한 집계함수를 수행한 결과를 출력한다. 여기서 WHERE 절은 생략할 수 있으며, WHERE 절이 생략되면 해당 테이블의 모든 데이터가 그룹핑 대상이 된다.

위 GROUP BY 절 구문 형태에서 보듯이 집계 기준 컬럼은 하나 이상일 수 있으며, GROUP BY 절에 나열한 순서대로 1차 그룹핑, 2차 그룹핑 등이 수행된다. 즉, 집계 기준 컬럼1의 데이터 값으로 1차 그룹핑을 하고, 각 그룹 안에서 집계 기준 컬럼2의 데이터 값으로 더 세분화된 2차 그룹핑을 수행할 수 있다는 것이다. 여기서 GROUP BY 절에 명시하는 집계 기준은 아래와 같이 컬럼 만이 아니라 표현식도 가능하다.

```
Script                                    1장_15_GROUP BY(1)
1  SELECT area, count(*)
2  FROM   sqlstudy.enc_emp
3  GROUP BY area ;
```

```
Script                                    1장_15_GROUP BY(2)
1  SELECT EXTRACT(YEAR FROM hire_date), COUNT(*)
2  FROM   sqlstudy.enc_emp
3  GROUP BY EXTRACT(YEAR FROM hire_date);
```

앞서 제시한 GROUP BY 절의 구문 형태에서 SELECT 절에 표시한 집계 기준 컬럼1, 집계 기준 컬럼2는 사실상 GROUP BY 절에 의해 그룹핑이 수행된 그룹핑 결과를 나열한 것에 불과하다. 그리고 GROUP BY 절에 명시된 그룹핑 기준에 따라 SELECT 절에 명시된 집계 함수가 각 그룹 내에서 수행되어 각 그룹별(그룹 단위)로 집계 결과값을 출력하게 된다.

GROUP BY 절 안에는 SELECT 절에 표현한 컬럼 별명(ALIAS)을 사용할 수 없기 때문에 작성시 주의해야 한다. 특히 DBMS는 GROUP BY 절을 수행할 때 대상 집합에 대한 그룹을 나누기 전에 WHERE 절을 먼저 수행하여 필요 없는 행들을 제외하고 대상 집합을 선별한다. 때문에 그룹을 묶을 때 제외시킬 데이터들은 WHERE 절의 검색 조건을 통해서 미리 제거하면 그룹으로 묶을 데이터 집합이 줄어들어 훨씬 효율적으로 실행될 수 있게 된다.

GROUP BY 절이 사용되면 그 SELECT 절에는 GROUP BY 절에 명시된 집계 기준 컬럼과 집계 함수, 그리고 집계 함수 안에 집계 대상으로 명시된 컬럼 외에는 다른 컬럼이 올 수 없다.

관계형 데이터베이스에서 SQL 수행 결과의 정렬은 ORDER BY 절을 통해서 수행된다. 따라서 GROUP BY 수행 결과를 GROUP BY 절의 기준 컬럼값에 따라 정렬하려면SQL 문장 마지막에 ORDER BY 절을 명시해야 한다.

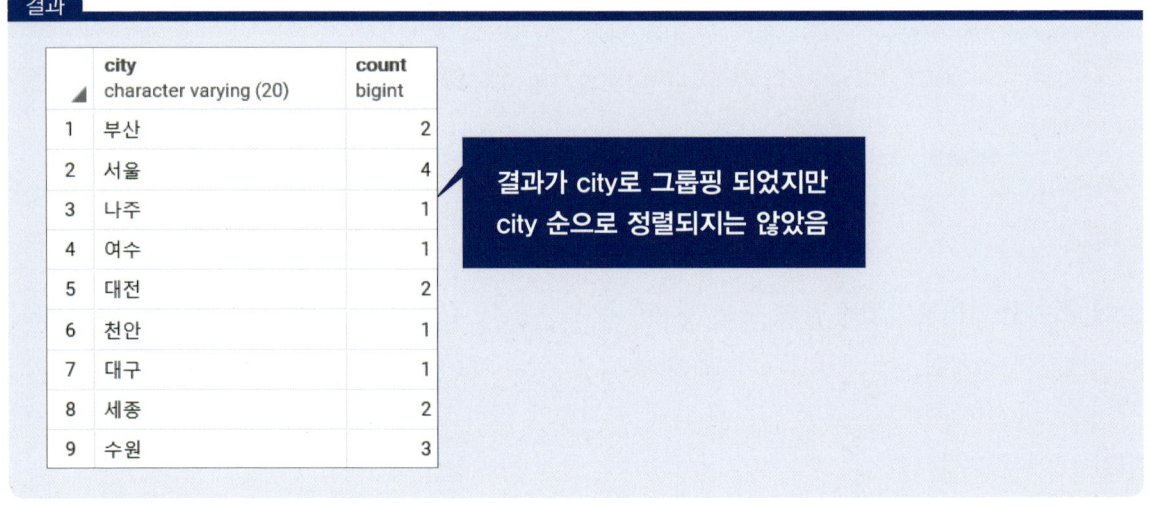

```
1  SELECT city, COUNT(*)
2  FROM   sqlstudy.enc_customer
3  GROUP BY city ;
```

결과가 city로 그룹핑 되었지만 city 순으로 정렬되지는 않았음

GROUP BY 결과를 정렬하기 위해 ORDER BY 절을 추가한 문장은 다음과 같다.

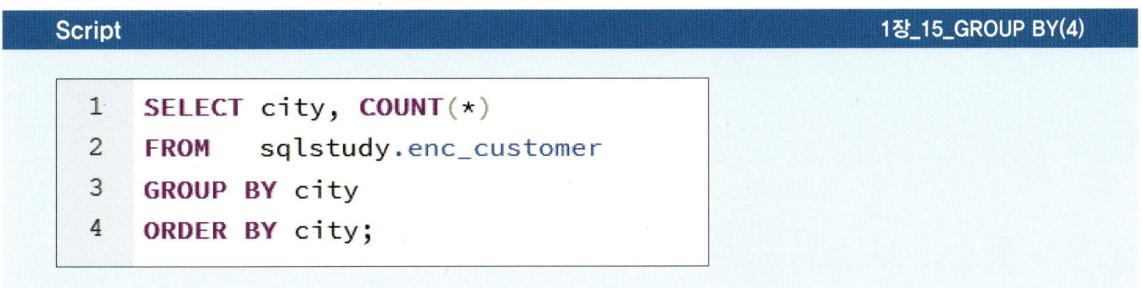

1.2.2 HAVING

HAVING 절은 GROUP BY 절과 함께 사용된다. GROUP BY 절에 의해 그룹핑 된 결과가 SELECT 절에 의해 최종 결과로 출력되기 전에 GROUP BY 절의 집계 기준 컬럼이나 표현식 또는 집계 함수를 이용하여 SELECT 절로 처리할 대상을 사전에 걸러 내는 조건 역할을 한다. 즉, HAVING 절은 GROUP BY 절에 대한 WHERE 조건과 같다. SQL 문장에서 WHERE 절이 처리 대상을 선별하는 조건 역할을 하듯이 GROUP BY 절에 의해 그룹별로 만들어진 집계 결과 중 HAVING 절에 명시된 제한 조건을 만족하는 내용만 출력한다.

HAVING 절은 일반적으로 GROUP BY 절 뒤에 위치하며, HAVING절이 처리되는 과정을 도식화해 보면 다음과 같다.

Script 1장_16_HAVING(1)

```
SELECT 거주지역, COUNT(고객번호) FROM 고객 GROUP BY 거주지역 HAVING COUNT(고객번호) > 1 ;
```

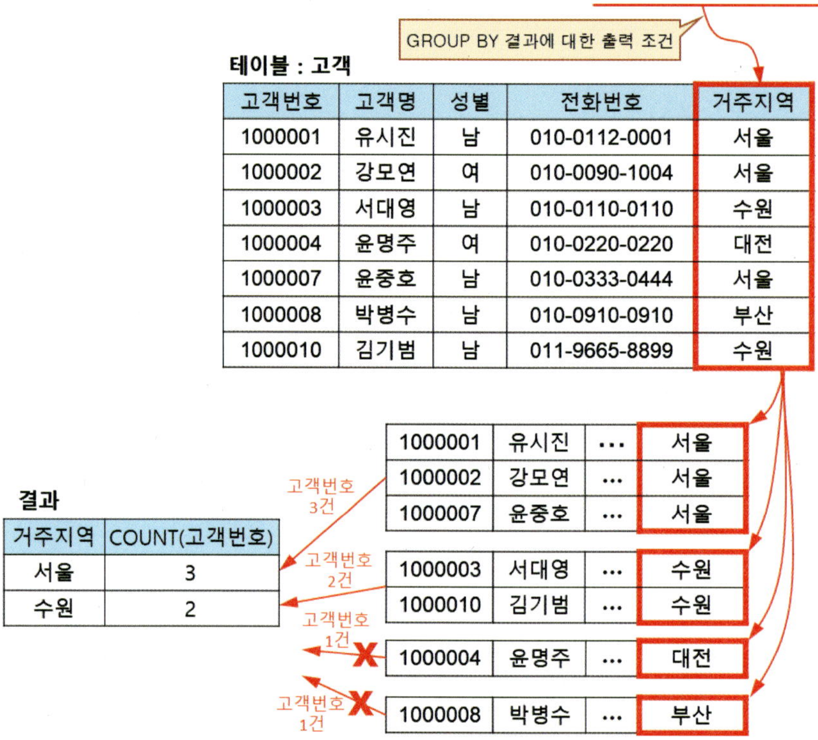

[그림 1-14] HAVING 절의 처리 과정

HAVING 절에는 집계 함수가 포함된 표현식이나 GROUP BY 절에 사용된 집계 기준 컬럼이 사용될 수 있으며, 이들이 포함된 조건식이 2개 이상 사용될 경우 AND로 연결한다.

예시   1장_16_HAVING(2)

```sql
SELECT dept_no, area, COUNT(*)
FROM   sqlstudy.enc_emp
GROUP BY dept_no, area
HAVING SUM(sal) >= 50000 AND COUNT(*) > 1 ;
```

결과

	dept_no integer	area text	count bigint
1	400	서울	2
2	300	대전	2

1.3 집계 함수(Aggregate Functions)의 사용

보통은 테이블에 저장된 데이터를 그대로 사용할 수도 있다. 하지만 어떠한 기준에 따라 집계를 했을 때 원래의 데이터에서는 보이지 않던 또다른 정보가 발견될 수 있고, 때로는 이러한 집계를 통해 데이터의 가치가 매겨질 수도 있다. 이와 같이 관계형 데이터베이스에 저장된 데이터의 집계 처리는 실무에서 매우 중요하고 빈번하게 처리하는 SQL의 하나이다. 이러한 데이터를 집계하는데 사용되는 것이 집계 함수이다. 앞에서도 언급했지만 집계 함수는 다중행 함수의 한 유형으로 단일행 함수에 이어서 이 절에서는 실무에서 자주 사용되는 대표적인 집계 함수들의 개념과 사용 방법을 설명한다. 다중행 함수의 또 다른 유형인 그룹 함수와 윈도우 함수에 대해서는 뒤에서 다시 설명할 것이다.

집계 함수는 여러 개의 입력값(INPUT VALUE)으로부터 하나의 출력값(OUTPUT VALUE)을 만들어 내는 함수이다. 즉, 집계 대상이 되는 컬럼에 대해 여러 행에 걸쳐 해당 컬럼의 데이터 값이 집계 함수에 입력되어 합계값이나 평균값, 최대값, 최소값과 같이 하나의 결과값을 만들어

내는 것이다.

대표적인 집계 함수로는 COUNT, SUM, AVG, MIN, MAX, DISTINCT 등이 있다. 더불어 GROUP BY 절과 함께 사용되면 그룹당 하나의 결과를 출력하고, GROUP BY 절이 생략되면 WHERE 절로 선별한 데이터나 대상 테이블의 데이터 전체를 대상으로 집계를 수행한다. 또한 집계 함수의 적용 대상이 되는 컬럼에 빈값(NULL)이 포함된 경우 기본적으로 이 빈값(NULL)은 제외하고 집계 함수가 수행된다. 단, COUNT 함수의 경우는 특정 컬럼을 지정하여 함수를 수행할 경우는 빈값(NULL)을 제외하고 수행하지만, 모든 컬럼이 포함된 행(ROW)을 의미하는 와일드 카드('*')를 사용하면 빈값을 포함한 수행 결과를 출력한다.

집계 함수는 WHERE 절이 먼저 실행되어 선별된 데이터 집합에 대해 GROUP BY 절이 있으면 그룹핑 기준에 따라 그룹핑 대상 행들을 대상으로 GROUP BY가 실행될 때 수행된다. 또 GROUP BY 절이 없으면 1차 선별된 중간 집합 전체에 대해 수행된다. WHERE 절에는 기본적으로 집계함수를 사용할 수 없지만 이후 설명할 기회가 있을 '서브 쿼리' 내에 포함하여 사용할 경우는 WHERE절에도 집계함수가 사용될 수 있다. 그러나 SELECT 절과 HAVING 절, ORDER BY 절 등에는 사용할 수 있다.

위에서 예로 든 대표적인 집계 함수들을 요약해 보면 다음과 같다.

[표 1-5] 대표적인 집계 함수의 종류

집계 함수	사용 목적
COUNT	대상 집합에 포함된 행 수를 출력한다. 특정 컬럼을 지정하면 해당 컬럼 내에 빈값(NULL)을 제외한 행 수가 출력되고, 와일드카드 '*'를 지정하면 빈값(NULL)을 포함한 전체 행 수가 출력된다.
SUM	대상 집합의 지정된 표현식에 대해 빈값(NULL)을 제외한 합계를 출력한다.
AVG	대상 집합의 지정된 표현식에 대해 빈값(NULL)을 제외한 평균을 출력한다.
MAX	대상 집합의 지정된 표현식에 대해 빈값(NULL)을 제외한 최대값을 출력한다.
MIN	대상 집합의 지정된 표현식에 대해 빈값(NULL)을 제외한 최소값을 출력한다.
DISTINCT	동일한 값을 갖고 있는 행을 하나씩만 출력한다. 직접적인 집계함수의 범위에 포함시키지 않는 경우도 있지만 집계함수 내에 함께 사용되어서 유일값으로 필터링 된 행에 대해 집계가 수행되도록 할 수 있다.

1.3.1 COUNT 함수

COUNT 함수는 대상 집합의 데이터 개수를 카운트한 결과를 출력하는 집계 함수이다. COUNT 함수는 적용 대상 컬럼의 데이터 형식에 상관없이 사용할 수 있고, 특정 컬럼을 지정하거나 모든 컬럼을 포함하는 행 단위에 대해서 COUNT 함수를 수행할 수 있다. 컬럼을 지정하여 COUNT 함수를 수행할 경우 지정된 컬럼에서 빈값(NULL)을 제외하고 수행한다. 하지만 모든 컬럼이 포함된 행(ROW)을 의미하는 와일드 카드('*')를 사용하면 빈값을 포함한 수행 결과를 출력한다.

고객번호	고객명	성별	전화번호	거주지역
1000001	유시진	남	010-0112-0001	서울
1000002	강모연	여	010-0090-1004	서울
1000003	서대영	남	010-0110-0110	수원
1000004	윤명주	여	010-0220-0220	대전
1000007	윤중호	남	010-0333-0444	서울
1000008	박병수	남	010-0910-0910	대전
1000010	김기범	남	[null]	수원

Script — 1장_17_집계함수(1)

```sql
SELECT COUNT(전화번호)  AS 컬럼카운트,
       COUNT(*)         AS 전체카운트
  FROM 고객 ;
```

결과

컬럼카운트 bigint	전체카운트 bigint
6	7

집계 함수를 실행할 대상 집합은 GROUP BY 절이 없으면 집합의 모든 행이 대상이 된다. 반대로 GROUP BY 절이 존재하면 GROUP BY 기준 단위가 대상 집합이 되어 해당 그룹 내의 모든

행을 대상으로 집계 함수가 실행된다.

```
SELECT CITY, COUNT(*), COUNT(EMAIL)
FROM   SQLSTUDY.ENC_CUSTOMER
GROUP BY CITY
HAVING CITY IN ('서울','대전','부산')
ORDER BY CITY;
```

	city character varying (20)	count bigint	count bigint
1	대전	2	2
2	부산	2	1
3	서울	4	4

COUNT 함수는 내부에 DISTINCT 와 함께 사용하여 유일값에 대한 카운트를 실행하게 한다. DICTINCT는 빈값(NULL)을 제외한 데이터 값에 대해 유일값을 출력한다.

```
SELECT COUNT(*) AS COUNT_ALL,
       COUNT(DISTINCT CITY) AS COUNT_DISTINCT
FROM   SQLSTUDY.ENC_CUSTOMER;
```

	count_all bigint	count_distinct bigint
1	17	9

일반적으로 집계 함수는 대상 집합이 모두 빈값(NULL)인 경우 결과도 빈값(NULL)을 반환하지만, COUNT 함수는 빈값(NULL)이 아닌 0(ZERO)을 반환한다.

1.3.2 SUM 함수

SUM 함수는 대상 집합의 표현식에 대해 빈값(NULL)을 제외한 합계를 출력하며, 기본적으로 숫자형 데이터 형식에 대해서만 적용될 수 있다.

Script	1장_17_집계함수(4)
``SELECT   SUM(AMOUNT)
FROM SQLSTUDY.ENC_ORDER;```	

위 예시에서 보는 것처럼 GROUP BY 절을 사용하지 않으면 대상 집합 전체가 SUM 함수 처리 대상이 되어 하나의 값으로 결과가 반환된다. 다음과 같이 GROUP BY 절이 존재하면 GROUP BY 절의 그룹핑 단위별 대상 집합이 SUM 함수의 실행 대상이 된다.

Script	1장_17_집계함수(5)
``SELECT   ORD_DEPT_NO, SUM(AMOUNT)
FROM   SQLSTUDY.ENC_ORDER
GROUP BY ORD_DEPT_NO;```	

SUM 함수는 기본적으로 모든(ALL) 대상 행에 대해 빈값(NULL)을 제외한 합계를 출력하지만, 다음과 같이 SUM 함수 내에 DISTINCT 를 사용하면 지정한 표현식에 대한 유일값에 대해 합계를 산출한다.

Script	1장_17_집계함수(6)
``SELECT   SUM(DISTINCT AMOUNT)
FROM SQLSTUDY.ENC_ORDER;```	

SUM 함수 실행 시 대상 집합의 표현식이 모두 빈값(NULL)이면 SUM 함수 실행 결과로 빈값(NULL)을 반환한다.

1.3.3 AVG 함수

AVG 함수는 대상 집합의 표현식에 대해 빈값(NULL)을 제외한 평균을 출력하며, 기본적으로 숫자형 데이터 형식에 대해서만 적용될 수 있다.

Script — 1장_17_집계함수(7)
```
SELECT   AVG(AMOUNT)
FROM     SQLSTUDY.ENC_ORDER;
```

위 예시에서 보는 것처럼 GROUP BY 절을 사용하지 않으면 대상 집합 전체가 AVG 함수 처리 대상이 되어 하나의 값으로 결과가 반환된다. 다음과 같이 GROUP BY 절이 존재하면 GROUP BY 절의 그룹핑 단위별 대상 집합이 AVG 함수의 실행 대상이 된다.

Script — 1장_17_집계함수(8)
```
SELECT   ORD_DEPT_NO, AVG(AMOUNT)
FROM     SQLSTUDY.ENC_ORDER
GROUP BY ORD_DEPT_NO;
```

AVG 함수는 기본적으로 모든(ALL) 대상 행에 대해 빈값(NULL)을 제외한 평균값을 출력하지만, 다음과 같이 AVG 함수 내에 DISTINCT 를 사용하면 지정한 표현식에 대한 유일값에 대해 평균을 산출한다.

Script — 1장_17_집계함수(9)
```
SELECT   AVG(DISTINCT AMOUNT)
FROM     SQLSTUDY.ENC_ORDER;
```

AVG 함수 실행 시 대상 집합의 표현식이 모두 빈값(NULL)이면 AVG 함수 실행 결과로 빈값(NULL)을 반환한다.

1.3.4 MIN 함수

MIN 함수는 대상 집합의 표현식에 대해 빈값(NULL)을 제외한 최소값을 출력하며, 숫자형은 물론이고 문자형, 날짜형 등 데이터 형식에 상관없이 적용될 수 있다.

```
Script                                              1장_17_집계함수(10)
    SELECT    MIN(AMOUNT)
    FROM      SQLSTUDY.ENC_ORDER;
```

위 예시에서 보는 것처럼 GROUP BY 절을 사용하지 않으면 대상 집합 전체가 MIN 함수 처리 대상이 되어 하나의 값으로 결과가 반환된다. 다음과 같이 GROUP BY 절이 존재하면 GROUP BY 절의 그룹핑 단위별 대상 집합이 MIN 함수의 실행 대상이 된다.

```
Script                                              1장_17_집계함수(11)
    SELECT    ORD_DEPT_NO, MIN(AMOUNT)
    FROM      SQLSTUDY.ENC_ORDER
    GROUP BY  ORD_DEPT_NO;
```

MIN 함수는 기본적으로 모든(ALL) 대상 행에 대해 빈값(NULL)을 제외한 최소값을 출력한다. 다음과 같이 MIN 함수 내에 DISTINCT를 사용하면 지정한 표현식에 대한 유일값에 대해 최소값을 산출한다. 그러나 최소값/최대값을 구할 때 동일값에 대한 DISTINCT 처리는 사실상 별 의미가 없다.

```
Script                                              1장_17_집계함수(12)
    SELECT    MIN(DISTINCT AMOUNT)
    FROM      SQLSTUDY.ENC_ORDER;
```

MIN 함수 실행 시 대상 집합의 표현식이 모두 빈값(NULL)이면 MIN 함수 실행 결과로 빈값(NULL)을 반환한다.

1.3.5 MAX 함수

MAX 함수는 대상 집합의 표현식에 대해 빈값(NULL)을 제외한 최대값을 출력하며, 숫자형은 물론이고 문자형, 날짜형 등 데이터 형식에 관계 없이 적용될 수 있다.

Script 1장_17_집계함수(13)
```
SELECT   MAX(AMOUNT)
FROM     SQLSTUDY.ENC_ORDER;
```

위 예시에서 보는 것처럼 GROUP BY 절을 사용하지 않으면 대상 집합 전체가 MAX 함수 처리 대상이 되어 하나의 값으로 결과가 반환된다. 다음과 같이 GROUP BY 절이 존재하면 GROUP BY 절의 그룹핑 단위별 대상 집합이 MAX 함수의 실행 대상이 된다.

Script 1장_17_집계함수(14)
```
SELECT   ORD_DEPT_NO, MAX(AMOUNT)
FROM     SQLSTUDY.ENC_ORDER
GROUP BY ORD_DEPT_NO;
```

MAX 함수는 기본적으로 모든(ALL) 대상 행에 대해 빈값(NULL)을 제외한 최대값을 출력한다. 하지만 다음과 같이 MAX 함수 내에 DISTINCT 를 사용하면 지정한 표현식에 대한 유일값에 대해 최대값을 산출한다. 그러나 최소값/최대값을 구할 때 동일값에 대한 DISTINCT 처리는 사실상 별 의미가 없다.

Script 1장_17_집계함수(15)
```
SELECT   MAX(DISTINCT AMOUNT)
FROM     SQLSTUDY.ENC_ORDER;
```

MAX 함수 실행 시 대상 집합의 표현식이 모두 빈값(NULL)이면 MAX 함수 실행 결과로 빈값(NULL)을 반환한다.

1.3.6 DISTINCT 함수

DISTINCT는 지정한 표현식에 대해 유일값을 산출한다. 집계 함수 내에서 특정 컬럼이나 표현식에 대해 DISTINCT 가 사용되면 해당 컬럼이나 표현식에 대해 유일값을 집계 함수의 입력으로 제공하게 된다.

DISTINCT가 집계 함수 없이 단독으로 사용될 수 있는 곳은 SELECT 절 뿐이다. DISTINCT 적용 대상이 하나의 컬럼이나 표현식이면 해당 컬럼이나 표현식에 대한 유일값을 반환하지만, 두 개 이상의 컬럼 목록이 나열되는 경우는 컬럼 목록으로 표현되는 출력 집합의 행 전체를 대상으로 동일값으로 구성된 중복행을 배제하고 유일행을 반환한다.

Script 1장_18_DISTINCT(1)
```
SELECT   DISTINCT  ORD_DEPT_NO
FROM     SQLSTUDY.ENC_ORDER;
```

결과

	ord_dept_no numeric (4)
1	200
2	300
3	100
4	400

Script 1장_18_DISTINCT(2)
```
SELECT   DISTINCT  ORD_DEPT_NO, ORD_EMP_NO
FROM     SQLSTUDY.ENC_ORDER;
```

위의 SELECT 문장은 ORD_DEPT_NO와 ORD_EMP_NO 컬럼으로만 구성된 행들 중에서 동일값을 갖는 중복 행을 제거하고, ORD_DEPT_NO와 ORD_EMP_NO 컬럼의 유일 행을 출력한다.

위 SQL의 실행 결과를 잘 살펴보면 DISTINCT 다음에 나열한 컬럼의 유일값 행으로 결과가 만들어지지만 정렬 순서는 값의 크기 순서와 무관함을 볼 수 있다. DBMS 종류나 버전에 따라서는 DISTINCT 처리를 수행하면서 값의 크기 순서로 정렬까지 처리하기도 하지만 정렬을 위한 과정이 자원을 더 소모하여 SQL 수행 속도에 영향을 줄 수 있기 때문에 현재의 거의 모든 DBMS는 값의 크기 순서로 정렬하지 않고 유일값 행 연산만 수행한다. 그러므로 DISTINCT 처리 결과를 원하는 정렬 순서로 출력하기 위해서는 아래와 같이 ORDER BY 절을 추가해야 한다.

```
Script                                                    1장_18_DISTINCT(3)
SELECT   DISTINCT ORD_DEPT_NO, PROD_ID
FROM     SQLSTUDY.ENC_ORDER
ORDER BY 1, 2;
```

1.4 서브 쿼리(SUB-QUERY)

이 절에서는 SQL 문장 작성 시 아주 빈번하게 사용되는 서브 쿼리(SUB QUERY)에 대한 소개와 서브 쿼리의 유형 및 활용 방법 등에 대해 설명한다.

1.4.1 서브 쿼리(SUB-QUERY)란?

SQL을 작성할 때 하나의 SQL 문장 내에 또 다른 SELECT 문장을 포함시켜서 마치 하나의 SQL 안에 또 다른 SQL을 내장 시킨 것 같은 형태를 만들 수 있다. 이처럼 하나의 SQL 문장 안에 내포 시킨 SELECT 문장을 서브 쿼리(SUB-QUERY)라고 부른다.

서브 쿼리는 하나의 SELECT 문장이 다른 SQL 문장의 내부에 내포되어 있는 형태를 부르는 명칭이다. '하위 쿼리' 라고 번역하기도 하지만 일반적으로 서브 쿼리라는 영어 표현을 그대로 사용하는 것이 보편적이다. 전체 쿼리는 서브 쿼리라는 표현과 대비하는 표현으로 서브 쿼리를 포함하고 있는 '서브 쿼리 외부의 쿼리' 즉, '메인 쿼리' 라고 부른다. 메인 쿼리와 서브 쿼리를 구분하여 표시한 SQL 문장의 예시는 아래와 같다.

```
메인쿼리
(MAIN QUERY)
                     서브쿼리
                   (SUB QUERY)
SELECT  …
FROM    TABLE1
WHERE   C1  IN  ( SELECT C1 FROM TABLE2 WHERE … )
```

서브 쿼리는 괄호를 사용해야 하며, SQL 문장 내에서 사용되는 위치에 따라 다음과 같이 테이블 별명(ALIAS)을 필요로 하기도 한다.

```
FROM  (SELECT 컬럼 목록 FROM 테이블) AS 테이블 별명  …
```

위와 같이 사용된 서브 쿼리는 다른 테이블과 조인할 수 있다. 일반적으로 서브 쿼리에는 SELECT 문장이 사용되지만, 때로는 다음과 같이 VALUES 목록이 올 수도 있다. 그러나 VALUES 목록도 SELECT 문장처럼 처리된다는 점을 생각하면 서브 쿼리에는 SELECT 문장이 사용된다고 생각해도 무방할 것이다.

```
FROM (VALUES (101, '강감찬', 100, '서울'),
             (102, '홍다혜', 100, '부평'),
             (103, '전병훈', 101, '시흥') AS EMPL (사번, 이름, 관리자_사번, 거주_지역)
```

일반적으로 서브쿼리는 다음과 같이 SQL 문장의 어느 위치에서나 사용될 수 있다.

```
SELECT …, (서브쿼리1)
FROM …, (서브쿼리2)
WHERE …, (서브쿼리3)
GROUP BY …, (서브쿼리4)
HAVING …, (서브쿼리5)
ORDER BY …, (서브쿼리6)
```

위 SQL 문장의 각 구성 요소에 사용된 서브 쿼리들을 간단히 설명하면 다음과 같다.

- 서브 쿼리1은 SELECT 절에 하나의 컬럼처럼 괄호로 둘러싼 SELECT 문장을 내포하고 있는 형태로, 특별히 스칼라 서브 쿼리(SCALAR SUB-QUERY)라고 부르기도 한다. 출력되는 매 행마다 실행되고, 메인 쿼리 컬럼값을 입력으로 받아 단 하나의 결과값을 반환한다.

- 서브 쿼리2는 FROM 절에 괄호로 둘러싼 SELECT 문장을 기술한 형태로, 특별히 인라인 뷰(IN-LINE VIEW)라고 부르기도 한다. 서브 쿼리의 한 유형이지만 마치 하나의 테이블처럼 인식하고 사용할 수 있으며, 서브 쿼리의 결과 행을 다른 테이블과 조인할 수도 있다. 일반적으로 이 유형의 서브 쿼리는 다른 테이블의 컬럼을 갖고 있지는 않다. 하지만 LATERAL 서브 쿼리 또는 LATERAL 추출 테이블(DERIVED TABLE)이라고 부르는 특별한 서브 쿼리 유형에서는 다른 테이블의 컬럼을 갖고 있는 경우도 있다. 이 유형의 서브 쿼리는 일반적으로 먼저 한 번 실행하거나 서브 쿼리가 참조하는 테이블과 직접 조인하는 방식으로 처리될 수 있다. 또한 DBMS에 따라서는 다른 테이블의 컬럼을 갖고 있지 않은 인라인 뷰에 대해 다른 테이블과 인라인 뷰 내에 기술한 컬럼의 조인 조건을 마치 LATERAL 추출 테이블처럼 실행 시점에 인라인 뷰 안으로 밀어 넣는 방식으로 처리하기도 한다. 이러한 처리 기법을 조건절 진입 또는 조건절 밀어 넣기(PREDICATE PUSHING)라고 한다.

- 서브 쿼리3은 일반적으로 가장 많이 사용되는 서브 쿼리 유형으로, 다른 검색 조건들과 어울려 원하는 데이터를 추출하기 위한 조건의 하나로 역할 한다. 이 유형의 서브 쿼리는 서브 쿼리를 둘러싸고 있는 괄호 안에 메인 쿼리 컬럼을 갖고 있을 수도 있고, 갖고 있지 않을 수도 있다. 또한 상황에 따라 서브 쿼리가 먼저 한 번 실행되어 결과를 메인 쿼리 실행 시 검색 조건 값으로 제공하거나, 메인 쿼리가 먼저 실행된 후 일차 선별된 중간 집합의 각 행에 대해 서브 쿼리가 실행되면서 참(TRUE), 거짓(FALSE) 여부를 판단하는 방식으로 처리되기도 한다.

- 서브 쿼리4는 괄호로 둘러싼 서브 쿼리가 GROUP BY 절에 사용되는 경우로, 그다지 바람직한 형태라고 할 수는 없다. 따라서 불가피한 경우가 아니라면 사용을 권장하지 않는다. 그러나 SQL 문장의 구문 구성 관점에서 볼 때 사용 가능한 형태이기는 하다. GROUP BY 절에 사용되는 서브 쿼리는 스칼라 서브 쿼리로 GROUP BY 절에 그룹핑 기준으로 사용된 다른 컬럼을 입력값으로 사용한다. 이 유형의 서브 쿼리도 그룹핑 기준의 하나로 역할 하기 때문에 WHERE 절에 의해 먼저 선별된 그룹핑 대상 집합이나 WHERE 절이 없다면 해당 테이블의 모든 데이터를 대상으로 각 행마다 한 번씩 실행하여 그 결과값을 그룹핑 기준으로 사용하게 된다. 때문에 GROUP BY 절에 사용된 서브 쿼리는 성능 저하를 유발하는 중요한 원인의 하나가 되는 경우가 많다.

- 서브 쿼리5는 서브 쿼리가 HAVING 절에 사용되는 유형으로, HAVING 절은 WHERE 절처럼 GROUP BY 처리 시, 조건을 기술하는 부분이므로 GROUP BY 처리 조건으로 서브 쿼리가 사용될 수 있다. 예를 들어 사원 테이블에서 부서별 평균 급여를 구한다고 하자. 이때 전체의 평균 급여보다 높은 평균 급여를 받고 있는 부서와 이들의 평균 급여를 출력하려면 다음과 같이 전체의 평균 급여를 구하여 비교하는 서브 쿼리를 HAVING 절에 사용할 수 있다.

예시   1장_19_SUBQUERY

```
SELECT dept_no, AVG(sal) FROM enc_emp
GROUP BY dept_no
HAVING AVG(sal) > (SELECT AVG(sal) FROM enc_emp);
```

- 서브 쿼리6은 서브 쿼리가 ORDER BY 절에 사용되는 유형으로, 일반적으로 스칼라 서브 쿼리가 사용된다. ORDER BY는 검색이 완료된 중간 집합에 대해 출력할 정렬 순서를 지정하는 부분이다. 여기에 사용되는 서브 쿼리는 출력할 중간 집합 즉, WHERE 절 조건에 의해 일차 선별된 중간 집합의 모든 행에 대해서 한 번씩 실행되어야 정렬 기준 값을 알 수 있기 때문에 심각한 부하를 유발할 가능성이 큰 유형이기도 하다.

서브 쿼리는 이처럼 SQL 문장의 거의 모든 위치에서 사용될 수 있지만 그것은 구문상 그렇게 사용할 수 있다는 것이지 '아무 위치에서나 사용해도 문제없다'는 식으로 해석하는 것은 곤란하다. 잘못 사용하거나 의도와 다르게 실행되면 오히려 성능 문제를 야기할 수 있기 때문에 제대로 이해하고 사용하는 것이 바람직하다.

서브 쿼리의 개념을 좁게 보는 시각과 넓게 보는 시각에 따라 서브 쿼리를 달리 구분하기도 한다. 서브 쿼리의 개념을 좁게 보는 시각에서는 WHERE 절에 사용되는 서브 쿼리3 유형과 같은 경우를 서브 쿼리로 부르고, FROM 절에 사용되는 경우는 인라인 뷰, 나머지는 스칼라 서브쿼리라고 별도로 구분하기도 한다. 반대로 서브 쿼리의 개념을 넓게 보는 시각에서는 하나의 SQL 문장 내부에 사용된 또 다른 SQL이라는 관점으로 서브 쿼리를 구분한다.

위에 설명한 서브 쿼리의 사용 위치 유형은 SELECT 문장에만 사용되는 것이 아니라 INSERT, UPDATE, DELETE 등 DML 문장들에서도 사용될 수 있다. 예를 들면 다음과 같다.

- INSERT 문장의 VALUES 목록 중 임의의 입력값을 서브 쿼리로부터 생성할 수도 있다.
- UPDATE 문장에서는 갱신 대상 행을 찾기 위한 WHERE 절 조건이나 SET 절에서 갱신할 값을 생성하는 용도로도 서브 쿼리가 사용될 수 있다.
- DELETE 문장에서도 삭제할 대상 행을 찾는 용도로 WHERE 절에 서브 쿼리가 사용될 수 있다.

서브 쿼리는 상수나 변수 몇 개로 특정할 수 없는 값을 산출하여 이를 메인 쿼리에 활용하거나, 원하는 값 또는 데이터 집합을 생성하기 위한 목적으로 사용된다. 때로는 검색이나 처리에 다른 테이블에 존재하는 데이터가 필요하여 이를 위해 서브 쿼리가 사용되기도 한다.

인라인 뷰로 사용되는 서브 쿼리를 제외하면 WHERE 절에 사용되는 서브 쿼리나 스칼라 서브 쿼리 형태에서는 메인 쿼리가 서브 쿼리 내에 기술된 컬럼을 사용할 수 없다. 반면 서브 쿼리는 메인 쿼리의 컬럼을 얼마든지 사용할 수 있는 차이가 존재한다. 또한 WHERE 절에 사용되는 서브 쿼리들의 특징은 메인 쿼리 집합의 레벨에 영향을 주지 않는다. 조인의 경우와 비교해 보면 조인은 집합 간의 곱(PRODUCT)으로 설명되기 때문에 조인을 하게 되면 집합의 레벨이 변할 수 있다. 즉, 1:1 관계의 집합을 조인하면 원래의 집합과 같은 1 레벨의 집합이 되지만, 1:M 이나 M:1 관계의 집합을 조인하면 결과는 M 레벨의 집합이 만들어진다. 또 M:M 관계의 집합을 조인하면 결과는 M * M 레벨의 집합으로, 흔히 카테션 곱(CARTESIAN PRODUCT)이라고 부르는 결과가 만들어진다. 그러나 WHERE 절에 사용된 서브 쿼리는 메인 쿼리 쪽의 집합과 서브 쿼리가 참조하는 집합의 관계가 1:1, 혹은 1:M이나 M:1, 아니면 M:M으로 어떤 형태의 관계인지에 상관없이 항상 메인 쿼리 쪽 집합의 레벨이 유지된다. 예를 들어, 메인 쿼리가 주문 테이블을 참고하고 있고, 부서 테이블이 서브 쿼리에 사용되면 주문 테이블과 부서 테이블은

M:1의 관계를 갖고 있지만 결과는 메인 쿼리 테이블인 주문 테이블의 집합 레벨(M)이 될 것이다. 반대로 메인 쿼리가 부서 테이블을 참조하고, 서브 쿼리가 주문 테이블을 참조한다면 둘 간의 관계는 1:M 이지만 결과는 메인 쿼리 쪽 테이블인 부서 테이블의 집합 레벨(1)이 될 것이다.

서브 쿼리의 특징을 요약해 보면 다음과 같다.

- 서브 쿼리는 반드시 괄호 안에 작성해야 한다.

- 조건절에 사용하는 서브 쿼리는 단일행(SINGLE ROW) 비교 연산자(=, <, <=, >, >=, <> 등)나 다중행(MULTI ROW) 비교 연산자(IN, ALL, ANY, SOME, EXISTS 등)와 함께 사용될 수 있다.

- 단일행 비교 연산자와 함께 사용하는 서브 쿼리는 반드시 1건의 결과를 반환하거나 빈값(NULL)을 반환해야 하며, 서브 쿼리가 빈값(NULL)을 반환하면 메인 쿼리의 결과도 빈값(NULL)을 반환하게 된다.

- 다중행 비교 연산자와 함께 사용하는 서브 쿼리는 서브 쿼리의 결과 건 수에 상관없이 사용이 가능하다.

- 서브 쿼리 내에 ORDER BY를 사용하는 것은 DBMS에 따라 차이가 있을 수 있지만 PostgreSQL의 경우 구문상 오류는 아니다. 그러나 메인 쿼리의 ORDER BY에 의해 무시되거나 서브 쿼리 결과를 활용하는 과정에서 서브 쿼리 결과의 정렬 순서가 활용되지 않을 확률이 커서 의미가 없고, 오히려 서브 쿼리 결과를 정렬하는 자원 부하만 가중될 수 있다.

- 서브 쿼리 내에서 메인 쿼리 컬럼이 사용될 경우 메인 쿼리 컬럼과 대응하는 서브 쿼리 컬럼에는 인덱스 설정을 고려하는 것이 성능상 유리할 수 있다.

앞에서 서브 쿼리가 사용되는 위치에 따라 몇 가지 다른 명칭으로 구분될 수 있음을 설명했다. 이 외에도 서브 쿼리의 구성 형태와 작동 방식에 따라 또는 반환되는 데이터 형태에 따라서 몇 가지 유형으로 구분할 수 있다.

먼저, 구성 형태와 작동 방식에 따라 서브 쿼리를 구분해 보면 다음과 같다.

- **독립 서브 쿼리(NON-CORRELATED SUB-QUERY)** : 서브 쿼리 안에 메인 쿼리 컬럼이 존재하지 않는 형태로, 서브 쿼리의 실행 결과를 상수화하여 메인 쿼리에 조건값으로 제공하는 목적으로 주로 사용된다.
- **상관 서브 쿼리(CORRELATED SUB-QUERY)** : 서브 쿼리 안에 메인 쿼리 컬럼이 존재하는 형태로, 일반적으로 먼저 메인 쿼리를 통해 수행된 중간 집합의 일차 선별한 각 행에 대해 서브 쿼리를 실행하여 참(TRUE)/ 거짓(FALSE)을 판별하게 해 최종 결과 집합을 추출하기 위한 목적으로 주로 사용된다.

조건절에 사용된 서브 쿼리는 메인 쿼리 컬럼의 유무에 따라 서브 쿼리가 먼저 실행될 수도 있고, 메인 쿼리가 먼저 실행될 수도 있다. 대체로 메인 쿼리 집합은 매우 크고, 서브 쿼리 결과 집합은 작으면서 빠른 속도로 서브 쿼리 결과 집합을 얻을 수 있는 상황이라면 서브 쿼리가 먼저 실행되는 것이 유리하다. 하지만 반대로 메인 쿼리 집합은 크지 않고 서브 쿼리 결과 집합은 매우 큰 경우라면 메인 쿼리가 먼저 실행되는 것이 성능상 유리할 수 있다. 그러나 이것은 일반적인 상황을 설명한 것으로 절대적인 기준으로 볼 수는 없으며, 상황에 따른 판단이 필요하다.

또한 서브 쿼리가 먼저 실행되어 상수화 된 결과를 메인 쿼리로 제공하는 것이 유리한 상황에서 메인 쿼리 컬럼이 서브 쿼리 내에 존재하면 메인 쿼리가 먼저 실행되어 서브 쿼리 내의 메일 쿼리 컬럼이 상수화 되어야만 서브 쿼리가 실행될 수 있기 때문에 메인 쿼리가 먼저 실행됨으로써 서브 쿼리의 실행 횟수를 크게 증가시키고 성능 저하를 유발할 수 있다. 따라서 상관 서브 쿼리와 독립 서브 쿼리의 차이를 잘 이해하여 독립 서브 쿼리를 사용할 수 있는 상황에서 상관 서브 쿼리를 사용하는 실수를 범하지 않도록 해야 한다.

서브 쿼리를 반환되는 데이터 형태에 따라 구분해 보면 다음과 같다.

- **단일행 서브 쿼리(SINGLE ROW SUB-QUERY)** : 서브 쿼리의 실행 결과가 한 건 이거나 빈값(NULL)을 반환한다. 단일행 서브 쿼리는 단일행 비교 연산자인 =, <, <=, >, >=, <> 등과 함께 사용된다.
- **다중행 서브 쿼리(MULTI ROW SUB-QUERY)** : 서브 쿼리의 실행 결과가 여러 행으로 반환된다. 다중행 서브 쿼리는 다중행 비교 연산자인 IN, ALL, ANY, SOME, EXISTS 등과 함께 사용된다.
- **다중 컬럼 서브 쿼리(MULTI COLUMN SUB-QUERY)** : 서브 쿼리의 실행 결과로 여러 개의 컬럼을 반환하며, 메인 쿼리 조건절의 비교 대상 컬럼 또한 여러 개의 컬럼을 나열하고 괄호로 묶어서 하나의 행과 같은 개념으로 서브 쿼리 결과의 컬럼들과 비교한다. 이러한 형태에서는 메인 쿼리 쪽에 괄호로 묶은 비교 대상 컬럼들에 대해 서브 쿼리 내의 SELECT 절에 나열한 컬럼 목록의 개수와 각 위치에서의 데이터 형식이 일치해야만 한다.

위에서 간단하게 구분하여 설명한 서브 쿼리의 각 유형에 대해 좀 더 상세하게 살펴보자.

1.4.2 단일행 서브 쿼리

서브 쿼리가 단일행 비교 연산자인 =, 〈, 〈=, 〉, 〉=, 〈〉 등과 함께 사용된다. 서브 쿼리의 결과는 반드시 1건이어야 하며, 2건 이상을 반환하면 실행 시점에 실행 오류(RUN-TIME ERROR)가 발생한다. 서브 쿼리의 실행 결과는 빈값(NULL)이 반환될 수도 있다. 서브 쿼리 결과로 빈값(NULL)이 반환되면 메인 쿼리의 결과도 빈값(NULL)이 된다. 단일행 서브 쿼리 문장의 예시는 다음과 같다.

예시 1장_20_단일행서브쿼리(1)

```sql
SELECT * FROM SQLSTUDY.ENC_DEPT
WHERE DEPT_NO = (SELECT DEPT_NO
                 FROM SQLSTUDY.ENC_EMP
                 WHERE AREA IN ('정선', '서울'));
```

위 예시는 사원 테이블에서 거주지역이 정선이거나 서울인 사원의 부서 번호에 해당하는 부서를 부서 테이블에서 찾는 SQL 문장이다. 이 예시에서 사원 테이블을 참조하는 괄호로 둘러싼 SELECT 문장 부분이 서브 쿼리이며, = 연산자와 함께 사용된 단일행 서브 쿼리 유형이다. 그러므로 서브 쿼리는 1건의 결과를 반환해야만 한다. 그렇게 되기 위해서는 사원 테이블에서 거주지역이 정선이거나 서울인 사원을 검색한 결과가 1건만 반환되거나 빈값(NULL) 즉, 해당하는 사원이 없어야만 위 SQL 문장은 오류가 발생하지 않는다. 그러나 서브 쿼리에서 2건 이상의 결과가 반환되면 위 SQL 문장은 실행 오류(RUN-TIME ERROR)로 처리 된다.

만일 사원 테이블에서 평균 급여 이상을 받는 사원들의 목록을 검색하고자 한다면 어떻게 해야 할까? 우선 사원들의 평균 급여를 알아야 할 것이고, 이렇게 구한 평균 급여를 상수값이라고 생각해 사원의 급여가 평균 급여 이상인 사원을 검색하는 SQL 문장을 작성하면 될 것이다. 이에 대한 SQL 문장은 다음과 같다.

```
SELECT * FROM SQLSTUDY.ENC_EMP
WHERE SAL >= 평균급여
```

❶ 사원의 평균급여를 구한다.

❷ 먼저 구한 사원의 평균 급여를 상수처럼 검색 조건값으로 사용한다.

```
(SELECT AVG(SAL)
 FROM SQLSTUDY.ENC_EMP)
```

[그림 1-15] 사원의 급여가 평균 급여 이상인 사원을 검색하는 SQL 형태

위 예시에서 서브 쿼리의 역할은 사원의 평균 급여를 구하는 것이다. 그리고 이렇게 얻은 사원의 평균 급여는 단 1건으로, 이 서브 쿼리의 결과가 상수처럼 메인 쿼리 실행에 사용되어 급여가 평균 급여 이상인 사원을 반환하게 된다. 위 예시의 SQL 문장을 합치면 다음과 같다.

예시 1장_20_단일행서브쿼리(2)

```
SELECT * FROM SQLSTUDY.ENC_EMP
WHERE SAL >= (SELECT AVG(SAL)
              FROM SQLSTUDY.ENC_EMP) ;
```

이제 다음과 같은 상황에 대한 SQL 문장을 작성해 보자.

 주문 테이블로부터 101번 사원이 소속된 부서가 담당하고 있는 주문 건을 출력하라.

(해설) 101번 사원이 소속된 부서는 사원 테이블에서 확인할 수 있다. 101번 사원이 소속된 부서를 사원 테이블로부터 추출하는 서브 쿼리를 작성하고, 이 서브 쿼리 결과를 메인 쿼리에 검색 조건값으로 제공하여 요구하는 결과를 출력하는 SQL을 작성한다. 서브 쿼리는 사원 테이블에서 기본키(PK)인 사원 번호에 대해 조건값 101번을 비교하기 때문에 당연히 1건의 결과가 반환되거나 101번 사원이 없다면 빈값(NULL)이 반환될 것이다. 또한 반환되는 해당의 사원의 부서 번호와 동일한 부서 번호를 주문 테이블에서 찾는 것이기 때문에, 아래와 같이 주문 테이블의 주문담당부서 컬럼에 대해 단일행 연산자 '=' 과 함께 사용되는 단일행 서브 쿼리로 작성되어야 한다.

| 예시 | 1장_20_단일행서브쿼리(3) |

```sql
1  SELECT * FROM SQLSTUDY.ENC_ORDER
2  WHERE ORD_DEPT_NO = (SELECT DEPT_NO FROM SQLSTUDY.ENC_EMP
3                       WHERE EMP_NO = 101)
```

결과

	ord_no integer	cust_id character (7)	ord_dept_no numeric (4)	ord_emp_no numeric (6)	ord_dt timestamp with time zone	prod_id numeric (4)
1	103	1000003	100	101	2009-01-12 10:00:00+09	201
2	109	1000002	100	101	2009-01-18 10:00:00+09	102
3	115	1000015	100	102	2009-01-24 10:00:00+09	205
4	122	1000002	100	104	2009-01-01 01:00:00+09	201
5	127	1000007	100	102	2009-01-01 06:00:00+09	203

1.4.3 다중행 서브 쿼리

다중행 서브 쿼리는 서브 쿼리가 여러 개의 행을 반환하는 경우를 말한다. 서브 쿼리가 두 개 이상의 결과를 반환할 수 있다면 반드시 다중행 비교 연산자인 IN, ALL, ANY, SOME, EXISTS 등과 함께 사용되어야 한다. 서브 쿼리가 두 개 이상의 행을 반환하는데 단일행 비교 연산자인 =, >, >=, <, <=, <> 등과 함께 사용되면 실행 오류(RUN-TIME ERROR)가 발생한다.

다중행 비교 연산자에 대해 좀 더 상세히 설명해 보면 다음과 같다.

- **IN (서브 쿼리)** : 서브 쿼리의 결과로 반환된 결과값을 메인 쿼리 컬럼과 '='로 비교한다. 서브 쿼리에서 복수의 값이 반환되므로 COLUMN IN (…) 조건처럼 다중값에 대해 각각의 '=' 비교를 OR 연산자로 연결한 것과 같다. DBMS는 서브 쿼리 결과를 메인 쿼리 쪽에 제공하는 방식이 유리한지 메인 쿼리 집합을 서브 쿼리 결과와 하나씩 비교하는 방식이 유리한지 등을 판단하여 유리한 쪽으로 처리한다. 서브 쿼리 결과를 메인 쿼리 쪽에 제공하는 경우 서브 쿼리 결과에 존재할 수 있는 중복 데이터를 제거하기 위하여 먼저 DISTINCT 처리를 거친 후 메인 쿼리 쪽으로 제공할 수 있다. 반대 개념에 대한 조건은 NOT IN (서브 쿼리) 이며, 이 경우는 COLUMN NOT IN (…) 조건과 마찬가지로 다중값에 대해 각각의 '<>' 비교를 AND로 연결한 것과 같다. 이 유형의 서브 쿼리를 사용하는 SQL 문장의 형태 예시는 다음과 같다.

| 예시 | 1장_21_다중행서브쿼리(1) |

```
SELECT * FROM TAB1
WHERE C1 IN (SELECT C2 FROM TAB2 WHERE C5 = '대전');
```

| 예시 | 1장_21_다중행서브쿼리(2) |

```
SELECT * FROM TAB1
WHERE C1 NOT IN (SELECT C2 FROM TAB2 WHERE C5 = '대전');
```

- **비교연산자 ALL (서브 쿼리)** : 서브 쿼리의 결과로 반환되는 모든 결과에 대해 비교연산자 조건이 충족되어야 한다. 비교연산자로 '〉'를 사용했다면 메인 쿼리는 서브 쿼리의 모든 결과값보다 더 커야 하므로 서브 쿼리 결과 중 가장 큰 값보다 큰 경우에 해당하는 메인 쿼리 집합의 값이 원하는 결과가 된다. 만일 비교연산자로 '〈'를 사용했다면 메인 쿼리는 서브 쿼리의 모든 결과에 대해 더 작아야 하므로 서브 쿼리 결과 중 가장 작은 값보다 작은 경우에 해당하는 메인 쿼리 집합의 값이 원하는 결과가 된다. 또한 비교연산자가 '='이라면 서브 쿼리의 모든 결과에 대해 '='을 만족하는 메인 쿼리 집합의 행을 찾아야 한다. 하지만 사실상 이런 경우의 조건을 충족하는 사례는 현실에서는 매우 드물다. 이 유형의 서브 쿼리를 사용하는 SQL 문장의 형태 예시는 다음과 같다.

| 예시 | 1장_21_다중행서브쿼리(3) |

```
SELECT * FROM TAB1
WHERE C1 > ALL (SELECT C2 FROM TAB2 WHERE C5 = '대전');
```

- **비교연산자 ANY (서브 쿼리)** : 서브 쿼리의 결과로 반환되는 결과값 중 어느 하나라도 비교연산자의 조건을 충족하면 된다. 비교연산자로 '〉'를 사용했다면 메인 쿼리의 비교 대상 집합은 서브 쿼리 결과값들 중 어느 값이라도 비교해서 크기만 하면 되므로 서브 쿼리 결과 중 최소값보다 큰 메인 쿼리 집합은 모두 이 조건을 만족한다. 만일 비교연산자로 '〈'를 사용했다면 메인 쿼리는 서브 쿼리의 아무 값과 비교해도 작기만 하면 되므로 서브 쿼리 결과 중 최대값보다 작은 메인 쿼리 집합은 모두 이 조건을 만족한다. 또한 비교연산자가 '='이라면 이때는 서브 쿼리의 결과값 중 어느 하나라도 메인 쿼리 집합과 '=' 조건을 만족하면 된다. 이 경우는 "IN (서브 쿼리)"와 동일하게 처리된다. 이 유형의 서브 쿼리를 사용하는 SQL 문장의 형태 예시는 다음과 같다.

| 예시 | 1장_21_다중행서브쿼리(4) |

SELECT … FROM TAB1
WHERE C1 > **ANY** (SELECT C2 FROM TAB2 WHERE C5 = '대전');

- **EXISTS (서브 쿼리)** : 서브 쿼리는 메인 쿼리 컬럼을 갖고 있고, 메인 쿼리 집합의 모든 행을 서브 쿼리에 한번씩 대입시켜서 서브 쿼리가 결과를 반환하면 참(TRUE), 반환하지 않으면 거짓(FALSE)으로 판단한다. 즉, EXISTS 서브 쿼리란, 대입한 메인 쿼리 컬럼의 값에 대해 서브 쿼리 실행을 통해 여부만 판단하는 것이다. 그러므로 대입한 메인 쿼리 컬럼값에 대해 대응하는 서브 쿼리 결과가 여러 개 있더라도 하나만 찾으면 곧바로 참(TRUE)이 될 수 있다. 때문에 서브 쿼리는 나머지 데이터를 모두 찾을 필요가 없어 대입한 메인 쿼리 컬럼값에 대해서는 더 이상의 실행을 하지 않고 다음 메인 쿼리 컬럼값에 대한 검사로 넘어가게 된다. EXISTS 가 서브 쿼리 실행을 통해 존재 여부를 판단하는 것임에 반해 반대의 개념은 NOT EXISTS를 사용한다. 즉, NOT EXISTS (서브 쿼리)는 서브 쿼리가 정상적으로 결과를 반환하면 거짓(FALSE)으로 판단하고, 결과를 반환하지 않으면 참(TRUE)로 판단한다. 다시 말하면, 대입한 메인 쿼리 컬럼값에 대한 서브 쿼리 결과가 없는지 여부를 판단하는 것이다. 이 유형의 서브 쿼리를 사용하는 SQL 문장의 형태 예시는 다음과 같다.

| 예시 | 1장_21_다중행서브쿼리(5) |

SELECT * FROM TAB1 AS A
WHERE EXISTS
    (SELECT 1 FROM TAB2 AS B
    WHERE A.C1 = B.C2 AND B.C5 = '대전');

| 예시 | 1장_21_다중행서브쿼리(6) |

SELECT * FROM TAB1 AS A
WHERE NOT EXISTS
    (SELECT 1 FROM TAB2 AS B
    WHERE A.C1 = B.C2 AND B.C5 = '대전');

지금까지 설명한 다중행 서브 쿼리 개념을 활용하여 다음의 상황에 대한 SQL문장을 작성해 보자.

주문 테이블에서 주문 금액이 10,000원을 넘는 주문 건에 대한 주문 담당 사원의 목록을 출력하라.

(해설) 먼저 주문 금액이 10,000원을 넘는 주문 건의 주문 담당 사원을 알아야 한다. 이렇게 추출한 주문 담당 사원에 대한 목록은 사원 테이블에서 확인할 수 있으며, 주문 테이블에서 추출한 주문 담당 사원의 사원번호를 사용하여 사원 테이블에서 해당 사원의 정보를 검색하면 된다. 주문 테이블에서 해당 조건에 대한 주문 담당 사원을 검색하면 여러 건의 결과가 얻어지므로 이렇게 얻은 다중행 데이터를 메인 쿼리와 비교하려면 IN (서브 쿼리) 형태를 사용한다. 이를 SQL로 작성해 보면 다음과 같다.

Script 1장_21_다중행서브쿼리(7)

```sql
SELECT * FROM SQLSTUDY.ENC_EMP
WHERE EMP_NO IN (SELECT ORD_EMP_NO
                 FROM SQLSTUDY.ENC_ORDER
                 WHERE AMOUNT > 10000);
```

결과

	emp_no numeric (6)	emp_name character varying (50)	dept_no numeric (4)	hire_date date	sal integer	manager_emp_no numeric (6)	age numeric (3)	area character varying (10)
1	101	김사부	100	2000-01-01	10000	[null]	45	정선
2	104	남도일	200	2001-04-01	40000	101	46	부산
3	110	신회장	400	2001-10-01	100000	[null]	70	서울
4	106	장기태	300	2001-06-01	60000	109	43	대전

 부산에 거주하는 사원 중 담당하는 주문 건이 2건을 넘는 사원의 목록을 출력하라.

(해설) 부산에 거주하는 사원의 목록은 사원 테이블로부터 얻을 수 있다. 또한 담당하는 주문 건이 2건을 넘는다는 것은 주문 테이블의 주문 건들을 주문 담당 사원별로 카운트했을 때 카운트 결과가 2보다 큰 조건을 충족해야 함을 의미한다. 후자의 조건은 주문 테이블에서 임의의 주문 담당 사원에 대한 주문 건을 사원번호별로 GROUP BY 해서 그 COUNT(*) 결과가 2보다 크다는 조건을 만족하는지 여부를 확인하면 된다. 이러한 조작은 EXISTS (서브 쿼리)를 사용하면 되므로 위의 요구 내용을 해소하기 위한 SQL은 다음과 같이 작성할 수 있다.

```
Script                                              1장_21_다중행서브쿼리(8)

1    SELECT * FROM SQLSTUDY.ENC_EMP AS A
2     WHERE AREA = '부산'
3       AND EXISTS (SELECT ''
4                     FROM SQLSTUDY.ENC_ORDER AS B
5                    WHERE B.ORD_EMP_NO = A.EMP_NO
6                    GROUP BY B.ORD_EMP_NO
7                   HAVING COUNT(*) > 2);
```

결과

	emp_no numeric (6)	emp_name character varying (50)	dept_no numeric (4)	hire_date date	sal integer	manager_emp_no numeric (6)	age numeric (3)	area character varying (10)
1	104	남도일	200	2001-04-01	40000	101	46	부산

위 SQL에서 EXISTS 서브 쿼리는 참/거짓 여부만 판단하면 되기 때문에 서브 쿼리의 결과로 어떠한 값도 메인 쿼리에 제공할 필요가 없어 서브 쿼리의 SELECT 절에 ' ' (EMPTY STRING) 표현을 사용했다. 물론 이 표현 말고도 서브 쿼리 집합의 아무 컬럼이나 혹은 임의의 상수를 사용해도 무방하다.

1.4.4 다중 컬럼 서브 쿼리

다중 컬럼 서브 쿼리는 서브 쿼리가 여러 개의 컬럼을 반환하여 메인 쿼리의 여러 개의 컬럼과 동시에 비교되는 형태의 서브 쿼리이다. 이러한 유형의 SQL 문장에서는 메인 쿼리의 조건절에 서브 쿼리의 결과와 비교하려는 메인 쿼리 컬럼이 두 개 이상이고, 이 컬럼들을 괄호로 묶어 마치 하나의 행처럼 비교할 수 있다. 예를 들어, 부서 번호가 400번인 부서를 대상으로 소속 사원들의 평균 급여와 같은 금액의 급여를 받는 사원을 검색하는 SQL 문장을 생각해 보자. 이러한 결과를 얻기 위해서는 우선 400번 부서의 사원 평균 급여를 알아야 하고, 이 결과를 가지고 메인 쿼리에서 같은 부서의 평균 급여와 같은 금액의 급여를 받는 사원을 검색하면 될 것이다. 이를 위해 조건절에 비교 대상 컬럼을 기술할 때 아래와 같이 작성하면 부서 번호와 급여를 동시에 비교할 수 있다.

```
WHERE (DEPT_NO, SAL) = (서브 쿼리)
```

복수의 컬럼을 동시에 비교하려면 위와 같이 해당 컬럼들을 콤마로 구분하면서 괄호로 묶으면 된다. 또한 서브 쿼리 내의 SELECT 절에 기술하는 컬럼 목록도 메인 쿼리의 비교 대상 컬럼 목록과 동일한 개수의 컬럼을 가져야 하고 같은 위치의 컬럼은 동일하거나 호환 가능한 데이터 형식을 가져야 한다.

이와 같이 콤마로 구분한 복수의 컬럼을 괄호로 묶어서 표현하는 것을 행 생성자(ROW CONSTRUCTOR)라고 하는데, PostgreSQL에서는 명시적으로 ROW()라는 행 생성자 표현을 사용하거나 생략할 수 있다. 행 생성자 표현을 생략하면 내부적으로 괄호로 묶은 컬럼 목록 앞에 ROW()를 붙여서 처리하게 된다. 위 표현은 PostgreSQL이 내부적으로 아래와 같이 바꾸어 처리하게 된다.

```
WHERE ROW(DEPT_NO, SAL) = ROW(서브 쿼리 결과)
```

행 생성자 표현을 사용하면 행 단위 비교(ROW-WISE COMPARISON)를 하게 되며, 모든 구성 원소 필드가 주어진 연산자 조건을 충족해야만 결과가 참(TRUE)이 된다. 행 생성자 표현을 사용한 행 단위 비교는 =, <, <=, >, >=, <> 등의 비교 연산자를 사용한 단일행 서브 쿼리와 다중행 비교 연산자를 사용한 다중행 서브 쿼리 모두 가능하다. 단일행 비교 연산자를 사용한 행 단위 비교 방식은 다음과 같이 처리되며, 다중행 비교 연산자의 경우에도 이와 유사한 의미의 연산자 형태로 처리된다.

- ROW(A, B) = ROW(C, D) ➡ (A = C) AND (B = D)
- ROW(A, B) <> ROW(C, D) ➡ (A <> C) OR (B <> D)
- ROW(A, B) > ROW(C, D) ➡ (A > C) OR (A = C AND B > D)
- ROW(A, B) >= ROW(C, D) ➡ (A > C) OR (A = C AND B >= D)
- ROW(A, B) < ROW(C, D) ➡ (A < C) OR (A = C AND B < D)
- ROW(A, B) <= ROW(C, D) ➡ (A < C) OR (A = C AND B <= D)

위의 행 단위 비교 패턴에서 왼쪽은 메인 쿼리 컬럼에 대한 행 생성자 표현이고, 오른쪽은 괄호로 둘러싼 서브 쿼리로 보면 된다. 왼쪽의 행 생성자로 표현한 메인 쿼리 컬럼 표현식에 맞추어 서브 쿼리가 정확하게 열을 반환해야 하며, 단일행 서브 쿼리 경우에는 서브 쿼리가 반드시 하나의 행을 반환하거나 0 행 즉, 빈값(NULL)을 반환하는 것만 허용된다.

다중행 서브 쿼리에 대해 다중 컬럼을 비교하는 경우를 생각해 보자. 예를 들어, 사원 테이블에서 부서별로 평균 급여를 구해 각 부서에서 평균 급여에 해당하는 사원의 목록을 추출하려면 어떻게 해야 할까? 우선 부서별로 평균 급여를 구하기 위해 부서 번호 단위로 GROUP BY 처리를 하는 서브쿼리를 작성해야 할 것이다. 이렇게 얻어진 서브 쿼리 결과를 메인 쿼리에 제공하여 원하는 데이터를 검색해야 하는데, 이때 비교해야 할 대상 컬럼은 부서 번호와 급여 컬럼이 된다. 비교 조건은 부서별로 평균 급여에 해당하는 사원을 찾는 것이므로 서브 쿼리에서 제공된 부서 번호 및 부서별 평균 급여와 '=' 비교를 해야 한다. 이때 서브 쿼리에서 생성된 다중값(여러 부서의 부서별 평균 급여)을 메인 쿼리 컬럼과 '='로 비교할 수 있는 비교 연산자는 IN 연산자이므로 IN 서브 쿼리로 작성하면 된다. 이렇게 작성한 SQL 문장은 다음과 같다.

예시 1장_22_다중컬럼서브쿼리

```
1  SELECT * FROM SQLSTUDY.ENC_EMP
2  WHERE (DEPT_NO,SAL) IN (SELECT DEPT_NO, AVG(SAL)
3                          FROM SQLSTUDY.ENC_EMP
4                          GROUP BY DEPT_NO);
```

만일 위 SQL 문장에 사용된 서브 쿼리가 알려진 부서 번호와 평균 급여의 목록이었다면 다음과 같이 작성할 수 있었을 것이다.

    (DEPT, SAL) IN ((부서1, 평균_급여1), (부서2, 평균_급여2), …)

비교하려는 부서와 평균 급여의 목록을 특정하여 상수로 제시할 수 없기 때문에 서브 쿼리를 사용하여 그 시점에서의 부서별 평균 급여를 구할 수 있다. 이렇게 서브 쿼리에서 반환된 부서와 부서별 평균 급여를 위의 상수값 목록처럼 IN 연산자를 사용하여 부서와 급여 컬럼에 대해 한꺼번에 비교하는 것이다.

다중 컬럼 서브 쿼리를 처리하는 방식은 먼저 왼쪽의 메인 쿼리 컬럼을 확인하고 오른쪽의 단일 행 서브 쿼리의 결과 행에 대해 위에 나열한 행 단위 비교 방식에 따라 행 단위의 비교를 하여 참(TRUE), 거짓(FALSE) 여부를 판단한다. 이로써 비교 대상이었던 메인 쿼리의 대상 행이 원하는 데이터가 맞는지 여부를 결정한다. DBMS 버전에 따라 차이가 있을 수는 있지만 때로는 메인 쿼리의 비교 대상 컬럼이 모두 한 인덱스의 구성 컬럼인 경우가 있다. 이때는 서브 쿼리에서 먼저 반환된 N개의 행에 대해 중복값을 제거하고 유일 행으로 만들어 메인 쿼리 쪽에 제공하여 메인 쿼리 쪽 비교 대상 컬럼에 대해 설정된 인덱스를 활용하여 필요한 데이터를 빠르게 찾아낼 수 있도록 처리하기도 한다.

다중 컬럼 서브 쿼리는 DBMS에 따라 지원하지 않을 수도 있다.

1.4.5 상관 서브 쿼리

상관 서브 쿼리(CORRELATED SUB-QUERY)는 동기화 된 서브 쿼리 (SYNCHRONIZED SUB-QUERY)라고도 하며, 메인 쿼리에 내포된 쿼리이면서 메인 쿼리의 값을 사용하는 서브 쿼리를 말한다. 즉, 서브 쿼리 내에 메인 쿼리 컬럼을 갖고 있는 서브 쿼리이다. 앞에서 설명했던 다중행 서브 쿼리 중 EXISTS 서브 쿼리는 항상 상관 서브 쿼리로 사용된다.

상관 서브 쿼리는 메인 쿼리에 의해 처리된 각 행에 대해 한 번씩 실행될 수 있기 때문에 경우에 따라 비효율적으로 실행될 수 있다.

다음은 일반적인 상관 서브 쿼리의 예시로, 그들이 소속된 부서의 평균 급여와 비교하여 그 이상의 급여를 받는 모든 사원을 찾는다.

```
예시                                        1장_23_상관서브쿼리(1)

SELECT   emp_no, emp_name
FROM     enc_emp AS E1
WHERE    sal > (SELECT AVG(sal)
               FROM enc_emp AS E2
               WHERE E2.dept_no = E1.dept_no);
```

위 사례에서 조건절의 괄호 안에 사용된 서브 쿼리가 상관 서브 쿼리이다. 메인 쿼리 컬럼인 E1.dept_no 가 서브 쿼리 내에 조건으로 사용되고 있다. 이 서브 쿼리가 실행되려면 메인 쿼리 쪽 대상 집합의 모든 행에 대해 dpet_no 컬럼값을 한 번씩 서브 쿼리에 대입해야만 하고, 각각의 서브 쿼리 실행 결과에 대해 메인 쿼리의 'sal >' 조건을 충족하는지 여부를 판단한다.

DBMS에 따라서는 상관 서브 쿼리의 결과를 일시적으로 캐시해서 동일한 부서 번호가 재입력되면 캐시 된 결과값을 재사용하도록 할 수도 있다. 하지만 이런 경우에도 일단 상관 서브 쿼리는 매 행의 부서 번호가 입력될 때마다 한 번씩 실행은 되어야 한다.

상관 서브 쿼리는 WHERE 절이 아닌 다른 위치에 나타날 수도 있다. 예를 들어, 아래의 쿼리는 SELECT 절에 상관 서브 쿼리를 사용하여 각 사원의 소속 부서 평균 급여와 함께 전체 사원 목록을 출력한다. 즉, 서브 쿼리는 각 사원별로 해당 부서의 부서별 평균 급여를 산출하기 위해 메인 쿼리의 컬럼을 입력으로 받아야 하는 상관 관계를 갖고 있으므로 결과 집합의 각 행에 대해 매번 반복적으로 실행되어야 한다.

```
예시                                           1장_23_상관서브쿼리(2)

SELECT dept_no, emp_no, emp_name, sal,
       (SELECT AVG(sal) FROM enc_emp
        WHERE dept_no = E1.dept_no) AS dept_avg
FROM enc_emp AS E1;
```

위와 같이 SELECT 절에 사용되는 상관 서브 쿼리는 별도로 '스칼라 서브 쿼리'(SCALAR SUB-QUERY) 라고 부르기도 한다.

상관 서브 쿼리는 앞에서도 설명했듯이 메인 쿼리에서 먼저 선별된 중간 집합에 대해 매 행마다 한 번씩 실행되어야 하기 때문에 사원 수가 많아지면 서브 쿼리 실행 회수도 증가하여 비효율이 나타날 수 있다. 이런 경우 간단한 발상의 전환으로 보다 효율적으로 실행되도록 해야 한다. 아래는 위에서 예시로 사용된 상관 서브 쿼리를 FROM 절에 테이블처럼 인지하고 사용될 수 있는 서브 쿼리 형태로 표현한 것이다. 이 서브 쿼리는 메인 쿼리 컬럼과의 상관 관계를 서브 쿼리 내에 갖고 있지 않기 때문에 독립적으로 실행이 가능한 형태이다. 실제로 한 번 먼저 실행되어 중간 결과 집합을 생성한 후 사원 테이블과 조인을 통해 최종 결과를 만들어 내기 때문에 사원 수가 많아져도 서브 쿼리의 실행 횟수가 증가하는 경우는 발생하지 않는다.

```
예시                                           1장_23_상관서브쿼리(3)

SELECT A.dept_no, A.emp_no, A.emp_name, A.sal, B.dept_avg
FROM   enc_emp AS A INNER JOIN
       (SELECT dept_no, AVG(sal) AS dept_avg
        FROM enc_emp
        GROUP BY dept_no) AS B ON A.dept_no = B.dept_no
WHERE A.sal > B.dept_avg;
```

위와 같이 FROM절에 사용되는 서브 쿼리는 별도로 인라인 뷰(IN-LINE VIEW)라고 부르기도 하며, 인라인 뷰에 대해서는 뒤에서 다시 상세하게 설명할 것이다.

1.4.6 스칼라 서브 쿼리

스칼라 서브 쿼리(SCALAR SUB-QUERY)는 일반적으로 SELECT 절에 사용된다. 괄호로 둘러싼 일반적인 SELECT 문장으로 정확히 1 컬럼 1 행을 반환한다. 스칼라 서브 쿼리는 컬럼을 사용할 수 있는 대부분의 위치에서 사용할 수 있으며, 서브 쿼리 내에 메인 쿼리 컬럼을 갖고 있는 상관 서브 쿼리 형태를 갖고 있다. 그러므로 매 행마다 메인 쿼리 컬럼값을 입력으로 사용하여 서브 쿼리가 실행된다. 또한 스칼라 서브 쿼리는 단일행 서브 쿼리이기 때문에 둘 이상의 행 또는 둘 이상의 컬럼을 반환하려 하면 스칼라 서브 쿼리는 에러를 발생 시킨다. 그러나 반환하는 행이 없는 스칼라 서브 쿼리는 빈값(NULL)을 반환하며, 이것은 에러가 아니다.

예를 들어, 부서 목록을 출력하되 각 부서에 소속된 사원수를 함께 출력하고자 한다면 다음과 같이 스칼라 서브 쿼리를 사용하는 SQL을 작성할 수 있다.

예시 1장_24_스칼라서브쿼리(1)
```
SELECT  dept_no, dept_name,
        (SELECT COUNT(*) FROM sqlstudy.enc_emp AS B
         WHERE B.dept_no = A.dept_no) AS dept_emp_cnt
FROM    sqlstudy.enc_dept AS A;
```

위에 사용한 스칼라 서브 쿼리는 간편하게 원하는 추가적인 컬럼을 출력에 포함할 수 있기 때문에 실무에서도 상당히 많이 사용된다. 하지만 출력할 행이 많아지면 스칼라 서브 쿼리의 실행 횟수가 증가하고, 스칼라 서브 쿼리로 접근하는 테이블에서 복수의 컬럼을 가져와 출력에 포함해야 하는 경우 사용하기 곤란할 수 있다. 이러한 경우 다음과 같은 대안을 사용할 수 있다.

대안1 1장_24_스칼라서브쿼리(2)
```
SELECT  A.dept_no, A.dept_name, B.dept_emp_cnt
FROM    sqlstudy.enc_dept AS A LEFT OUTER JOIN
        (SELECT dept_no, COUNT(*) AS dept_emp_cnt
         FROM sqlstudy.enc_emp
         GROUP BY dept_no) AS B
        ON B.dept_no = A.dept_no;
```

```
대안2                                                   1장_24_스칼라서브쿼리(3)
ELECT   A.dept_no, A.dept_name, B.dept_emp_cnt
FROM    sqlstudy.enc_dept AS A LEFT OUTER JOIN
        LATERAL (SELECT COUNT(*) AS dept_emp_cnt
                 FROM sqlstudy.enc_emp AS B
                 WHERE B.dept_no = A.dept_no) AS B ON TRUE;
```

위에서 대안1은 인라인 뷰라는 FROM절에 사용하는 서브 쿼리 방식을 사용한 것이다. 대안2는 FROM 절에 사용하는 서브 쿼리 형태 중 추출 테이블 표현식 또는 LATERAL 서브 쿼리 방식을 사용한 것이다. 대안1과 대안2에 사용된 서브 쿼리 형태에 대해서는 뒤에서 다시 설명할 것이다.

스칼라 서브 쿼리로 접근하는 집합에서 하나 이상의 컬럼을 가져와 출력에 포함할 필요가 있는 경우 필요한 컬럼마다 스칼라 서브 쿼리를 사용하여 원하는 결과를 만들어 낼 수도 있을 것이다. 하지만 스칼라 서브 쿼리의 대상 테이블이 동일하고 입력값도 동일한 경우-예를 들어, 동일한 사원번호를 입력값으로 하여 스칼라 서브 쿼리가 사원명과 사원의 거주지역을 가져와야 하는 경우 각각을 스칼라 서브 쿼리로 사용한다면- 복수의 컬럼값을 반환하기 위해 서브 쿼리는 동일한 테이블의 동일한 데이터를 여러 차례 반복해서 읽어야 하는 비효율이 나타날 수 있다. 이런 경우 대안1이나 대안2와 같이 FROM절에 사용 가능한 형태를 적용하면 훨씬 더 효과적인 처리가 가능해 질 수 있다.

1.4.7 WITH 서브 쿼리(공통 테이블 표현식)

WITH는 대량의 데이터를 조회할 때 유용하게 사용할 수 있는 보조 수단을 제공한다. WITH는 메인 쿼리로 불리는 실제 데이터를 출력하거나 처리하는 구문 앞에 서브 쿼리와 함께 사용되어 인라인 뷰처럼 동적으로 생성되는 임시 테이블과 같이 생각하고 사용할 수 있다. 경우에 따라서는 실제로 메모리 상에 동적으로 임시 테이블을 생성하여 반복적인 재사용에 대응하기도 한다. 이러한 문장 형태를 공통 테이블 표현식 또는 CTE(COMMON TABLE EXPRESSION)라고 부르기도 한다. CTE는 임시로 이름이 부여된 결과 집합을 가리키는 용어이다. WITH 절 서브 쿼리를 사용하는 SQL 문장의 형태는 다음과 같다.

```
WITH 서브 쿼리명 AS (              ─ 서브 쿼리명 부분을 CTE명으로 표현하기도 함
SELECT … FROM … WHERE …           ─ 서브 쿼리 (CTE 쿼리로 부르기도 함)
)
SELECT … FROM 서브 쿼리명 WHERE … ;   ─ 메인 쿼리(CTE 실행 쿼리)
```

WITH 절 서브 쿼리 문장은 반드시 WITH 키워드로 시작하고, WITH 다음에는 WITH 절에 첨부할 서브 쿼리의 이름을 명시한다. 그리고 서브 쿼리 이름 다음에 반드시 키워드 AS를 명시해야 한다. 서브 쿼리는 AS 다음에 괄호를 둘러 싸서 작성하며, 서브 쿼리 괄호 다음에 서브 쿼리에 부여한 이름을 참조하여 WITH 절 서브 쿼리의 결과를 임시 테이블처럼 활용할 수 있는 SQL 문장이 뒤따른다. WITH 절 서브 쿼리 문장에서는 서브 쿼리 괄호 다음에 뒤따르는 SQL 문장 부분을 '메인 쿼리'라고 부른다. WITH 절 서브 쿼리 문장을 사용하는 예시는 다음과 같다.

예시 1장_25_WITH서브쿼리(1)

```
WITH dept_sal AS (
SELECT   dept_no, MAX(sal) AS max_sal, MIN(sal) AS min_sal,
         SUM(sal) AS sum_sal, AVG(sal) AS avg_sal
FROM     enc_emp
GROUP    BY dept_no
)
SELECT * FROM dept_sal ;
```

WITH 절 서브 쿼리 문장은 WITH 절의 서브 쿼리 안의 SELECT 절에 컬럼 별명을 부여하여 메인 쿼리에서 WITH 절 서브 쿼리의 컬럼 별명을 사용할 수 있다. 또 다른 방법으로는 서브 쿼리의 SELECT 절 컬럼 목록에 직접 컬럼 별명을 명시하지 않고 WITH 키워드 다음의 서브 쿼리 이름 뒤에 괄호로 컬럼 별명을 나열하여 메인 쿼리에서 활용하도록 할 수도 있다. 이와 같이 사용하는 WITH 절 서브 쿼리 문장의 형태는 다음과 같다.

```
WITH 서브 쿼리명 (컬럼1, 컬럼2, …) AS (
SELECT … FROM … WHERE …
)
SELECT 컬럼1, 컬럼2, … FROM 서브 쿼리명 WHERE 컬럼1 = 조건값 ;
```

또한 WITH 절에는 복수의 서브 쿼리를 중첩되게 사용할 수 있으며, 먼저 사용된 서브 쿼리의 이름을 그 다음에 위치한 다른 서브 쿼리에서 참조할 수 있다. 그리고 메인 쿼리에서는 WITH 절에 사용된 복수의 서브 쿼리들의 이름을 마치 복수의 임시 테이블을 참조하는 것처럼 사용할 수 있다. 이에 대한 사용 형식은 다음과 같다.

```
WITH 서브 쿼리명1 AS (
    서브 쿼리1
), 서브 쿼리명2 AS (
    서브 쿼리2            — 서브 쿼리명1을 직접 참조할 수 있다.
SELECT … FROM 서브 쿼리명1
    WHERE 컬럼1 IN (SELECT 컬럼2 FROM 서브 쿼리명2 …) ;
```

WITH 절에 사용되는 서브 쿼리는 SELECT, INSERT, UPDATE 또는 DELETE 일 수 있으며, 이러한 WITH 절 서브 쿼리를 SELECT, INSERT, UPDATE 또는 DELETE 문장의 앞에 첨부하여 사용할 수 있다.

1) WITH절의 SELECT 서브 쿼리

이 형태는 WITH 절 서브 쿼리 내에 SELECT 문장을 사용하는 형태로, 가장 일반적으로 많이 사용되는 WITH 절 서브 쿼리의 유형이다. 이러한 WITH 절 서브 쿼리의 주된 사용 목적은 복잡한 추출 과정을 분할하여 단계적으로 처리하면서 전체 데이터 추출 과정을 단순화시키는 것이다.

예를 들어, 각 지역별로 상품을 판매한 내역을 관리하고 있는 enc_ord2 테이블에 대해서, 지역별 판매금액의 합이 전체 판매금액 합의 30%를 넘는 지역에 대해 그 지역과 해당 지역의 상품별 판매량의 합, 판매금액의 합을 출력하고자 하는 경우를 생각해 보자.

먼저 지역별 판매금액의 합과 이 합산 금액이 전체 판매금액 합의 30%를 넘는 지역을 알아야 한다. 그래서 지역별 판매금액의 합을 구하는 서브 쿼리를 먼저 작성하고, 이 결과가 임시 테이블처럼 동적으로 생성되었다는 가정 하에 이 지역별 판매금액에서 전체 판매금액의 30%에 해당하는 금액을 산출하여 이 산출한 금액과 지역별 판매금액 합산 결과를 비교하여 해당 하는 지역을 추출하는 서브 쿼리를 작성할 수 있다. 이제 해당 지역까지 구했기 때문에 지역별 판매 테이블(enc_ord2)에서 해당 지역에서 발생한 판매 데이터들만을 대상으로 지역별 상품별로 판매량과 판매금액을 집계하면 된다. 이를 위한 지역별 판매 테이블(enc_ord2)과 해당 SQL을 제시하면 다음과 같다.

Table : enc_ord2

ord_no	ord_date	region	product	quantity	amount
101	2018-01-03	서울	P1	30	1000
110	2018-02-14	서울	P2	42	1500
140	2018-03-26	대전	C2	10	500
130	2018-03-05	서울	D1	3	600
153	2018-04-23	대전	B2	6	5500
187	2018-08-17	부산	B2	8	3500
166	2018-06-12	부산	A1	9	450
192	2018-10-25	서울	P1	5	600

예시 — 1장_25_WITH서브쿼리(2)

```
    WITH region_sale AS (
SELECT region, SUM(amount) AS total_amt      ─ 지역별 판매금액의 합
    FROM  enc_ord2
    GROUP BY region
), top_region AS (
    SELECT region
    FROM  region_sale
    WHERE total_amt > (SELECT SUM(total_amt)*0.3 FROM region_sale)   ─ 전체 판매금액 합의 30%를 넘는
)                                                                      지역 추출
SELECT region, product,
       SUM(quantity) AS sale_count,
       SUM(amount) AS sale_amt
FROM  enc_ord2
WHERE region IN (SELECT region FROM top_region)   ─ 해당 지역에서의 판매 내역 집계 출력
GROUP BY region, product
ORDER BY region, product;
```

결과

region	product	quantity	amount
대전	B2	6	5500
대전	C2	10	500

이것은 특정 기준에 해당하는 매출 상위 지역에 대해서만 제품별 매출 총계를 표시한다. WITH 절은 region_sale 및 top_region 이라는 2개의 서브 쿼리를 갖고 있다. 여기서 region_sale 서브 쿼리의 결과는 top_region 에서 입력값으로 사용되고 top_region의 결과는 메인 쿼리의 SELECT 문장에서 사용된다. 물론 이 예제는 WITH 없이 작성할 수도 있지만 중첩된 서브 쿼리의 두 가지 레벨을 사용하여 산출 과정을 구분하고 활용했다. 이와 같은 방법은 복잡한 추출 과정을 간단한 단계로 나누어 서브 쿼리로 표현하기 때문에 이해가 쉽고 그만큼 사용하기 편리하다는 장점이 있다.

WITH 절 서브 쿼리 문장의 유용한 점은 SQL 문장 내에서 WITH 절 서브 쿼리의 결과를 한 번 이상 참조하더라도 해당 서브 쿼리는 한 번만 실행된다는 것이다. 따라서 여러 위치에서 반복적으로 사용되는 복잡한 쿼리나 많은 양의 데이터에 대한 계산을 WITH 절 서브 쿼리 내에 배치하면 반복된 처리를 피할 수 있다. 이와 유사하게 실행 시 부담이 있는 함수를 WITH 절 서브 쿼리 내에 배치했을 때 이 함수가 여러 번 실행되는 것을 피할 수 있다. 주의할 점은 WITH 절 서브 쿼리는 작성된 그대로 처리하여 생성된 집합을 다른 서브 쿼리나 메인 쿼리에서 사용하는 것이기 때문에 일반적인 서브 쿼리가 상황에 따라 실제 끝까지 실행하지 않고 중간에 멈출 수 있는 상황에서 WITH 절 서브 쿼리는 끝까지 모두 실행될 수 있다. 때문에 경우에 따라 불필요한 처리가 더 많이 발생할 수도 있어 주의가 필요하다.

앞의 예제는 SELECT 문장에서 사용되는 WITH 절의 경우이지만, 동일한 방식으로 INSERT, UPDATE 또는 DELETE 에 사용될 수도 있다. 어떠한 경우이든 메인 쿼리에서 WITH 절 서브 쿼리의 결과를 임시 테이블처럼 활용할 수 있다.

2) WITH절 서브 쿼리에서의 DML 사용

WITH 절 서브 쿼리에서 INSERT, UPDATE, DELETE 등의 DML 문장을 사용할 수 있다. 이렇게 하면 하나의 SQL 문장 안에서 몇 가지 서로 다른 작업을 수행할 수 있다. 예를 들면 다음과 같다.

예시	1장_25_WITH서브쿼리(3)

```
WITH del_rows AS (
  DELETE FROM enc_order
  WHERE ord_date >= '2018-06-01' AND ord_date < '2018-07-01'
  RETURNING *
)
INSERT INTO enc_order_log
SELECT * FROM del_rows ;
```

이 쿼리는 주문(enc_order) 테이블에서 enc_order_log 테이블로 행을 효율적으로 옮길 수 있다. WITH 절 서브 쿼리 내의 DELETE는 enc_order 테이블에서 지정된 행을 삭제하면서 RETURNING 절을 통해 삭제한 콘텐츠를 반환한다. 그 다음 메인 쿼리는 WITH 절 서브 쿼리의 출력을 읽고 enc_order_log 테이블에 삽입한다.

위 예시에서의 핵심은 메인 쿼리의 INSERT 문장에 WITH 절을 첨부할 수 있다는 것이다. DML 문장이 WITH 절 서브 쿼리에서 사용되는 경우 위 예시와 같이 RETURNING 절을 사용하여 메인 쿼리의 SELECT 절에서 WITH 절의 처리 결과 출력을 마치 임시 테이블처럼 참조할 수 있다. WITH 절의 DML 문장에 RETURNING 절을 추가하지 않으면 해당 SQL의 다른 부분에서 WITH 절의 DML 문장이 처리된 결과를 참조할 수 없다. 하지만 그럼에도 해당 DML 문장은 실행된다. 아래 예시는 그다지 바람직한 예시는 아니지만 RETURNING 절이 없는 WITH 절 DML 문장의 사용 사례를 볼 수 있다.

예시 1장_25_WITH서브쿼리(4)

```
WITH tab AS (
DELETE FROM sqlstudy.enc_ord2
)
DELETE FROM sqlstudy.enc_ord2_log;
```

이 예시는 테이블 table1 및 table2로부터 모든 행을 삭제하는 처리가 한 번의 SQL 실행으로 이루어지지만, 삭제 결과를 알려 주는 것은 table2 만이며, 이에 따라 table2 만 삭제 처리가 이루어진 것처럼 착각하게 만든다.

WITH 절 서브 쿼리는 메인 쿼리와 동시에 실행된다. 그래서 서브 쿼리와 메인 쿼리에서 동일한 테이블을 참조하면 이들은 동일한 시점의 데이터를 사용하게 된다. 때문에 WITH 절 서브 쿼리에 DML 문장이 사용되면 그와 동일한 테이블을 메인 쿼리에서 참조할 때 메인 쿼리에서 참조하는 테이블이 WITH 절 서브 쿼리에 있는 DML 처리가 이루어진 결과를 사용할 수 있다는 보장은 할 수 없다. 즉, DML 문장을 갖고 있는 WITH 절 서브 쿼리와 메인 쿼리에서 동일 테이블을 참조할 때 서브 쿼리 안에 명시한 DML 문장이 실제로 먼저 실행될지를 예측할 수 없다는 것이다. 이에 대한 예시는 다음과 같다.

> **예시**　　　　　　　　　　　　　　　　　　　　　1장_25_WITH서브쿼리(5)
>
> ```
> WITH sub1 AS (
> UPDATE enc_prod SET price = price * 1.2
> RETURNING *
>  )
> SELECT * FROM enc_prod;
> ```

위의 WITH 절 문장은 서브 쿼리 내의 DML 문장과 메인 쿼리에서 동일한 enc_prod 테이블을 참조하고 있다. 이 문장을 작성한 사람은 서브 쿼리 내의 DML 문장이 먼저 처리되고, 그 결과를 RETURNING 절에 의해 출력하도록 했다. 때문에 메인 쿼리에서 동일한 타겟 테이블인 enc_prod 테이블을 참조해도 서브 쿼리 안에 명시한 DML 처리가 수행된 결과를 볼 수 있을 것이라고 기대할 수도 있을 것이다. 하지만 아쉽게도 실제로는 앞서 설명한 바와 같이 서브 쿼리와 메인 쿼리가 동시에 실행되면서 동일 시점의 데이터를 사용하기 때문에 메인 쿼리의 실행 결과는 DML 처리가 이루어지기 전의 원래 값을 보여 준다.

WITH 절의 서브 쿼리에 DML 문장이 사용될 때 RETURNING 절을 추가해야만 그 출력 데이터를 다른 WITH 서브 쿼리나 메인 쿼리에 변경 내용으로 전달할 수 있다. 이때 RETURNING 절이 추가된 DML 문장을 포함하고 있는 서브 쿼리의 이름을 참조해야만 RETURNING 절에 의한 출력 데이터를 임시 테이블처럼 활용할 수 있다. 이에 대한 예시는 다음과 같다.

> **예시**　　　　　　　　　　　　　　　　　　　　　1장_25_WITH서브쿼리(6)
>
> ```
> WITH sub2 AS (
> UPDATE enc_prod SET price = price * 1.2
> RETURNING *
>  )
> SELECT * FROM sub2;
> ```

위의 예시에서는 메인 쿼리가 서브 쿼리의 이름을 참조하기 때문에 RETUNING 절에 의한 출력 데이터를 활용할 수 있으며, 이에 따라 메인 쿼리의 실행 결과는 갱신 결과가 반영된 데이터를 반환한다.

하나의 WITH 절 문장에서 동일한 행에 대해 두 번의 UPDATE 문장을 처리하는 것은 허용되지 않는다. 두 개의 UPDATE 문장이 포함되어 있을 때 그 중 하나만 실행이 가능하지만 그것이 어떤 것일지는 예측할 수 없다. 이것은 하나의 WITH 절 문장 내에서 이미 UPDATE 처리가 실행된 행을 삭제하려 할 때도 마찬가지로, 이미 처리된 UPDATE 문장의 결과만 허용된다. 따라서 하나의 WITH 절 문장 내에서 하나의 행에 대해 두 번의 UPDATE 문장을 처리하려는 시도는 하지 않는 것이 좋다. 특히 메인 쿼리나 다른 서브 쿼리에 의해 변경된 동일한 행에 영향을 미칠 수 있는 WITH 절 서브 쿼리를 작성하는 것은 피하는 것이 좋다.

1.4.8 인라인 뷰(INLINE VIEW)와 추출 테이블(DERIVED TABLE)

앞에서 몇 차례 언급했지만 FROM 절에 사용되는 서브 쿼리는 특별히 인라인 뷰(IN-LINE VIEW)라고 부르기도 한다. 일반적으로 뷰(VIEW)라고 부르는 데이터베이스 개체는 하나의 테이블이나 여러 개의 테이블을 조인해서 원하는 데이터를 추출하는 SELECT 문장에 대해 이름을 부여하여 다른 사용자와 공유할 수 있도록 한 것이다. 이들은 추출한 결과 데이터를 별도로 보관하지 않고, 뷰가 사용되는 시점에 그 뷰 이름으로 지명된 SELECT 문장이 해당 뷰를 참조하는 SQL문장과 병합되어 그 뷰에서 참조하는 테이블이나 테이블들에 접근하는 방법과 집합의 연결 방법 등이 결정되고, 그에 따라 실제 해당 테이블에 대한 데이터 접근과 추출이 수행된다. 즉, 실행 시점에 동적으로 생성된 임시 테이블처럼 생각하고 데이터 집합을 사용할 수 있게 된다. 물론 '뷰'라는 이름이 붙여진 데이터베이스 개체 중에는 실제로 그 뷰 이름으로 정의된 SELECT 문장을 뷰 생성 시점에 실행해서 해당 테이블로부터 추출한 데이터를 별도로 보관하고 있는 것도 있다. 이것을 실체화 뷰(MATERIALIZED VIEW)라고 부른다. 실체화 뷰에 분리하여 보관하고 있는 데이터에 대해서는 원본 테이블에 발생한 변경을 DBMS가 자동적으로 실체화 뷰에 반영하는 처리를 내부적으로 수행한다. 실체화 뷰는 대량 데이터에 대한 집계나 조인 과정을 빈번하게 반복 실행하는 것을 우회하여 대량 데이터에 대한 처리 성능을 향상시키기 위한 목적으로 주로 데이터 웨어하우스(DATA WAREHOUSE)와 같은 환경에서 사용된다. 대다수의 DBMS가 지원하고 있지만 이를 적용하기 위해서는 그만큼 높은 자원 부하를 감당해야 하기 때문에 일반적으로 대량의 동시 접속 사용자와 동시 트랜잭션 처리가 중요한 업무 시스템에 사용하기는 적합하지 않다. 이처럼 실체화 뷰는 특정한 목적과 환경에서 사용되기 때문에 이 책에서 다루고자 하는 주제를 벗어나므로 지금까지 설명한 개념 정도만 이해해도 충분할 것이다.

그렇다면 뷰 앞에 '인라인(IN-LINE)'이라는 이름이 붙은 이유를 생각해 보자. 뷰처럼 생각할 수 있는 하나의 온전한 SELECT 문장이 SQL 문장 내에 포함되어 해당 SQL 수행 시 일반적인 뷰와 같이 동작할 수 있기 때문일 것이다. 즉, 뷰 생성 시 사용하는 것과 같은 SELECT 문장을 다른 SQL 문장 안에 직접 기술하여 내포하고 있기 때문에 '인라인'이라는 이름이 붙여졌을 것이다. 한마디로 FROM절에 기술하여 동적으로 생성된 테이블처럼 생각하고 사용할 수 있는 유형의 서브 쿼리에 대한 별칭이다. 일반적인 뷰와의 차이는 인라인 뷰가 별도의 데이터베이스 개체로 관리되는 것이 아니라 다른 사용자와 공유할 수 없다는 점이다.

인라인 뷰는 주로 하나의 테이블 혹은 여러 테이블의 조인 문장으로 구성되며, 때로는 앞에서 설명했던 VALUES 목록을 사용할 수도 있다.

일반적으로 인라인 뷰는 아래와 같이 다른 집합과의 연결 관계없이 독자적인 데이터 집합 형성이 가능하도록 괄호가 설정된다. 인라인 뷰를 구분하기 위해 사용된 괄호는 사람이 인지하기 쉽도록 하는 편의를 위한 것이지 DBMS에게 반드시 괄호 안의 내용을 분리하여 별도로 처리하라는 의미가 아님을 명심해야 한다. DBMS는 인라인 뷰를 포함한 전체 SQL 문장의 처리가 효율적으로 가장 빠르게 실행되도록 하는 것을 우선시 한다. 때문에 이 목적을 위해서 DBMS는 뷰 병합(VIEW MERGING) 기법을 적용하여 인라인 뷰의 괄호를 풀고 SQL의 다른 부분과 함께 쿼리를 재구성하여 실행할 수도 있고, 인라인 뷰를 별도로 실행하여 그 결과를 쿼리의 다른 부분에서 활용하게 할 수도 있다.

예시	1장_26_인라인 뷰(INLINE VIEW)와 추출 테이블(DERIVED TABLE)(1)
SELECT	T2.ord_no, T2.cust_id, T2.ord_emp_no, T1.emp_name, T1.age, T1.area, T2.ord_dt, T2.prod_id, T2.quantity, T2.amount
FROM	(SELECT emp_no, emp_name, age, area FROM sqlstudy.enc_emp WHERE sal >= 20000) AS T1 JOIN sqlstudy.enc_order AS T2 ON T1.emp_no = T2.ord_emp_no
WHERE	T2.ord_dt >= '2009-01-15'::date
AND	T2.ord_dt <= '2009-01-15'::date + 7 ;

FROM 절에 사용되는 서브 쿼리 중 인라인 뷰와 유사하지만 다른 테이블과의 연관 관계를 갖고 있어 마치 상관 서브 쿼리(CORRELATED SUB-QUERY)와 유사한 형태로 사용되는 경우가 있다. 이것을 LATERAL 서브 쿼리라고 부르며, LATERAL 서브 쿼리와 조인하는 경우를 LATERAL 조인이라고 부르기도 한다. LATERAL 서브 쿼리의 특징은 다음과 같다.

- FROM 절에 사용된다.
- 상관 서브 쿼리(CORRELATED SUB-QUERY)처럼 다른 테이블과의 연관 관계를 갖고 있다.
- 서브 쿼리 앞에 LATERAL 이라는 키워드가 사용된다.

LATERAL 서브 쿼리는 인라인 뷰처럼 FROM절에 사용되면서 다른 테이블과의 연관 관계 형태를 갖고 있다. 이는 마치 연관된 임시 집합을 생성하여 조인하는 것과 같은 형태로 생각할 수 있다. 이것은 표준SQL인 SQL:1999 버전에서 "LATERAL 추출 테이블(DERIVED TABLE)"로 소개되었으며, SQL 실행 시점에 일시적으로 연관된 임시 집합을 생성하는 것과 유사한 형태를 고려하면 이것을 추출 뷰(DERIVED VIEW) 로 불러도 좋을 것 같다.

아래와 같은 주문1(enc_ord1) 테이블이 있다고 가정하고, 사용자 별로 첫 번째 주문 일시와 두 번째 주문 일시를 출력해 보자.

테이블 : 주문1(enc_ord1)

id	user_id	created_at
1	1	2017-06-20 04:35:03.582895
2	2	2017-06-20 04:35:07.564973
3	3	2017-06-20 04:35:10.986712
4	1	2017-06-20 04:58:10.137503
5	3	2017-06-20 04:58:17.905277
6	3	2017-06-20 04:58:25.289122

예시	1장_26_인라인 뷰(INLINE VIEW)와 추출 테이블(DERIVED TABLE)(2)

```
SELECT   user_id, first_order_time, next_order_time, id
FROM     (SELECT user_id, MIN(created_at) AS first_order_time
          FROM enc_ord1  GROUP BY user_id) AS A
         LEFT JOIN
         LATERAL (SELECT  id, created_at AS next_order_time
                  FROM  enc_ord1
                  WHERE  user_id = A.user_id
                  AND   created_at > A.first_order_time
                  ORDER BY created_at ASC LIMIT 1) AS B  ON TRUE
ORDER BY next_order_time;
```

결과

user_id	first_order_time	next_order_time	id
1	2017-06-20 04:35:03.582895	2017-06-20 04:58:10.137503	4
3	2017-06-20 04:35:10.986712	2017-06-20 04:58:17.905277	5
2	2017-06-20 04:35:07.564973		

위의 SQL 문장에서 LATERAL 서브 쿼리 안에 A로 테이블 별명을 부여한 다른 인라인 뷰 집합의 컬럼(A.user_id, A.first_order_time)이 사용되고 있는 것을 볼 수 있다. 이에 따라 인라인 뷰 A가 먼저 실행되어 중간 집합이 생성되면 그 다음에 LATERAL 서브 쿼리 내에 있는 인라인 뷰 A의 컬럼에 그 결과값을 대입할 수 있게 된다. 이렇게 생성된 LATERAL 서브 쿼리 결과 집합을 LEFT OUTER JOIN을 사용하여 모든 사용자의 첫 번째, 두 번째 주문 일시를 출력하게 된다. LEFT OUTER JOIN을 하는 이유는 2번 사용자가 첫 번째 주문만 있고 두 번째 주문은 없는 상태이기 때문에 LATERAL 서브 쿼리의 결과가 빈값(NULL)이 되더라도 이를 포함한 전체 결과를 출력하기 위함이다. 여기서 다음과 같이 하면 첫 번째와 두 번째 주문이 모두 존재하는 사용자만을 대상으로 출력을 만들 수도 있다.

| 예시 | 1장_26_인라인 뷰(INLINE VIEW)와 추출 테이블(DERIVED TABLE)(3) |

```
SELECT   user_id,  first_order_time, next_order_time, id
FROM     (SELECT user_id, min(created_at) AS first_order_time
          FROM    enc_ord1  GROUP BY user_id) AS A
         INNER JOIN
         LATERAL (SELECT  id, created_at AS next_order_time
                  FROM  enc_ord1
                  WHERE  user_id = A.user_id
                  AND  created_at > A.first_order_time
                  ORDER BY created_at ASC LIMIT 1) AS B  ON TRUE
ORDER BY next_order_time;
```

| 결과 | | | |

user_id	first_order_time	next_order_time	id
1	2017-06-20 04:35:03.582895	2017-06-20 04:58:10.137503	4
3	2017-06-20 04:35:10.986712	2017-06-20 04:58:17.905277	5

1.5 집합 연산

두 개 이상의 테이블에 저장된 데이터를 읽어 서로 연결하는 방법으로 가장 많이 사용되는 것은 조인이다. 그러나 데이터를 연결하는 방법 중에는 조인을 사용하지 않고도 둘 이상의 집합을 합하거나 공통적으로 존재하는 행을 찾아내고, 또는 한 쪽에만 존재하는 행을 찾는 등의 처리를 할 수 있다. 이러한 방법을 집합 연산(SET OPERATION)이라 하고, 집합 연산을 하기 위해 사용되는 연산자를 집합 연산자(SET OPERATOR)라고 한다. 집합 연산자의 종류는 다음과 같다.

- **UNION [ALL]** : 여러 개의 SELECT 문장 실행 결과를 합하여 하나의 집합을 만든다. 즉, 복수의 개별 결과 집합으로부터 합집합을 생성한다. ALL 을 사용하지 않으면 개별 결과 집합을 먼저 합친 다음 모든 중복 행이 제거된 최종 결과 집합을 반환한다. ALL이 사용되면 중복 행 제거 작업 없이 단순하게 대상 집합을 합치기만 한다. 합집합 연산은 집합 연산 대상인 개별 결과 집합 중 빈값(NULL) 혹은 공집합(EMPTY SET)을 반환하는 경우 이를 무시하고 집합 연산을 처리한다.

- **INTERSECT [ALL]** : 복수의 개별 결과 집합으로부터 교집합을 생성한다. 즉, 각각의 개별 결과 집합에 공통으로 존재하는 행을 반환한다. ALL을 사용하지 않으면 중복 행이 제거된 교집합을 반환하고, ALL을 사용하면 중복 행 제거 없이 공통적으로 존재하는 모든 행을 반환한다. 집합 연산 대상인 개별 결과 집합 중 빈값(NULL) 혹은 공집합(EMPTY SET)을 반환하는 경우가 존재하면 최종 집합 연산 결과도 빈값(NULL) 혹은 공집합(EMPTY SET)을 반환한다.

- **EXCEPT [ALL]** : 먼저 사용된 데이터 집합에는 존재하지만 뒤에 사용된 데이터 집합에는 존재하지 않는 행을 반환한다. 즉, 개별 결과 집합 간의 차집합을 생성한다. ALL을 사용하지 않으면 중복 행이 제거된 차집합을 반환하고, ALL을 사용하면 중복 행 제거 없이 차집합을 반환한다. 차집합 연산은 먼저 사용된 집합이 빈값(NULL) 혹은 공집합(EMPTY SET)이 되는 경우 최종 결과도 빈값(NULL) 혹은 공집합(EMPTY SET)이 되지만, 먼저 사용된 집합이 빈값(NULL) 혹은 공집합(EMPTY SET)이 아니라면 뒤에 사용된 집합이 빈값(NULL) 혹은 공집합(EMPTY SET)이 되어도 이를 무시하고 최종 결과를 반환한다.

DBMS에 따라 INTERSECT와 EXCEPT에 대해 ALL을 허용하지 않는 경우도 있다. 조인과 집합 연산과의 차이를 요약해 보면 다음과 같다.

- 조인은 집합 간의 곱(PRODUCT)이기 때문에 1:1, 1:M, M:M 등 집합 간의 관계 유형에 따라 조인 결과가 달라진다. 그러나 집합 연산은 단순히 집합 간에 더하거나 빼는 등의 처리로 이루어지기 때문에 집합 연산으로 인한 집합 레벨의 변화는 일어나지 않는다.

- 조인은 연결 대상 집합 간에 컬럼 수가 다를 수 있고, 따라서 컬럼 나열 순서나 그에 따른 호환 가능한 데이터 형식을 가져야 한다는 등의 제약이 없다. 그러나 집합 연산은 대상 집합 간에 컬럼 수가 동일해야 하고, 같은 위치에 있는 컬럼들은 호환 가능하거나 동일한 데이터 형식을 가져야 한다.

집합 연산의 대상이 되는 각 개별 쿼리는 일반적인 SELECT 문장이며, 집합 연산자를 사용하여 둘 이상의 쿼리 문장을 연결할 수 있다. 사용 형식은 다음과 같다.

SELECT … -- 쿼리1
UNION [ALL] -- 집합 연산자
SELECT … -- 쿼리2
UNION [ALL] -- 집합 연산자
SELECT … -- 쿼리3
처리 순서

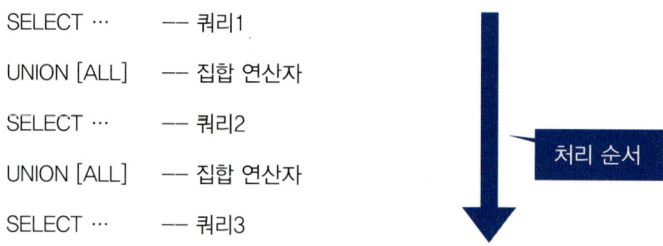

[그림 1-16] 집합 연산자를 사용한 쿼리 연결 형식

각 개별 쿼리 결과 집합에 대한 집합 연산은 일반적으로 해싱(HASHING) 기법을 사용하여 처리하기 때문에 각 개별 쿼리 결과 집합에서의 행 출력 순서가 최종 결과 집합에서도 유지된다고 보장할 수 없다.

각 개별 쿼리는 SELECT 문장의 구성 요소 대부분을 허용하지만 ORDER BY는 각 개별 쿼리에 대해 사용할 수 없고 집합 연산 문장 마지막에만 사용할 수 있다. 다음은 이에 대한 예시이다.

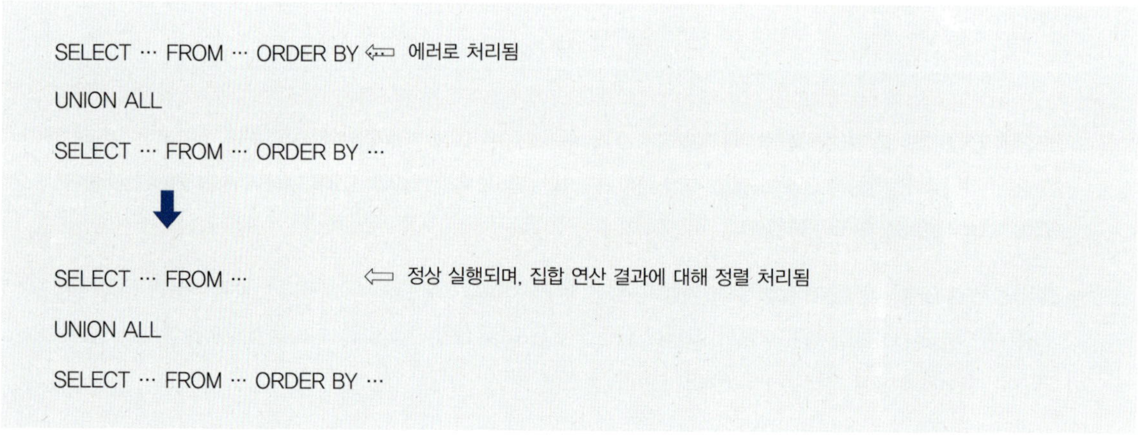

SELECT … FROM … ORDER BY ⇐ 에러로 처리됨
UNION ALL
SELECT … FROM … ORDER BY …
SELECT … FROM … ⇐ 정상 실행되며, 집합 연산 결과에 대해 정렬 처리됨
UNION ALL
SELECT … FROM … ORDER BY …

[그림 1-17] 집합 연산에서 ORDER BY 절 사용 방법

위에서 보는 바와 같이 집합 연산 결과에 대해 정렬 처리를 하고자 하는 경우는 SQL 문장의 가장 마지막에 ORDER BY 절을 추가하면 된다. 위치상 가장 마지막에 위치한 개별 쿼리의 끝에 추가되었다고 해서 마지막 개별 쿼리에만 적용되는 것이 아니라는 점을 기억해야 한다.

이제 집합 연산에 대해 이해한 내용을 토대로 다음과 같은 상황을 해결하기 위한 SQL을 작성해 보자.

 월급여를 20,000 이상 받는 사원들과 400번 부서에 소속된 사원들을 모두 보여달라.

(해설) 월급여를 20,000 이상 받는 사원들을 출력하는 쿼리 문장과 400번 부서에 소속된 사원들을 출력하는 쿼리 문장을 작성하여 '모두 보여달라'고 했으므로 합집합을 산출하는 집합 연산자로 연결한다. 이러한 내용을 SQL로 작성하면 다음과 같다.

```
Script                                              1장_27_집합연산(1)
SELECT * FROM enc_emp WHERE sal >= 20000
UNION [ALL]
SELECT * FROM enc_emp WHERE dept_no = 400;
```

위 문장은 UNION과 UNION ALL을 사용한 결과가 다를 수 있다. UNION은 대상 집합 간에 동일 데이터가 있을 경우 중복을 배제하는 처리를 거쳐 유일 개체로서의 사원 목록을 출력한다. 하지만 UNION ALL을 사용하면 대상 집합 간에 동일한 데이터가 있어도 그것을 그대로 출력한다. 관건은 '모두 보여달라'는 문장의 의미를 어떻게 해석 했는가에 따라 달라질 것이다. 실제 상황에서도 중복을 허용한 출력을 원하는지 중복을 배제한 출력을 원하는지를 명확히 구분하지 않으면 혼란을 겪을 수 있다. 일반적으로 집합 연산을 처리할 대상 집합 간에 중복 데이터가 존재하지 않는다면 ALL을 추가하는 것이 중복 배제를 위한 추가적인 처리를 생략할 수 있어 더 효율적으로 실행된다.

합집합을 생성하는 것은 일반적인 SQL 문장에서 다수의 조건을 OR 연산자로 연결하여 해결할 수도 있으며, OR 연산자를 사용하면 OR로 연결한 조건절에 동일 데이터가 포함될 수 있을 경우 중복 데이터를 배제한 결과를 추출하므로 UNION을 사용한 것과 같은 결과를 얻을 수 있다.

 월급여를 20,000 이상 받으면서 400번 부서에 소속된 사원의 목록을 출력하라.

(해설) 월급여를 20,000 이상 받는 사원이라는 조건과 400번 부서에 소속된 사원이라는 조건을 동시에 만족해야 하므로 교집합을 구하는 문제이다. 각각의 조건은 동일 사원이 포함될 수 있으므로 요구 내용 속에 중복을 제거해야 한다는 의미가 포함되어 있다고 보면 중복을 배제한 교집합을 산출하는 INTERSECT 집합 연산자로 두 쿼리 집합을 연결한다. 이를 집합 연산자를 사용하는 문장으로 표현해 보면 다음과 같다.

```
Script                                          1장_27_집합연산(2)
SELECT * FROM enc_emp WHERE sal >= 20000
INTERSECT [ALL]
SELECT * FROM enc_emp WHERE dept_no = 400;
```

위 문장은 INTERSECT나 INTERSECT ALL을 사용한 결과가 동일한 결과를 얻는다. 그것은 사원 집합이 이미 사원번호로 개체를 유일하게 식별하고 있어 중복된 사원번호가 존재하지 않기 때문이다. 실제로도 집합 연산을 처리할 대상 집합에 중복 데이터가 존재하지 않는다면 ALL을 추가하는 것이 중복 배제를 위한 추가적인 처리를 생략할 수 있어 더 효율적으로 실행된다.

INTERSECT 집합 연산자는 EXISTS 서브 쿼리나 IN서브 쿼리를 사용한 문장으로도 동일한 결과를 얻을 수 있으며, 위의 상황은 사실상 두 개의 조건을 AND로 연결한 일반적인 SELECT 문장으로 해결할 수도 있다.

 1990-01-01 이후 출생한 여성 고객 중 2015-01-01 이후로 한 번도 우리 상품을 주문하지 않은 고객의 번호를 출력하라.

(해설) 여기서는 집합 연산자를 사용한 해결 방법에 대해 살펴 본다. 1990-01-01 이후 출생한 여성 고객의 고객번호 집합과 2015-01-01 이후 주문 건의 주문고객번호 집합과의 차집합을 구하면 된다. 이 개념을 도식화 해 보면 다음과 같다.

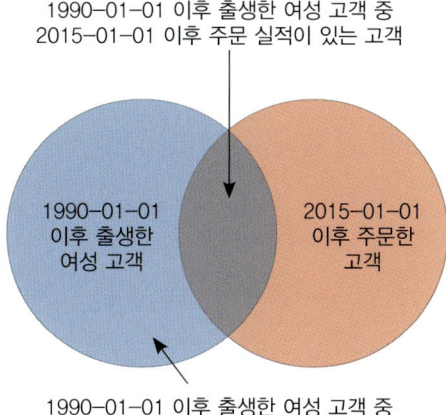

[그림 1-18] 집합 연산을 위한 집합별 성격 구분

이 개념을 집합 연산자를 사용한 SQL 문장으로 표현하면 다음과 같다.

```
Script                                              1장_27_집합연산(3)
SELECT cust_id FROM enc_customer
WHERE birth_date >= '1990-01-01' AND gender = '여'
EXCEPT [ALL]
SELECT cust_id FROM enc_order
WHERE ord_dt >= '2015-01-01' ;
```

여기서 중복을 배제한 차집합 결과를 얻고자 한다면 EXCEPT를 사용하고, 중복 배제 없이 차집합 결과를 얻고자 한다면 EXCEPT ALL을 사용하면 된다. 고객(enc_customer) 집합은 이미 중복된 고객번호를 갖고 있지 않으므로 EXCEPT ALL을 사용하면 중복을 제거하는 처리를 생략할 수 있기 때문에 조금 더 효율적이라 할 수 있다.

EXCEPT 연산은 NOT EXISTS 서브 쿼리나 NOT IN 서브 쿼리 문장을 사용하여 동일한 결과를 얻을 수 있다.

1.6 데이터의 계층적 질의

실제 세계에 존재하는 개체들 간에는 상하 관계 또는 부모-자식 관계로 설명할 수 있는 특별한 관계들이 있다. 예를 들어 회사에는 대표이사부터 시작해 그 하위에 본부장, 다시 그 하위에 그룹장 혹은 팀장, 그리고 팀원 등등 기업 또는 조직 내에서 그 구성원들 간에 관리를 위한 상하 계층 구성이 존재한다. 또 조직 구성에 있어서도 본부 부 - 과/팀 계/파트 등등 관리 목적의 조직 상하 계층 구성이 존재한다. 그 뿐만 아니라 흔히 사용하는 윈도우 운영체제의 파일 탐색기에서 나타나는 파일 관리 구조를 보더라도 최상위 폴더에서 시작하여 그 하위에 다수의 폴더와 파일, 다시 그 하위 폴더의 하위에 또 다수의 폴더와 파일 등등 윈도우 운영체제의 파일 시스템도 우리가 평상시 흔히 접하는 상하 관계 구조 혹은 부모-자식 관계 구조를 갖고 있는 사례라 할 수 있다. 이와 같이 실제 세계의 상하 관계 또는 부모-자식 관계는 데이터 구조에서도 그대로 표현이 가능하다.

우리는 이미 앞에서 예제 DB의 데이터 구조 설계를 하면서 사원 테이블에 사원번호와 해당 사원의 관리자 사원번호 속성으로 사원들 간에 존재하는 관리 계층 구조를 아래 그림과 같이 데이터 구조에 반영해 보았다. 또한 부서 조직에 대해서도 앞서 설명한 것처럼 관리 목적의 상하 계층 구성을 부서번호와 상위부서번호 속성으로 데이터 구조에 반영하였다. 이들은 데이터 모델 상에서 순환 관계(RECURSIVE RELATIONSHIP)로 표현되며, 이와 같이 설계된 테이블에 저장된 데이터는 당연히 계층적 구성에 대한 정보를 포함하고 있다.

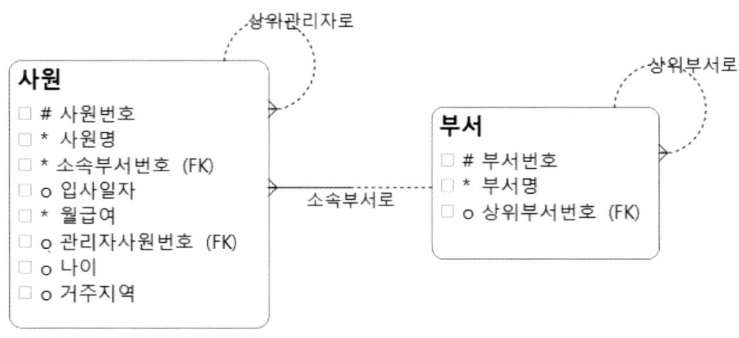

[그림 1-19] 데이터의 계층적 구성을 표현한 순환 관계 데이터 모델

위에 예시한 사원 테이블에 저장된 예제 데이터에 존재하는 사원번호 관리자 사원번호 관계를 그림으로 표현해 보면 아래와 같다.

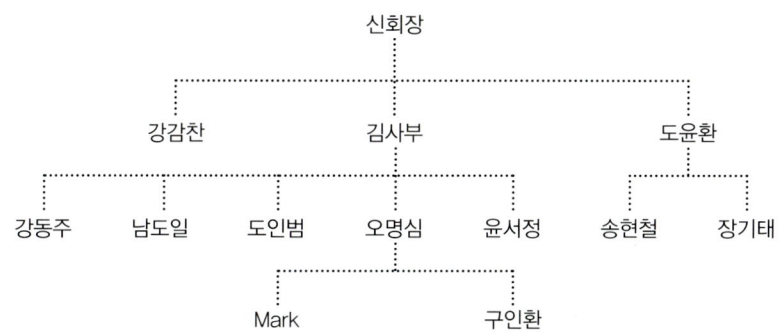

[그림 1-20] 사원 테이블의 예제 데이터에 존재하는 사원간 계층적 관계

위 관계가 반영된 데이터 구성을 보면 아래와 같다.

emp_id	emp_name	manager_id
110	신회장	
101	김사부	110
102	강동주	101
103	윤서정	101
104	남도일	101
105	오명심	101
111	Mark	105
112	구인환	105
107	도인범	101
109	도윤완	110
106	장기태	109
108	송현철	109
113	강감찬	110

[그림 1-21] 사원 간의 계층적 관계를 내포한 사원 테이블의 예제 데이터 내역

이와 같이 순환 관계를 갖고 있는 데이터 모델 설계를 통해 하나의 테이블에 계층적 관계가 포함된 데이터를 저장하고 있을 때 이 계층적 관계를 출력 데이터에 표현하고 싶은 경우가 있을 수 있다. 이와 같은 데이터에 존재하는 계층적 관계를 출력 데이터에 표현하는 쿼리 문장을 '계층적 질의' 또는 간단히 '재귀 쿼리' 라고 부르며, 영어 표현으로는 RECURSIVE QUERY로 표현한다.

계층적 질의를 위한 문장은 표준 SQL에 제시되어 있으며 대부분의 DBMS가 지원하고 있지만, DBMS에 따라서는 독자적인 재귀 쿼리 문장을 갖고 있는 경우도 있다. 예를 들면, 오라클은 START WITH ~ CONNECT BY ~ 라는 독자적인 재귀 쿼리 문장을 제공하여 데이터에 존재하는 계층 정보를 출력 데이터에 효과적으로 표현할 수 있도록 하고 있다. 또한 다른 많은 DBMS들은 표준 SQL인 WITH RECURSIVE 서브 쿼리 문장을 통해 계층적 질의를 처리할 수 있도록 하고 있다. 물론 오라클도 11.2 버전부터 표준 SQL을 이용한 계층적 질의를 지원하고 있다.

표준SQL의 재귀 쿼리 문장은 WITH RECURSIVE 키워드와 함께 CTE(Common Table Expression) 문장 표현을 사용하며, WITH RECURSIVE 절에 사용되는 서브 쿼리 즉, CTE 쿼리는 UNION ALL 집합 연산자를 사용하여 두 개의 쿼리를 결합하고 있다. 여기서 UNION ALL 위에 있는 쿼리를 '앵커 멤버(ANCHOR MEMBER)' 라고 하고, UNION ALL 아래에 있는 쿼리를 '재귀 멤버(RECURSIVE MEMBER)' 라고 부른다. 이러한 문장 형태를 표시해 보면 다음과 같다.

```
예시                                1장_28_데이터의계층적질의(1)
WITH RECURSIVE cte1(n) AS (
    VALUES (1)        ― 앵커 멤버
    UNION ALL
    SELECT n+1 FROM cte1 WHERE n < 100    ― 재귀 멤버
)
SELECT n FROM cte1 ;
```

이 문장은 1부터 시작하여 100까지의 연속된 숫자를 출력한다. 이 재귀 쿼리 문장이 실행되는 과정을 보면 다음과 같다.

① 먼저 앵커 멤버를 실행하여 시작값 1 또는 CTE 결과 집합의 첫 번째 n 컬럼값 1을 만든다. 이렇게 생성된 시작 값은 cte1 서브 쿼리 집합의 컬럼명 n으로 호출할 수 있다.

② 그 다음은 재귀 멤버를 실행하여 앵커 멤버가 생성한 cte1 집합을 호출하고 cte1 집합의 n 컬럼을 통해 시작값 1을 입력으로 사용하여 최초의 재귀 멤버 결과 집합 즉, CTE 결과 집합에 두 번째 n 컬럼값 2를 추가한다.

③ 재귀 멤버 쿼리는 다시 cte1 집합을 호출하여 마지막에 추가한 컬럼 n값인 2를 입력으로 하여 n+1 결과를 생성 하여 CTE 결과 집합에 추가한다.

④ 재귀 멤버 쿼리는 다시 cte1 집합을 호출하고 마지막에 추가한 컬럼 n의 값이 WHERE 절 조건(n < 100)을 충족 하는지 평가하여 이 조건을 충족하는 동안 CTE 결과 집합에 n+1 결과를 계속적으로 추가한다.

⑤ CTE 결과 집합에 마지막 n+1 결과로 100이 추가되면 그 다음의 재귀 멤버 실행에서 WHERE 절의 n < 100 조 건을 충족하지 않게 되어 빈값(NULL) 또는 공집합(EMPTY SET)이 반환된다. 이렇게 빈값이 반환되면 재귀 멤버 의 실행을 멈추고 CTE 결과 집합을 출력하여 메인 쿼리가 사용할 수 있게 된다.

이와 같이 WITH RECURSIVE를 사용하면 WITH 쿼리는 자신의 출력을 참조할 수 있다. 엄밀히 말하면 위의 처리 과정은 '재귀(RECURSION)' 보다는 '반복(ITERATION)' 이 더 어울릴 것이다. 하지만 RECURSIVE 라는 표현이 SQL 표준 위원회가 채택한 용어이기 때문에 현재는 거의 모두 RECURSIVE로 통용되고 있다.

재귀 쿼리를 이용하여 계층 또는 트리 구조 데이터를 출력하는 방법을 살펴 보자. 다음과 같은 부품 구성 관계 테이블이 있을 때 이 데이터에 존재하는 계층 구조를 출력하는 방법은 다음과 같다.

TABLE : PART_RELATION

부품번호 (part)	상위부품 (parent_part)
SP1	P0
SP2	P0
SP11	SP1
SP12	SP1
SP21	SP2
SP22	SP2
SP23	SP2
SP211	SP21
SP212	SP21

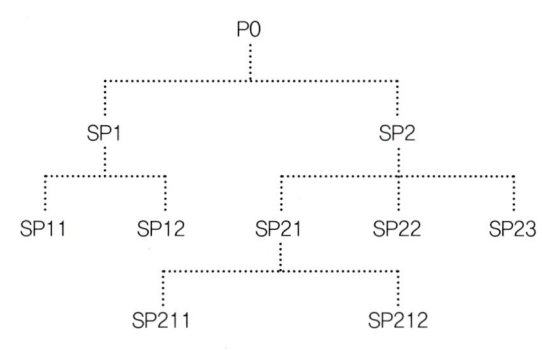

[그림 1-22] PART_RELATION 테이블의 계층적 부품 구성 관계

예시　　　　　　　　　　　　　　　　　　　　1장_28_데이터의계층적질의(2)

```
WITH RECURSIVE t1 (part, parent_part) AS (
SELECT part, parent_part FROM part_relation WHERE parent_part = 'P0'
UNION ALL
SELECT t0. part, t0.parent_part
FROM   part_relation AS t0,  t1
WHERE  t1. part = t0.parent_part
)
SELECT parent_part AS 부품, part AS 하위부품 FROM t1;
```

결과

	부품 text	하위부품 text
1	P0	SP1
2	P0	SP2
3	SP1	SP12
4	SP1	SP11
5	SP2	SP23
6	SP2	SP22
7	SP2	SP21
8	SP21	SP212
9	SP21	SP211

위 재귀 쿼리 문장의 출력 결과를 보면 한 가지 특징이 나타나는 것을 볼 수 있다. 그것은 트리 구조를 펼치는데 한 계층씩 옆으로 진행하면서 펼치고 있다는 점이다. 아래 그림을 보면서 확인해 보자.

	부품 text	하위부품 text
1	P0	SP1
2	P0	SP2
3	SP1	SP12
4	SP1	SP11
5	SP2	SP23
6	SP2	SP22
7	SP2	SP21
8	SP21	SP212
9	SP21	SP211

위 결과를 보면 먼저 부품 P0에 대한 하위 부품을 펼치고, 그 다음에 P0의 하위 부품인 SP1의 하위 부품, 그리고 오른쪽으로 이동해서 SP2의 하위 부품을 펼친다. 그리고 그 다음 계층으로 이동하여 SP21의 하위 부품을 펼쳐 전체 계층 구성을 완료한다. 이와 같이 재귀 쿼리가 계층별로 옆으로 이동해 가면서 계층 구성을 완성해 나가는 방식을 '너비 우선 탐색(BREADTH-FIRST SEARCH)'이라고 한다. 이렇게 생성된 계층 구조는 너비 우선 순서로 출력된다. 너비 우선 탐색은 루트 노드나 임의의 노드에서 시작하여 인접한 노드를 먼저 탐색해 가면서 그래프 전체를 탐색하는 방식을 일컫는 용어이며, 재귀 쿼리는 너비 우선 탐색 방식을 기본적으로 사용한다.

너비 우선 탐색 방식에 반해 계층 구조 혹은 트리 구조를 펼치는 또 다른 방법은 '깊이 우선 탐색(DEPTH-FIRST SEARCH)'이 있다. 깊이 우선 탐색은 루트 노드나 임의의 노드에서 시작하여 다음 분기(BRANCH)로 넘어가기 전에 해당 분기(BRANCH)를 끝까지 완벽하게 탐색하는 그래프 탐색 방법의 하나이다. 이러한 방식은 재귀 쿼리가 기본적으로 사용하는 방식이 아니기 때문에 깊이 우선 탐색 결과로 계층 구조를 펼치려면 계층 경로(PATH) 값을 만들어 이것을 ORDER BY 정렬 기준으로 사용하면 된다. 이와 같이 계층 경로 값으로 정렬하여 생성된 계층 구조는 깊이 우선 순서로 출력된다.

다음은 너비 우선 방식(BREADTH-FIRST SEARCH)과 깊이 우선 방식(DEPTH-FIRST SEARCH)의 차이를 표현한 것이다.

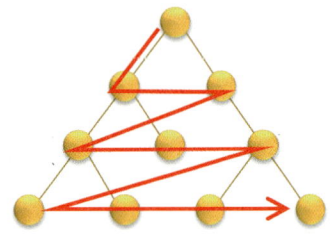
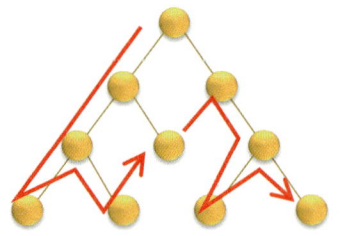

너비 우선 탐색(BREADTH-FIRST SEARCH)　　깊이 우선 탐색(DEPTH-FIRST SEARCH)

[그림 1-23] 너비 우선 탐색과 깊이 우선 탐색의 차이

앞에서 부품 구성 관계 테이블의 계층 구조를 너비 우선 탐색 방식으로 펼치는 재귀 쿼리의 예시를 설명했다. 위에서 설명한 깊이 우선 탐색 방식으로 부품 구성 관계 테이블의 계층 구조를 펼치는 재귀 쿼리 문장을 작성해 보면 다음과 같다.

예시　　　　　　　　　　　　　　　　　　　　　　　　　1장_28_데이터의계층적질의(3)

```
WITH RECURSIVE t1 (part, parent_part, hierarchy_path) AS (
SELECT part, parent_part, parent_part || ')' || part
FROM    part_relation
WHERE   parent_part = 'P0'
UNION ALL
SELECT t0.part, t0.parent_part, t1.hierarchy_path || ')' || t0.part
FROM    part_relation AS t0, t1
WHERE   t1.part = t0.parent_part
)
SELECT parent_part AS 부품, part AS 하위부품, hierarchy_path AS 계층구조
FROM    t1
ORDER BY hierarchy_path;
```

결과

	부품 text	하위부품 text	계층구조 text
1	P0	SP1	P0,SP1
2	SP1	SP11	P0,SP1,SP11
3	SP1	SP12	P0,SP1,SP12
4	P0	SP2	P0,SP2
5	SP2	SP21	P0,SP2,SP21
6	SP21	SP211	P0,SP2,SP21,SP211
7	SP21	SP212	P0,SP2,SP21,SP212
8	SP2	SP22	P0,SP2,SP22
9	SP2	SP23	P0,SP2,SP23

위 재귀 쿼리의 결과를 보면, SP1 분기(BRANCH)를 모두 펼친 후 SP2 분기(BRANCH)로 이동하여 SP21 분기(BRANCH)까지 모두 펼치고 나서 SP2 분기(BRANCH)의 나머지 하위 부품을 펼친 결과를 볼 수 있다. 이와 같은 결과를 만들기 위해 위의 재귀 쿼리에 ORDER BY 절이 사용되었다. 아울러 정렬 기준이 된 HIERARCHY_PATH 컬럼은 계층 구조에 따라 데이터를 연결할 때 부품-하위부품으로 구성되는 접근 경로(계층 구조) 값을 만든 것이며, 이것을 정렬 기준으로 삼았다.

이번에는 아래와 같이 부품 구성 관계에 더해서 임의의 부품 1개를 만드는데 들어가는 하위 부품의 수량이 추가된 PART_RELATION_QUANTITY 테이블을 생각해 보자.

TABLE : PART_RELATION_QUANTITY

부품번호(part)	상위부품(parent_part)	필요수량(qty)
SP1	P0	2
SP2	P0	3
SP11	SP1	1
SP12	SP1	4
SP21	SP2	5
SP22	SP2	3
SP23	SP2	2
SP211	SP21	3
SP212	SP21	5

[그림 1-24] PART_RELATION_QUANTITY 테이블의 데이터 구성 내역

이 테이블에 따르면 상위 부품 P0 한 개를 만드는데 SP1은 2개가 소요되고, SP2는 3개가 소요된다. 또한 SP1 한 개를 만들려면 SP11이 1개, SP12는 4개가 필요하다. 이와 같이 임의의 부품에 대해 해당하는 상위 부품 한 개를 만드는데 필요한 부품 수량이 필요 수량 컬럼이다. 여기서 P0 하나를 만들기 위해 SP211은 몇 개가 필요할까? P0부터 SP211까지 부품 관계를 추적해 보면 P0(1), SP2(3), SP21(5), SP211(3)가 된다. 다시 말해 P0 한 개를 만드는데 SP2는 3개가 필요하고, SP2 한 개를 만들려면 SP21은 5개가 필요하며, SP21 한 개를 만들기 위해서는 SP211이 3개가 필요하다는 것이다. 그러면 P0 한 개를 만들기 위해서 필요한 SP211의 개수는 1+3+5+3 이 아니고 1*3*5*3=45개가 된다. 계층 구조를 따라 각각의 필요 수량을 곱한 누적곱(FACTORIAL)의 결과가 최하위 부품의 총 필요 수량이 된다는 것이다. 이것을 깊이 우선 탐색 순서로 출력하는 재귀 쿼리로 표현해 보면 다음과 같다.

예시 　　　　　　　　　　　　　　　　　　　　　　　　1장_28_데이터의계층적질의(4)

```
WITH RECURSIVE t1 (part, parent_part, qty, total, hierarchy) AS (
SELECT part, parent_part, qty, qty, parent_part || '/' || part
FROM   part_relation_quantity
WHERE  parent_part = 'P0'
UNION ALL
SELECT t0.part, t0. parent_part, t0.qty, t0.qty * t1.total, t1.hierarchy || '/' || t0.part
FROM   part_relation_quantity AS t0, t1
WHERE  t1.part = t0. parent_part
)
SELECT part AS subpart, parent_part AS part, qty, total, hierarchy
FROM   t1
ORDER BY hierarchy;
```

결과

	subpart text	part text	qty integer	total integer	hierarchy text
1	SP1	P0	2	2	P0/SP1
2	SP11	SP1	1	2	P0/SP1/SP11
3	SP12	SP1	4	8	P0/SP1/SP12
4	SP2	P0	3	3	P0/SP2
5	SP21	SP2	5	15	P0/SP2/SP21
6	SP211	SP21	3	45	P0/SP2/SP21/SP211
7	SP212	SP21	5	75	P0/SP2/SP21/SP212
8	SP22	SP2	3	9	P0/SP2/SP22
9	SP23	SP2	2	6	P0/SP2/SP23

위 재귀 쿼리의 결과로 산출된 부품 소요량을 계층 구조와 함께 표시해 보면 다음과 같다.

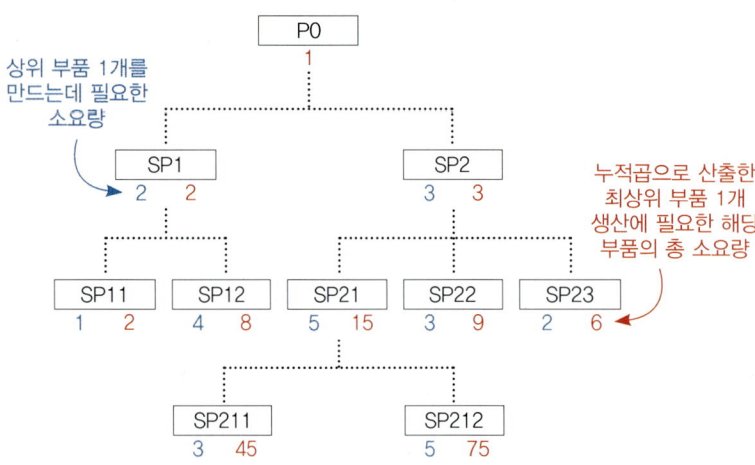

[그림 1-25] 재귀 쿼리 결과로 산출된 계층별 부품 소요량

각 부품 노드에서 앞에 표시한 숫자는 상위 부품 한 개를 만드는데 필요한 수량이다. 뒤에 표시한 숫자는 최상위 부품인 P0 한 개를 만드는데 필요한 해당 하위 부품의 총 소요 수량 즉, 누적곱의 결과값이다. 예를 들어, SP21 부품은 P0 하나를 만들기 위해 15개가 필요하고, SP212 부품은 P0 한 개를 만드는데 75개가 필요하다는 것이다. 이와 같이 재귀 쿼리를 이용하여 데이터에 표현된 계층 구조에 따른 누적곱을 산출하는 방법은 제조업체와 같은 업종에서 BOM(BILL OF MATERIAL) 이라고 부르는 자재 소요량 계획을 만드는데 매우 요긴하게 사용된다.

재귀 쿼리를 사용하기 위해 계층 구조 데이터를 저장할 때 상위 개체에 자기 자신을 기입하는 것은 피해야 한다. 예를 들어, 위에서 예시로 사용한 부품 관계는 최상위 부품의 경우 그 상위 부품이 없기 때문에 상위 부품 컬럼이 빈값(NULL)이 될 수 밖에 없다. 그러나 여기에 빈값(NULL)을 갖고 있지 않게 하겠다고 최상위 부품의 부품 번호를 상위 부품 번호에 한 번 더 기입하게 되면 어떻게 될까? 자신의 상위 개체로 다시 자기 자신을 지정하게 되는 것이기 때문에 최상위 노드부터 하위 노드로 계층 구조를 펼칠 때 최상위 노드는 하위 노드를 검색하면 자기 자신이 다시 검색되어 논리적으로 무한 루프를 돌게 될 수 있다. 이런 경우 DBMS에 따라 재귀 쿼리가 무한 루프를 돌지 않도록 에러로 처리하는 경우도 있고, 실제로 무한 루프를 도는 경우도 있다. PostgreSQL은 이런 상황에서 실제로 무한 루프를 돌기 때문에 주의해야 한다.

이번에는 재귀 쿼리를 이용하여 깊이 우선 순서로 계층 구조를 출력할 때 출력 데이터의 계층 관계를 쉽게 알아 볼 수 있도록 시각화하는 방법에 대해 알아 보자.

다음과 같이 사원 목록이 저장된 enc_empl 테이블이 있을 때 사원 간의 계층 구조는 아래 그림과 같다.

테이블 : enc_empl

emp_id	emp_name	manager_id
101	김사부	110
102	강동주	101
103	윤서정	101
104	남도일	101
105	오명심	101
106	장기태	109
107	도인범	101
108	송현철	109
109	도윤완	110
110	신회장	
111	Mark	105
112	구인환	105
113	강감찬	110

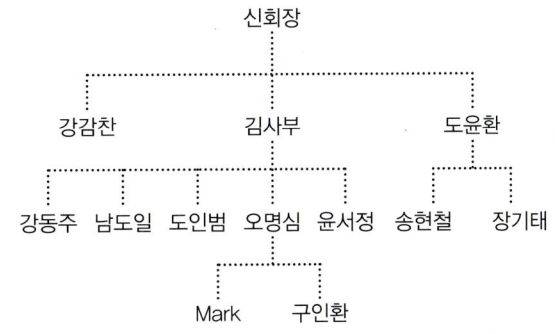

[그림 1-26] enc_empl 테이블 데이터 내역 및 데이터 간 계층적 구성

위 그림과 같이 사원 목록의 계층 구성을 펼쳐서 깊이 우선 순서로 출력하는 SQL은 다음과 같다.

예시 — 1장_28_데이터의계층적질의(5)

```sql
1  WITH RECURSIVE tl (hierarchy,emp_id,manager_id,emp_name,LEVEL) AS (
2    SELECT ARRAY[e.emp_id] AS hierarchy
3         ,e.emp_id
4         ,e.manager_id
5         ,e.emp_name
6         ,1 AS LEVEL
7    FROM enc_empl e
8    WHERE  e.manager_id IS NULL
9    UNION ALL
10   SELECT tl.hierarchy || e.emp_id
11        ,e.emp_id
12        ,e.manager_id
13        ,e.emp_name
14        ,tl.LEVEL + 1 AS LEVEL
15   FROM  enc_empl e JOIN tl ON e.manager_id = tl.emp_id
16  )
17  SELECT emp_id
18       ,manager_id
19       ,emp_name
20       ,LEVEL
21       ,LPAD(emp_name, LENGTH(emp_name)+((LEVEL-1)*5)) AS "Name Tree"
22  FROM  tl
23  ORDER  BY hierarchy;
```

결과

	emp_id integer	manager_id integer	emp_name text	level integer	Name Tree text	hierarchy integer[]
1	110	[null]	신회장	1	신회장	{110}
2	101	110	김사부	2	김사부	{110,101}
3	102	101	강동주	3	강동주	{110,101,102}
4	103	101	윤서정	3	윤서정	{110,101,103}
5	104	101	남도일	3	남도일	{110,101,104}
6	105	101	오명심	3	오명심	{110,101,105}
7	111	105	Mark	4	Mark	{110,101,105,111}
8	112	105	구인환	4	구인환	{110,101,105,112}
9	107	101	도인범	3	도인범	{110,101,107}
10	109	110	도윤완	2	도윤완	{110,109}

사원번호와 관리자 사원번호의 관계를 이용하여 계층 구성에 따른 계층번호(LEVEL)를 산출하고, 이 계층번호를 이용하여 사원명을 계층 구성에 따라 들여쓰기가 반영된 형태로 펼친 것이 Name Tree 컬럼이다. 이것은 마치 탐색기를 열었을 때 폴더의 상위-하위 구성 관계에 따라서 들여쓰기 형태로 폴더 구조가 펼쳐지는 것과 같다. 그리고 계층 구성 결과를 출력할 때의 정렬 순서는 사원번호(EMP_ID)를 기준으로 하였다. 이는 각각의 계층을 구성할 때마다 상위 관리자의 사원번호에 해당 사원의 사원번호를 추가하여 계층 경로를 만든 것이 HIERARCHY 컬럼이고, 이 컬럼을 ORDER BY 절에 정렬 기준으로 사용하였기 때문에 동일 계층 내에서 사원번호 순으로 정렬된 결과가 얻어졌다. 그러나 우리가 이러한 결과를 출력할 때 일반적으로 자주 사용하는 정렬 순서는 보기에 익숙한 이름순 일 수 있다. 이에 따라 위 사원 목록을 같은 계층 내에서 사원의 이름 순으로 정렬하여 출력하도록 하려면 어떻게 해야 할까? HIERARCHY 컬럼을 생성할 때 사원번호가 아닌 사원명으로 계층 경로를 만들도록 하면 동일 계층 내에서 사원명 순으로 정렬된 결과를 얻을 수 있다. 이러한 내용을 반영한 SQL 문장과 그 결과는 다음과 같다.

예시 1장_28_데이터의계층적질의(6)

```sql
WITH RECURSIVE tl (hierarchy,emp_id,manager_id,emp_name,LEVEL) AS (
  SELECT ARRAY[e.emp_name] AS hierarchy
        ,e.emp_id
        ,e.manager_id
        ,e.emp_name
        ,1 AS LEVEL
    FROM enc_empl e
   WHERE e.manager_id IS NULL
   UNION ALL
  SELECT tl.hierarchy || e.emp_name
        ,e.emp_id
        ,e.manager_id
        ,e.emp_name
        ,tl.LEVEL + 1 AS LEVEL
    FROM enc_empl e JOIN tl ON e.manager_id = tl.emp_id
)
SELECT emp_id
      ,manager_id
      ,emp_name
      ,LEVEL
      ,LPAD(emp_name, LENGTH(emp_name)+((LEVEL-1)*5)) AS "Name Tree"
      ,hierarchy
  FROM tl
 ORDER BY hierarchy;
```

결과

	emp_id integer	manager_id integer	emp_name text	level integer	Name Tree text	hierarchy text[]
1	110	[null]	신회장	1	신회장	{신회장}
2	113	110	강감찬	2	강감찬	{신회장,강감찬}
3	101	110	김사부	2	김사부	{신회장,김사부}
4	102	101	강동주	3	강동주	{신회장,김사부,강동주}
5	104	101	남도일	3	남도일	{신회장,김사부,남도일}
6	107	101	도인범	3	도인범	{신회장,김사부,도인범}
7	105	101	오명심	3	오명심	{신회장,김사부,오명심}
8	111	105	Mark	4	Mark	{신회장,김사부,오명심,Mark}
9	112	105	구인환	4	구인환	{신회장,김사부,오명심,구인환}
10	103	101	윤서정	3	윤서정	{신회장,김사부,윤서정}
11	109	110	도윤완	2	도윤완	{신회장,도윤완}
12	108	109	송현철	3	송현철	{신회장,도윤완,송현철}
13	106	109	장기태	3	장기태	{신회장,도윤완,장기태}

사원명으로 들여쓰기를 적용하여 시각화한 Name Tree 컬럼은 앞 장에서 설명했던 LPAD 함수를 이용하여 계층 번호만큼의 공백을 이름 앞에 추가하여 출력함으로써 들여쓰기가 적용된 것과 같은 시각적 효과가 나타나게 한 트릭이다. 이러한 방법은 계층 구조 데이터를 출력할 때 SQL만으로도 얼마든지 출력 데이터를 가공하여 어플리케이션의 도움 없이 또는 도움을 최소화하여 충분히 좋은 결과를 만들어 낼 수 있다는 것을 보여주는 유용한 사례라 할 수 있다.

앞에서 WITH 절 서브 쿼리를 설명하면서 WITH 절 서브 쿼리를 DML 문장과 함께 사용할 수 있다는 것을 설명했다. 이제 이 절에서 설명한 재귀 쿼리를 이용하면 계층 구조를 갖고 있는 데이터에 대해 계층 구조 상에서 특정 노드부터 그 하위의 노드들을 한 번에 삭제하는 처리를 쉽게 할 수 있다. 예를 들어, 앞에서 설명한 부품 관계(PART_RELATION) 테이블에서 SP1 부품부터 그 하위의 부품들에 대한 데이터를 삭제하는 재귀 쿼리에 대해 생각해 보자.

TABLE : PART_RELATION

부품번호 (part)	상위부품 (parent_part)
✘ SP1	P0
SP2	P0
✘ SP11	SP1
✘ SP12	SP1
SP21	SP2
SP22	SP2
SP23	SP2
SP211	SP21
SP212	SP21

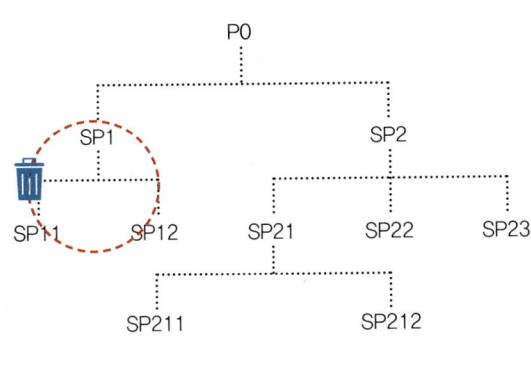

[그림 1-27] 계층 구조의 특정 노드부터 그 하위 노드들을 한 번에 삭제

위 그림과 같이 SP1부터 시작하여 그 하위의 모든 구성 부품을 펼치는 재귀 쿼리를 작성하고, 그 결과를 메인 쿼리에서 참조하여 삭제(DELETE) 처리를 하는 다음과 같은 SQL을 작성한다.

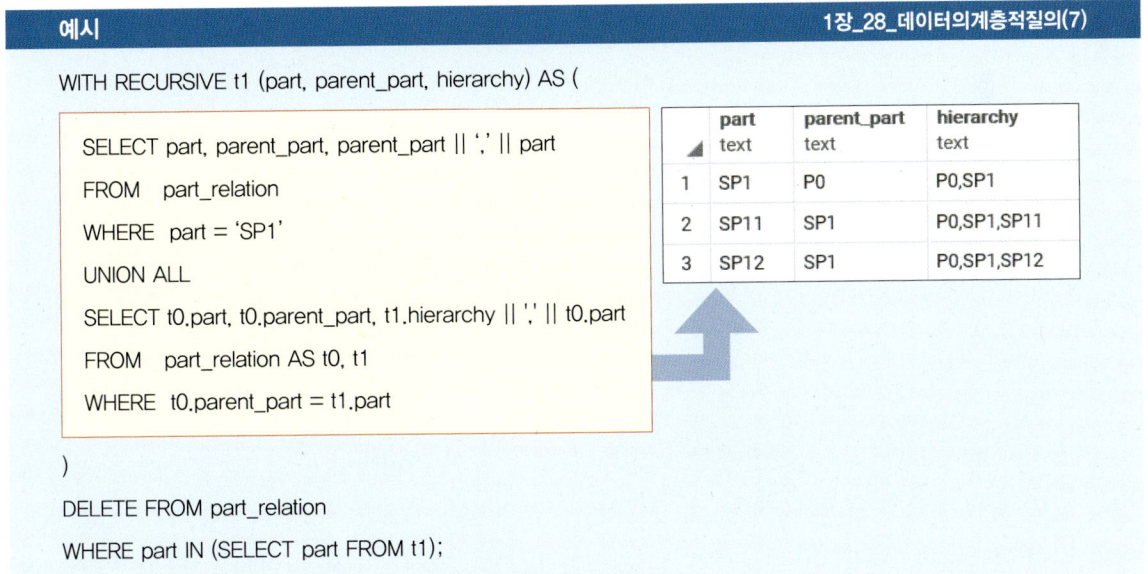

이 쿼리는 제품 관계의 계층 구조를 이용하여 SP1부터 모든 직간접 하위 부품을 삭제한다

2
도전! SQL 레벨업

이 장에서는 지금까지 앞에서 설명했던 다양한 SQL 문장과 기법들을 종합적으로 활용하여 복잡한 고난도 업무 상황에 용이하게 대응할 수 있는 방법과 함께 SQL을 보다 강력하게 사용할 수 있는 다양한 방법들을 소개합니다. 또한 이와 관련된 인덱싱 개념에 대해 설명하고, 다양한 DML 처리 기법 등에 대해 알아 봄으로써, 이제 SQL 세상에서의 걸음마에 이어 활보하고 달려볼 수 있는 출발점이 될 수 있을 것입니다.

도전! SQL 레벨업 | 2장

2.1 다중 행의 결과를 하나의 행에 나열

GROUP BY 구문을 사용하여 데이터를 집계할 때 행 단위로 조회되는 결과값을 그룹 단위로 하나의 행에 모아 나열하거나 임의의 구분자로 구분하여 하나의 문자열로 출력할 수 있다. 이와 같은 출력을 만들어내는 방법은 대부분의 DBMS들이 제공하지만, 제각기 다른 다양한 방법을 사용하고 있다. 이에 따른 효율성 차이도 있기 때문에 자신이 사용하는 DBMS에서 제공하는 방법을 확인할 필요가 있다. 여기서는 이 책에서 사용하고 있는 예제 DBMS인 PostgreSQL이 제공하고 있는 방법을 중심으로 설명한다.

2.1.1 컬럼 값 연결(COLUMN VALUES CONCATENATION)

앞에서 우리는 하나의 행에 나열된 컬럼에 대해 컬럼 값을 연결한 결과를 출력하는 '||' 또는 CONCAT 함수에 대해 알아 보았다. 하나의 행에 나열된 여러 컬럼을 연결하는 것은 간단한 조작으로 가능하지만, 만일 다중 행으로 나타나는 결과에 대해 임의의 컬럼에 들어 있는 값들을 하나의 행에 하나의 문자열로 모아 연결한 결과로 출력하려면 어떻게 해야 할까? 그것은 문자열 집계 함수(STRING AGGREGATE FUNCTION)를 사용하여 해결할 수 있다.

집계 함수라고 하면 앞에서 설명한 SUM, AVG, COUNT, MIN, MAX 등을 떠올릴 수 있다. 집계 함수는 다중 입력 값을 단일 출력 값으로 반환하는 함수로 문자열 집계 함수도 이와 같이 다중 입력 값을 단일 출력 값으로 변환한 결과를 반환한다. 문자열 집계 함수가 앞서 설명한 SUM, AVG, COUNT, MIN, MAX 등과 다른 점이 있다면, 앞서 설명한 집계 함수들이 다중 입력 값으로부터 연산 과정을 거쳐 입력 값과 달라진 하나의 결과 값을 반환하거나 입력 값 중 하나를 반환하는 함수인 반면, 문자열 집계 함수는 다중 입력 값들을 그대로 나열하여 하나의 결과로 반환한다는 차이에 있다. 이와 같은 문자열 집계 함수로 PostgreSQL에서 가장 많이 사용되는 것은 ARRAY_AGG() 함수와 STRING_AGG() 함수이다.

- **ARRAY_AGG() 함수**
- 입력 인자 : 배열 또는 비배열 값으로 데이터 형식은 상관없음
- 입력 값과 같은 데이터 형식의 배열(ARRAY) 결과를 반환

- **STRING_AGG()**
- 입력 인자 : 문자 표현식과 구분자 문자.
  STRING_AGG(문자 표현식, 구분자 문자)
- 문자열을 반환

이 함수들은 입력 인자의 마지막에 ORDER BY 절을 추가하여 다중 행의 컬럼 값을 연결할 때 순서를 지정할 수 있다.

ARRAY_AGG 함수와 STRING_AGG 함수를 사용하여 다중 행의 컬럼 값을 연결한 결과를 반환하는 예시는 다음과 같다.

예시 2장_01_컬럼값연결(1)

```
WITH T1  (C1, C2, C3) AS (
VALUES   ('가', 10, '{1,2}'::INT[]),       -- 세 번째 항목이 정수 타입 배열이다.
         ('나', 20, '{3,5}'::INT[]),
         ('다', 35, '{0,2}'::INT[]),
         ('라', 43, '{4,6}'::INT[])
)
SELECT   STRING_AGG(C1||'/'||C2, ' - ') AS COL1,
         STRING_AGG(C1, ', ') AS COL2,
         ARRAY_AGG(C2) AS COL3,
         ARRAY_AGG(C3) AS COL4
FROM T1;
```

결과

	col1 text	col2 text	col3 integer[]	col4 integer[]
1	가/10 - 나/20 - 다/35 - 라/43	가, 나, 다, 라	{10,20,35,43}	{{1,2},{3,5},{0,2},{4,6}}

문자열 집계 함수의 반환 결과에 정렬 순서를 적용하는 예시는 다음과 같다.

예시　　　　　　　　　　　　　　　　　　　　　　　　　　　2장_01_컬럼값연결(2)

```
WITH T1  (C1, C2, C3) AS (
VALUES  ('가', 20, '{1,2}'::INT[]),
        ('나', 30, '{3,5}'::INT[]),
        ('다', 15, '{0,2}'::INT[]),
        ('라', 23, '{4,6}'::INT[])
)
SELECT  STRING_AGG(C1||'/'||C2, ' - ' ORDER BY C2 DESC) AS COL1,
        STRING_AGG(C1, ', ') AS COL2,
        ARRAY_AGG(C2 ORDER BY C2 DESC) AS COL3,
        ARRAY_AGG(C3 ORDER BY C3) AS COL4
FROM T1;
```

결과

	col1 text	col2 text	col3 integer[]	col4 integer[]
1	나/30 - 라/23 - 가/20 - 다/15	가, 나, 다, 라	{30,23,20,15}	{{0,2},{1,2},{3,5},{4,6}}

위에 제시한 SQL 예시는 GROUP BY를 사용하지 않았기 때문에 전체 데이터를 입력 값으로 사용하게 되고 결과는 전체 데이터를 병합한 하나의 행으로 나타난다. 이 함수들은 집계 함수의 하나로 GROUP BY 절과 함께 사용될 수 있으며, GROUP BY 절을 통해 함수의 적용 범위를

GROUP BY 기준 내로 한정할 수 있다.

지금까지 설명한 문자열 집계 함수를 사용하여 다음과 같은 상황을 해결할 수 있는 SQL을 작성해 보자.

 주문(ENC_ORDER2) 테이블에 저장된 주문 데이터로부터 년·월 별로 판매된 상품의 목록을 상품명 순으로 출력하라.

(해설) 핵심은 주문 테이블의 주문일시로부터 년·월을 추출하여 년·월별 그룹핑을 하고, 그룹 내에서 상품의 목록을 나열하도록 하는 것이다. 이때 상품의 목록을 상품명 순으로 출력하기 위해서는 상품(ENC_PROD) 테이블과 조인하여 상품명을 가져와야 한다. 이 내용을 SQL로 표현해 보면 다음과 같다.

예시 — 2장_01_컬럼값연결(3)

```
SELECT      EXTRACT(YEAR FROM A.ORD_DT) AS YEAR,
            EXTRACT(MONTH FROM A.ORD_DT) AS MONTH,
            STRING_AGG(DISTINCT B.PROD_NAME, ', ' ORDER BY B.PROD_NAME)
            AS "PRODUCT LIST"
FROM        SQLSTUDY.ENC_ORDER2 AS A INNER JOIN
            SQLSTUDY.ENC_PROD AS B   USING(PROD_ID)
GROUP BY    EXTRACT(YEAR FROM ORD_DT),
            EXTRACT(MONTH FROM A.ORD_DT)
ORDER BY    EXTRACT(YEAR FROM ORD_DT),
            EXTRACT(MONTH FROM A.ORD_DT);
```

결과

	year double precision	month double precision	PRODUCT LIST text
1	2018	8	노트북받침대, 무선마우스, 미니화분, 탁상용가습기
2	2018	9	무선마우스
3	2018	10	기계식키보드, 무선마우스, 탁상용가습기, 탁상용공기정화기, 핸드폰거치대
4	2018	11	기계식키보드, 노트북받침대, 무선마우스, 미니화분, 탁상용가습기, 탁상용공기정화기, 텀블러, 핸드폰거치대
5	2018	12	탁상용공기정화기, 텀블러, 핸드폰거치대

위 SQL은 먼저 그룹핑을 하기 전, 주문 테이블과 상품 테이블을 조인한다. 이와 같이 처리하면 임의의 년·월 범위 내에서 동일한 상품에 대한 주문이 여러 번 발생할 수 있어 그룹핑 된 임의의 년·월 범위 내에서 동일한 상품의 상품명이 여러 번 중복해서 나타날 수 있다. 이러한 문제를 제거하기 위해 STRING_AGG 함수 안에 DISTINCT가 사용되었다. 또한 임의의 년·월 내에서 동일 상품에 대해 상품 테이블과 모두 조인을 해야 하기 때문에 조인량이 증가하여 수행 속도에도 영향을 줄 수 있다. 이러한 경우 더 효율적인 방법은 주문 테이블을 먼저 년·월 및 상품 기준으로 1차 그룹핑을 통해 집합의 레벨을 상품 단위로 줄여 놓으면 각 년·월의 상품이 상품 테이블과 한 번씩만 조인하면 되기 때문에 조인량을 현저하게 줄일 수 있다. 아울러 이에 따라 수행 속도도 향상될 수 있다. 이와 같은 개념에 따라 위에 제시한 SQL은 다음과 같이 다시 작성될 수 있다.

예시　　　　　　　　　　　　　　　　　　　　　　　　　　　　　2장_01_컬럼값연결(4)

```
SELECT    YEAR, MONTH,
          STRING_AGG(B.PROD_NAME, ', ' ORDER BY B.PROD_NAME)
          AS "PRODUCT LIST"
FROM (SELECT  EXTRACT(YEAR FROM ORD_DT) AS YEAR,
              EXTRACT(MONTH FROM ORD_DT) AS MONTH, PROD_ID
      FROM SQLSTUDY.ENC_ORDER2
      GROUP BY  EXTRACT(YEAR FROM ORD_DT),
                EXTRACT(MONTH FROM ORD_DT), PROD_ID) AS A
              INNER JOIN SQLSTUDY.ENC_PROD AS B USING(PROD_ID)
GROUP BY YEAR, MONTH
ORDER BY YEAR, MONTH ;
```

 주문(ENC_ORDER2) 테이블에 저장된 주문 데이터로부터 년·월 별로 판매된 상품의 목록을 상품명 순으로 출력하되, 각 상품별 판매량을 괄호로 구분하여 상품명과 함께 출력하라.

(해설) 위 문제의 두 번째 SQL 형태를 기초로 하여 주문 데이터를 먼저 년·월, 상품 단위로 그룹핑 한 후 상품(ENC_PROD) 테이블과 조인하도록 한다. 이때 주문 데이터를 집계하면서 그룹핑 기준에 상품까지 포함하도록 하고, 이 기

준 범위 내에서 판매량(QUANTITY) 데이터의 합계 결과를 괄호로 묶어 상품명과 함께 출력하도록 한다. 이와 같은 개념을 SQL로 표현하면 다음과 같다.

예시 2장_01_컬럼값연결(5)

```
SELECT  YEAR, MONTH,
        STRING_AGG(B.PROD_NAME || '(' || SUM_QTY || ')', ', '
        ORDER BY B.PROD_NAME) AS "PRODUCT LIST"
FROM    (SELECT EXTRACT(YEAR FROM ORD_DT) AS YEAR,
                EXTRACT(MONTH FROM ORD_DT) AS MONTH,
                PROD_ID, SUM(QUANTITY) AS SUM_QTY
         FROM SQLSTUDY.ENC_ORDER2
         GROUP BY EXTRACT(YEAR FROM ORD_DT),
                  EXTRACT(MONTH FROM ORD_DT),
                  PROD_ID) AS A
         INNER JOIN SQLSTUDY.ENC_PROD AS B USING(PROD_ID)
GROUP BY YEAR, MONTH
ORDER BY YEAR, MONTH ;
```

결과

	year double precision	month double precision	PRODUCT LIST text
1	2018	8	노트북받침대(158), 무선마우스(80), 미니화분(76), 탁상용가습기(70)
2	2018	9	무선마우스(94)
3	2018	10	기계식키보드(77), 무선마우스(72), 탁상용가습기(78), 탁상용공기정화기(90), 핸드폰거치대(157)
4	2018	11	기계식키보드(157), 노트북받침대(183), 무선마우스(91), 미니화분(87), 탁상용가습기(89), 탁상용…
5	2018	12	탁상용공기정화기(150), 텀블러(178), 핸드폰거치대(176)

2.1.2 행을 열로 바꾸는 방법, 피봇(PIVOT)

피봇(PIVOT)은 다중 행으로 표현된 데이터를 단일 행의 다중 열로 바꾸어 출력하는 것을 말한다. 피봇은 주로 엑셀 프로그램의 고급 활용에서 많이 다루어 지는데, 이 기능을 관계형 데이터베이스에서도 수용하여 대부분의 DBMS들이 SQL로 피봇 기능을 구현할 수 있도록 지원하고 있다. 그러나 피봇 자체는 표준 SQL로 정리되어 있지 않기 때문에 DBMS 마다 구현하는 방식은 다르다. 오라클이나 SQL Server의 경우 오라클은 11g버전부터, SQL Server는 2005버전부터 피봇 절을 사용하여 직접적으로 행을 열로 바꿀 수 있도록 지원하고 있다. 또한 PostgreSQL은 CROSSTAB 테이블 함수를 사용하여 피봇을 구현할 수 있다. 그리고 이들을 포함한 다수의 기타 DBMS들은 집계 함수와 CASE 문장을 함께 사용하여 피봇 결과를 만들어 낼 수 있다. 집계 함수와 CASE 문장을 사용하는 방식은 대부분의 DBMS가 지원하고 있는 함수이기 때문에 DBMS 간에 호환성을 유지할 수 있지만 피봇(PIVOT) 연산자나 CROSSTAB 테이블 함수와 같은 특별한 기능은 해당 DBMS에서만 사용할 수 있는 방법이다. 집계 함수와 CASE 문장을 사용하는 방법 외에 또 다른 피봇 기능 구현 방법은 사용하는 DBMS의 자료를 통해 확인해 보는 것이 좋다. 여기서는 PostgreSQL에서 사용할 수 있는 방법에 대해 설명한다.

1) 집계 함수와 FILTER 절을 이용한 피봇팅(PIVOTING)

다음은 상품의 주문 내역을 저장하고 있는 주문2(ENC_ORDER2) 테이블에서 주문 일자와 주문 상품, 주문 금액을 추출한 결과의 일부이다.

TABLE : ENC_ORDER2

ord_dt	prod_id	amount
2017-08-02 00:52:48+09	103	3150
2017-08-02 13:50:24+09	205	5976
2017-08-04 08:48:00+09	202	2520
2017-08-13 20:19:12+09	205	5400
2017-08-14 12:52:48+09	101	2052
2017-09-25 10:02:24+09	202	2961
2017-10-07 22:00:00+09	103	3510
......	......	......
2018-12-07 03:36:00+09	203	2565
2018-12-07 22:14:24+09	204	3690
2018-12-09 14:55:12+09	204	4320
2018-12-25 06:24:00+09	201	11850
2018-12-28 09:31:12+09	201	10650

이 테이블에 저장된 주문 일자가 2017년과 2018년 각각 8월 ~12월에 해당하는 주문 데이터라 가정해 보았다. 주문 연도 별로 8월 ~ 12월의 주문 금액과 해당 연도의 총 주문 금액 각각을 아래 그림과 같이 열로 나열하여 출력하는 방법을 생각해 보자.

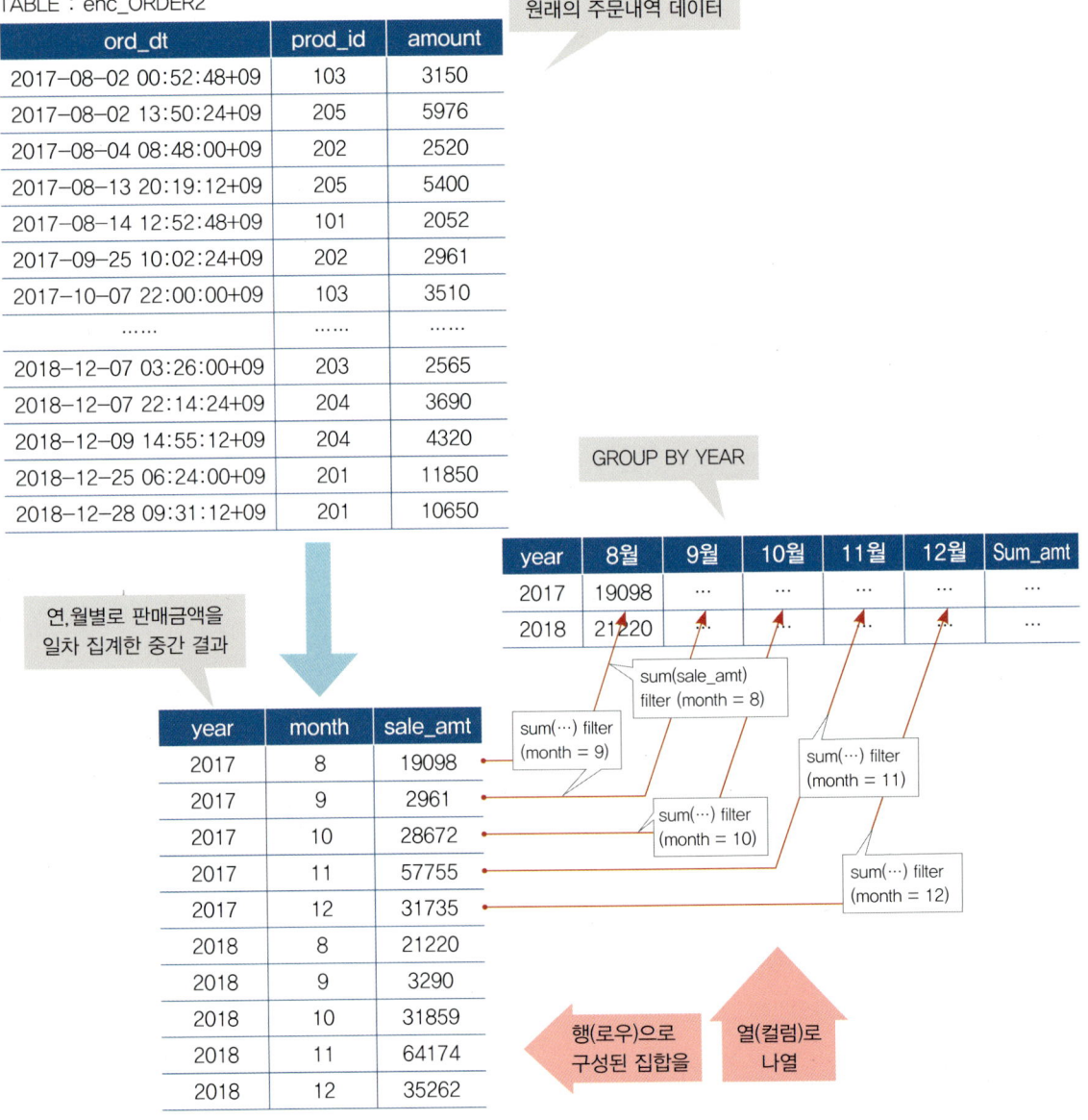

[그림 2-1] 행을 열로 바꾸는 피봇팅 개념

우선, ENC_ORDER2 테이블에서 출력할 내용은 연도별, 월별, 주문 금액의 합이다. 이를 얻기 위한 SQL은 다음과 같다.

Script — 2장_02_FILTER절을 이용한 PIVOTING(1)

```sql
SELECT    EXTRACT(YEAR FROM ORD_DT) AS YEAR,
          EXTRACT(MONTH FROM ORD_DT) AS MONTH,
          SUM(AMOUNT) AS SALE_AMT
FROM SQLSTUDY.ENC_ORDER2
GROUP BY  EXTRACT(YEAR FROM ORD_DT),
          EXTRACT(MONTH FROM ORD_DT)
ORDER BY 1,2 ;
```

결과

year	month	sale_amt
2017	8	19098
2017	9	2961
2017	10	28672
2017	11	57755
2017	12	31735
2018	8	21220
2018	9	3290
2018	10	31859
2018	11	64174
2018	12	35262

우선 위 SQL을 통해 ENC_ORDER2의 주문 내역을 연도별, 월별로 주문 금액의 합까지 도출했다. 그 다음은 연도별로 월별 주문 금액의 합을 각 월의 열로 나열하는 즉, 피봇 결과를 만들어 내는 과정만이 남았다. 이것은 PostgreSQL에서 선별적 집계를 위해 제공되는 FILTER 절을 사용하면 쉽게 해결된다. FILTER 절은 집계 함수와 함께 사용하여 집계 대상 데이터가 특정 조건에 해당하는 경우에만 집계 함수가 실행되도록 한다. 집계 함수와 함께 FILTER 절을 사용하

는 구문 형식은 다음과 같다. SUM 함수를 예시로 들었지만 COUNT, AVG, MIN, MAX 등 다른 집계 함수도 사용할 수 있다.

```
SUM(컬럼) FILTER (WHERE 선별 조건)
```

위에서 작성한 1차 집계 결과를 이 형식에 따라 8월의 주문 금액 집계 결과만 선별 집계한다면 다음과 같이 작성할 수 있다.

```
SUM(sale_amt) FILTER (WHERE month = 8)
```

이제 1차 집계 결과를 하나의 임시 테이블이라 생각하고 이 임시 테이블의 행을 열로 나열하는 SQL 문장을 작성해 보면 다음과 같다.

```
SELECT YEAR
     , SUM(SALE_AMT) FILTER (WHERE MONTH = 8 ) AS "8월"
     , SUM(SALE_AMT) FILTER (WHERE MONTH = 9 ) AS "9월"
     , SUM(SALE_AMT) FILTER (WHERE MONTH = 10) AS "10월"
     , SUM(SALE_AMT) FILTER (WHERE MONTH = 11) AS "11월"
     , SUM(SALE_AMT) FILTER (WHERE MONTH = 12) AS "12월"
     , SUM(SALE_AMT) AS TOTAL        ← 아무런 FILTER 조건도 주어지지 않았으므로 연도 전체의 SUM
  FROM 일차_집계된_중간_결과_집합
 GROUP BY YEAR          ← 그룹핑 기준이 연도. 연도별로 하나의 행으로 출력됨.
 ORDER BY YEAR;
```

결과

year	8월	9월	10월	11월	12월	total
2017	19098	2961	28672	57755	31735	140221
2018	21220	3290	31859	64174	35262	155805

위의 최종 결과를 얻기 위한 과정을 지금까지 2단계로 나누어 설명했다. 이제 위의 두 가지 단계를 하나의 SQL로 합치면 주문 내역이 저장된 ENC_ORDER2 테이블로부터 한 번에 위와 같은 최종 결과를 출력하는 SQL을 작성할 수 있다. 그 결과는 다음과 같다.

```
Script                                          2장_02_FILTER절을 이용한 PIVOTING(2)

SELECT YEAR
     , SUM(SALE_AMT) FILTER (WHERE MONTH = 8 ) AS "8월"
     , SUM(SALE_AMT) FILTER (WHERE MONTH = 9 ) AS "9월"
     , SUM(SALE_AMT) FILTER (WHERE MONTH = 10) AS "10월"
     , SUM(SALE_AMT) FILTER (WHERE MONTH = 11) AS "11월"
     , SUM(SALE_AMT) FILTER (WHERE MONTH = 12) AS "12월"
     , SUM(SALE_AMT) AS TOTAL
  FROM (
SELECT  EXTRACT(YEAR FROM ORD_DT) AS YEAR,
        EXTRACT(MONTH FROM ORD_DT) AS MONTH,
        SUM(AMOUNT) AS SALE_AMT
  FROM  SQLSTUDY.ENC_ORDER2
 GROUP BY  EXTRACT(YEAR FROM ORD_DT),
           EXTRACT(MONTH FROM ORD_DT)
       ) AS T      -- PostgreSQL에서는 인라인 뷰에 무조건 테이블 별명을 부여해야 함
 GROUP BY YEAR
 ORDER BY YEAR;
```

2) 집계 함수와 CASE 문을 이용한 피봇팅(PIVOTING)

위 SQL 문장에서 FILTER 절을 사용한 선별적 집계와 이를 이용한 피봇팅 방법에 대해 살펴보았다. 위에 제시한 SQL 문장은 다음과 같이 집계 함수 안에 CASE 문을 사용하는 방식으로 대체할 수 있다. 집계 함수와 함께 CASE 문을 사용하여 선별적 집계를 하는 것은 집계 함수와 CASE 문이 모두 표준 SQL을 따르기 때문이다. 따라서 DBMS가 달라져도 그대로 사용할 수 있어 호환성이 매우 높다.

Script   2장_03_집계함수와 CASE문을 이용한 PIVOTING

```
SELECT YEAR
     , SUM(CASE MONTH WHEN 8  THEN SALE_AMT END) AS "8월"
     , SUM(CASE MONTH WHEN 9  THEN SALE_AMT END) AS "9월"
     , SUM(CASE MONTH WHEN 10 THEN SALE_AMT END) AS "10월"
     , SUM(CASE MONTH WHEN 11 THEN SALE_AMT END) AS "11월"
     , SUM(CASE MONTH WHEN 12 THEN SALE_AMT END) AS "12월"
     , SUM(SALE_AMT) AS TOTAL
FROM (
       SELECT EXTRACT(YEAR FROM ORD_DT) AS YEAR,
              EXTRACT(MONTH FROM ORD_DT) AS MONTH,
              SUM(AMOUNT) AS SALE_AMT
       FROM   SQLSTUDY.ENC_ORDER2
       GROUP  BY EXTRACT(YEAR FROM ORD_DT),
                 EXTRACT(MONTH FROM ORD_DT)
     ) AS T
GROUP BY YEAR
ORDER BY YEAR;
```

SUM 함수 안에 사용된 CASE 문의 의미는 MONTH 값이 제시된 월 값과 일치할 때만 SALE_AMT 값을 더하도록 하는 것이다.

위 문장에서는 SIMPLE CASE 문을 사용하였지만 이 문장은 다음과 같이 SEARCHED CASE 문으로 바꾸어도 똑같이 실행된다.

```
SUM(CASE WHEN MONTH = 8 THEN SALE_AMT END) AS "8월"
```

단순한 '=' 조건이 아니라 부등호나 여러 조건을 병합하여 복잡한 조건을 사용하려면 SEARCHED CASE 문을 사용해야 한다.

위 SQL 문장의 가장 외곽에 사용된 집계 함수(SUM)의 CASE 문 형태를 보면, 일반적으로 CASE 문의 구성이 CASE WHEN ~ THEN ~ ELSE ~ END 형태로 되어 있는 것을 확인할 수 있다. 하지만 위에 사용된 CASE 문에는 ELSE 조건에 해당하는 부분이 없는 것을 볼 수 있다. 이와 같이 ELSE 조건이 없는 CASE 문은 테스트 하는 데이터가 제시된 WHEN 조건에 해당하지 않는 경우 빈값(NULL)을 반환한다. 이것은 집계 함수가 빈값(NULL)은 처리하지 않고 건너뛴다는 특성을 이용한 것으로 집계 함수의 실행 횟수를 감소시키려는 의도적인 표현이다. 이는 CASE 문이 테스트 해야 하는 대상 데이터에 대해 WHEN 조건을 만족하는 경우에만 집계 함수가 실행되도록 하는 유용한 기법이다.

간혹 집계 함수 내에 사용된 CASE 문에 ELSE 0 조건을 추가하여 WHEN 절 조건에 해당하지 않는 경우 0을 반환하게 하는 경우를 볼 수 있다. 이것은 일반적으로 COUNT와 AVG를 제외한 다른 집계 함수에 대해 ELSE 0 조건을 사용하지 않은 경우와 동일한 결과를 얻을 수 있다. 하지만 테스트하는 모든 대상 데이터에 대해 집계 함수가 실행되게 함으로써 집계 함수의 실행 횟수를 증가시키게 된다. 예를 들어, SUM 함수 처리 대상이 100건이라고 했을 때, SUM 함수를 적용하려는 컬럼에 값이 존재하는 것이 40건, 빈값(NULL)인 것이 60건이라고 가정하면, SUM 함수는 값이 존재하는 40건에 대해서만 실행된다. 그런데 빈값(NULL)인 60건에 대해 0으로 대체하여 SUM 함수를 실행하게 되면 결과는 40건만 SUM 함수 처리를 할 때와 같아진다. 대신 SUM 함수는 100건 모두에 대해 실행하게 되어 실행 횟수가 증가하게 된다. 그러나 SUM 함수 안의 CASE 문에 ELSE 0 조건을 적용하면 모든 테스트 대상 데이터가 WHEN 조건을 만족하지 않는 경우 빈값(NULL)을 반환하지 않고 0 값을 반환한다는 장점이 있다. 하지만 이 때문에 SUM 함수의 실행 횟수를 늘리는 것은 바람직하지 않다. SUM 함수의 처리 대상이 모두 빈값(NULL)이 되는 경우 ELSE 0 조건이 없다면 SUM 함수는 실행되지 않는다. 이 경우에 결과로 반환되는 빈값(NULL)을 0으로 대체하도록 COALESCE 함수를 SUM 함수 외부에 사용하면 집계 함수의 실행을 현저하게 줄이면서 집계 함수의 결과가 빈값(NULL)인 경우 간단하게 한 번의 COALESCE 함수 실행으로 0을 출력하도록 할 수 있다. 때문에 CASE 문에 ELSE 0 조건을 추가하는 것보다 훨씬 더 효율적으로 실행된다. 집계 함수 안에 CASE 문을 사용할 때 ELSE 0 조건을 추가하는 것은 바람직하지 않다는 점을 꼭 기억하기 바란다.

① SUM(CASE WHEN MONTH = 8 THEN SALE_AMT END)
② SUM(CASE WHEN MONTH = 8 THEN SALE_AMT ELSE 0 END)

➡ 이 두 가지 경우는 결과가 같을지라도 SUM 함수의 실행 횟수는 ②가 더 많다.

특히 COUNT와 AVG 함수 안에 CASE 문을 사용하는 경우는 ELSE 0 조건에 의해서 결과 자체가 달라질 수 있기 때문에 반드시 주의해야 한다. 즉, 임의의 컬럼 C1에 대해 COUNT 함수를 적용할 때 기본적으로 값이 존재하는 것만 대상으로 처리하게 되는데, 여기에 ELSE 0 조건에 의해 빈값(NULL)을 0으로 대체하게 되면 처리할 값이 존재하는 상황이 되어 COUNT 결과가 달라진다는 것이다. 예를 들면 임의의 컬럼 C1이 100개의 행 중 40개의 행에만 데이터가 존재한다고 가정했을 때 COUNT 결과는 40이 되지만 60개의 빈값(NULL)을 ELSE 0 조건에 의해 0으로 대체하게 되면 COUNT 결과는 100이 되는 결과가 빚어진다. 그렇기 때문에 잘못된 결과를 얻을 수 있어 주의해야 한다. 이러한 상황은 AVG 함수에 대해서도 마찬가지로 적용된다. AVG 함수는 기본적으로 대상 컬럼의 SUM 결과를 COUNT 결과로 나누는 방식으로 처리되는데, ELSE 0에 의해 COUNT 결과가 달라지면 최종적인 AVG 처리 결과도 달라지게 된다.

① COUNT(CASE WHEN SALE_AMT IS NOT NULL THEN 1 END)
② COUNT(CASE WHEN SALE_AMT IS NOT NULL THEN 1 ELSE 0 END)

➡ ①은 SALE_AMT에 값이 있는 것만 COUNT 하지만, ②는 COUNT(*)와 같다.
  그러므로 ①과 ②는 다른 결과를 반환한다.

3) CROSSTAB 함수를 이용한 피봇팅(PIVOTING)

PostgreSQL에서 선별적 집계를 통해 행을 열로 바꾸는 피봇팅 방법에 대해서 집계 함수와 FILTER절을 이용하는 방법, 집계 함수 내에 CASE 문을 사용하는 방법을 설명했다. 세 번째 방법으로 CROSSTAB 이라는 테이블 함수 즉, 일반 함수처럼 하나의 값만 반환하는 것이 아니라 테이블 같이 여러 행, 여러 열을 반환하는 함수를 사용하는 방법이 있다.

CROSSTAB 함수는 PostgreSQL을 설치했을 때 기본적으로 설치되지 않고 필요 시 추가로 설치해야 하는 확장 모듈에 해당하기 때문에, 다음과 같은 방법으로 확장 모듈을 설치한다.

Script	2장_04_CROSSTAB함수를 이용한 PIVOTING(1)

```
CREATE EXTENSION IF NOT EXISTS TABLEFUNC;
```

위와 같이 확장 모듈(EXTENSION)을 추가하면 이제 CROSSTAB 테이블 함수를 사용할 수 있게 된다. CROSSTAB 함수의 사용 형식은 다음과 같다.

```
CROSSTAB (TEXT SOURCE_SQL, TEXT CATEGORY_SQL)
```

CROSSTAB 함수의 SOURCE_SQL은 피봇 결과 집합의 각 셀에 할당할 실제 집계 값을 산출하는 SQL 문장으로, 위 예시에서 연도별, 월별로 주문 금액의 합을 산출하는 SQL 문장에 해당한다. 그리고 CATEGORY_SQL은 출력 결과 집합의 열에 해당하는 내용을 추출하는 SQL 문장이다. 앞에서 FILTER 절이나 SUM(CASE) 문장으로 만들었던 피봇 결과 집합을 CROSSTAB 함수를 사용해서 만들어 내는 SQL 문장은 다음과 같다.

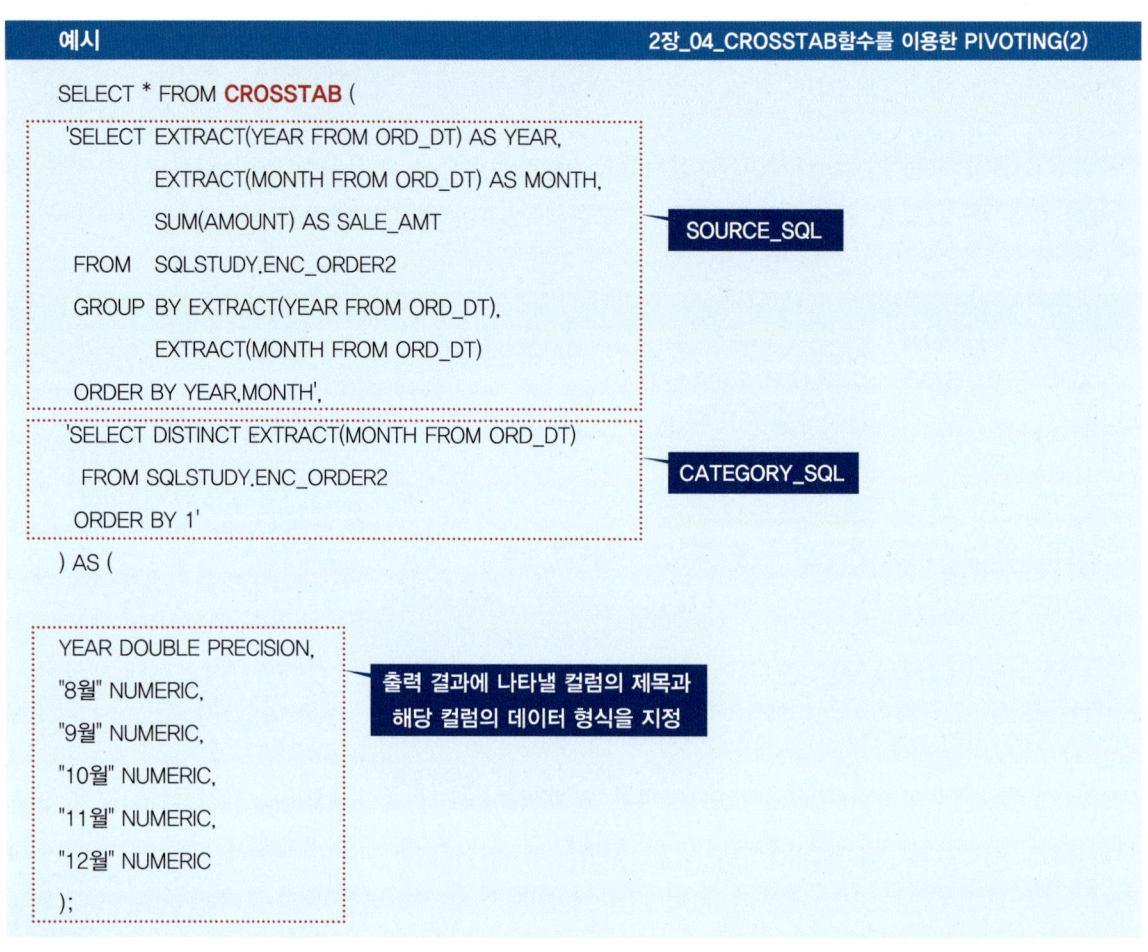

CROSSTAB 함수를 사용하여 연도별, 월별 집계를 피봇 형태로 만들어 내긴 했지만 연도별 합계가 포함되지 않았다. 연도별 합계까지 추가된 최종 형태를 만들어 내는 SQL 문장은 다음과 같다.

예시 — 2장_04_CROSSTAB함수를 이용한 PIVOTING(3)

```sql
SELECT * FROM CROSSTAB (
 'SELECT  EXTRACT(YEAR FROM ORD_DT) AS YEAR,
         CASE WHEN GROUPING(EXTRACT(MONTH FROM ORD_DT)) = 1
              THEN 99
              ELSE EXTRACT(MONTH FROM ORD_DT)
         END AS MONTH,
         SUM(AMOUNT) AS SALE_AMT
FROM  SQLSTUDY.ENC_ORDER2
GROUP BY GROUPING SETS((EXTRACT(YEAR FROM ORD_DT),
                        EXTRACT(MONTH FROM ORD_DT)),
                       EXTRACT(YEAR FROM ORD_DT))
ORDER BY YEAR,MONTH',
'SELECT DISTINCT EXTRACT(MONTH FROM ORD_DT)
FROM SQLSTUDY.ENC_ORDER2
UNION ALL
SELECT 99
ORDER BY 1'
) AS (
YEAR DOUBLE PRECISION,
"8월" NUMERIC,
"9월" NUMERIC,
"10월" NUMERIC,
"11월" NUMERIC,
"12월" NUMERIC,
TOTAL NUMERIC
);
```

결과

	year double precision	8월 numeric	9월 numeric	10월 numeric	11월 numeric	12월 numeric	total numeric
1	2017	11646	13923	45731	48671	20250	140221
2	2018	21220	3290	31859	64174	35262	155805

위 SQL의 실행 결과를 보면 연도별 합계인 TOTAL 컬럼이 나타나 있는 것을 볼 수 있다. 이렇게 연도별 합계를 나타내기 위해서 사용한 방법은 GROUPING SETS 함수이다. GROUPING SETS는 GROUP BY 절에 사용하는 함수로, 원하는 그룹핑 조건들을 콤마로 구분하여 인자로 나열해, 각각의 그룹핑 조건들로 GROUP BY 처리를 한 결과를 UNION ALL 한 것과 동일하게 결과를 반환한다.

위 SQL의 SOURCE_SQL 부분만 다음과 같이 실행해 보자.

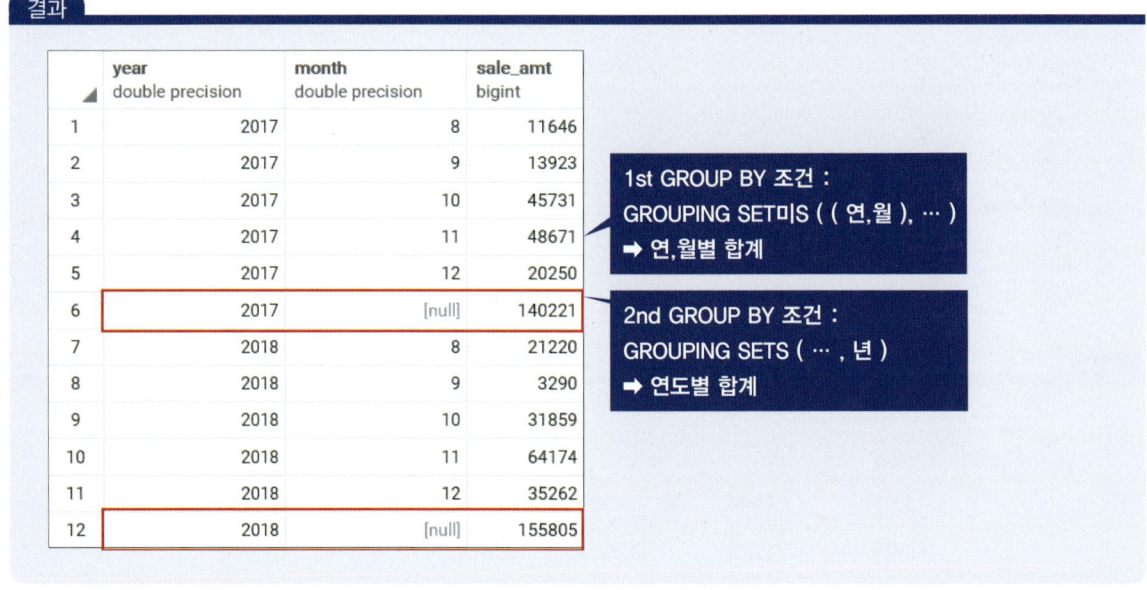

위 SOURCE_SQL의 결과를 보면 연·월별, 연도별 합계 금액이 출력되었지만 연도별 합계에 해당하는 부분의 월 값이 비어 있는 것을 볼 수 있다. 이때 GROUPING SETS 함수와 함께 사용할 수 있는 함수로 GROUPING 함수가 있다. GROUPING 함수는 다양한 집계 수준을 출력할 때 GROUP BY 기준으로 제시한 기본 집계 수준에 대해서는 0을, 합계 수준에 대해서는 1을 반환한다. GROUPING 함수의 반환 값을 활용하면 연도별 합계 행의 월 값에 다음과 같이 원하는 출력 표현을 추가할 수 있다.

```
CASE    WHEN GROUPING(EXTRACT(MONTH FROM ORD_DT)) = 1
        THEN 99           -- 월 컬럼의 집계 수준이 연도별 합계이면 99를 출력
        ELSE EXTRACT(MONTH FROM ORD_DT)    -- 합계 수준이 아니면 월 값 출력
END AS MONTH
```

GROUP BY 결과의 월 값 출력에 대해 위에 제시한 형식을 적용하면 SOURCE_SQL은 다음과 같이 작성할 수 있다.

Script 2장_04_CROSSTAB함수를 이용한 PIVOTING(5)

```
SELECT EXTRACT(YEAR FROM ORD_DT) AS YEAR,
       CASE WHEN GROUPING(EXTRACT(MONTH FROM ORD_DT)) = 1
            THEN 99
            ELSE EXTRACT(MONTH FROM ORD_DT)
       END AS MONTH,
       SUM(AMOUNT) AS SALE_AMT
FROM  SQLSTUDY.ENC_ORDER2
GROUP BY GROUPING SETS( ( EXTRACT(YEAR FROM ORD_DT),
                          EXTRACT(MONTH FROM ORD_DT)),
                        EXTRACT(YEAR FROM ORD_DT) )
ORDER BY YEAR,MONTH;
```

결과

	year double precision	month double precision	sale_amt bigint
1	2017	8	11646
2	2017	9	13923
3	2017	10	45731
4	2017	11	48671
5	2017	12	20250
6	2017	99	140221	← 연도별 합계
7	2018	8	21220
8	2018	9	3290
9	2018	10	31859
10	2018	11	64174
11	2018	12	35262
12	2018	99	155805	← 연도별 합계

위 SQL의 결과에서 연도별 집계 행의 월 값으로 99를 표기했기 때문에 CATEGORY_SQL에도 다음과 같이 월 값 99를 반영하여 SOURCE_SQL의 출력 결과 집합과 매핑 되도록 한다.

Script — 2장_04_CROSSTAB함수를 이용한 PIVOTING(6)

```
SELECT DISTINCT EXTRACT(MONTH FROM ORD_DT)
  FROM SQLSTUDY.ENC_ORDER2
 UNION ALL
SELECT 99
 ORDER BY 1
```

결과

	date_part double precision
1	8
2	9
3	10
4	11
5	12
6	99

연도별 합계에 매핑 하기 위해 추가한 값.
가장 마지막에 위치하도록 월에 해당하는 2자리 숫자 중 가장 큰 값을 적용함

위 SQL에서 UNION ALL 위의 쿼리 부분은 출력할 월 값에 매핑 되고, UNION ALL 아래의 쿼리 부분은 연도별 합계로 표시하려는 99 값에 매핑 된다.

여기서 사용한 GROUPING SETS 와 같은 함수를 그룹 함수(GROUP FUNCTION)라고 부르며, 그룹 함수에 대해서는 뒤에서 다시 설명하도록 하겠다.

2.2 단일 행을 다중 행으로 변환

앞 절에서 여러 행으로 표현된 일련의 데이터를 모으거나 집계하여 단일 행의 한 문자열이나 다수의 열로 출력하는 방법에 대해 살펴 보았다. 여기서는 이와 반대의 개념이라고 할 수 있는 일명 언피봇(UNPIVOT)이라고도 하는 방법에 대해 설명한다. 단일 행의 한 열에 구분 문자를 내포한 하나의 문자열로 표현된 데이터를 다중 행으로 분할하거나, 단일 행의 다수의 열로 표현된 데이터를 다중 행으로 변환하는 방법이다.

2.2.1 하나의 열에 나열된 문자열을 다중 행으로 변환

하나의 열에 구분 문자를 포함한 문자열이 있는 경우 이 문자열의 구분 문자를 기준으로 각각을 소단위 문자로 분리하여 다수의 행으로 변환할 수 있다. 이 책에서 예제 DBMS로 사용하고 있는 PostgreSQL은 표준SQL로 제시된 UNNEST() 함수를 사용하여 이와 같은 문제를 해결할 수 있다.

UNNEST() 함수는 배열(ARRAY)을 행(ROW)으로 변환하는 함수이다. 배열이란 동일한 데이터 형식의 연관된 데이터를 모아서 하나의 이름으로 관리하기 위해 사용되는 특별한 데이터 형식을 말한다. 일반적으로 변수가 하나의 데이터를 저장하는 것이라면 배열은 동일한 데이터 형식을 갖는 여러 개의 데이터를 하나의 변수에 저장하는 것이라고 볼 수 있다. 배열은 테이블의 열(COLUMN)에 대한 데이터 형식으로 사용될 수도 있다. 이는 테이블 생성 문장에서 열(COLUMN)의 데이터 형식을 정의할 때 INTEGER, VARCHAR, TEXT 등과 같은 기본적인 데이터 형식의 뒤에 대괄호([])를 붙이면 해당 열(COLUMN)이 지정한 데이터 형식의 배열이라는 것임을 의미하게 된다.

임의의 구분 문자를 사용하여 다수의 값을 하나의 문자열로 표현한 데이터에 대해 사용된 구분 문자를 기준으로 각각의 값을 행으로 변환하는 예시는 다음과 같다.

문자열 : '10, 14, 23, 15'

예시   2장_05_하나의 열에 나열된 문자열을 다중행으로 변환(1)

```sql
SELECT  UNNEST(STRING_TO_ARRAY(C1, ', ')) AS VAL
FROM    (VALUES ('10, 14, 23, 15')) AS T (C1) ;
```

결과

	val text
1	10
2	14
3	23
4	15

위 예시를 통해 콤마로 구분하여 4개의 값을 연결한 하나의 문자열이 UNNEST 함수에 의해 4개의 행으로 변환된 것을 볼 수 있다. SELECT 절에 사용된 함수이지만 하나의 입력 값을 테이블처럼 다중 행 값으로 바꾸어 출력한다. UNNEST 함수는 배열을 행으로 변환하기 때문에 입력 인자는 배열이어야 한다. 그러나 입력으로 사용된 값은 하나의 문자열일 뿐, 배열은 아니다. 그러므로 문자열을 배열로 변환하기 위해 STRING_TO_ARRAY() 라는 함수가 사용된다. 내부적으로 배열은 콤마(,)로 각 원소들을 구분하지만, 문자열 상태에서는 각 원소 값들이 반드시 콤마(,)를 구분 문자로 사용하고 있다고 보장할 수 없다. 그렇기 때문에 STRING_TO_ARRAY() 함수는 두 개의 입력 인자를 갖고 있다. 첫 번째 인자는 배열로 변환할 문자열이고, 두 번째 인자는 입력 문자열 내에 사용된 구분 문자이다. 구분 문자는 일반적으로 콤마(,)를 많이 사용하지

만 반드시 콤마가 아니어도 상관없다. 위 예시 SQL에서 콤마 대신 구분 문자로 세미콜론(;)을 사용하고 있는 경우 다음과 같이 작성하면 동일한 결과를 얻을 수 있다.

문자열 : '10;14;23;15'

예시   2장_05_하나의 열에 나열된 문자열을 다중행으로 변환(2)

```
SELECT   UNNEST(STRING_TO_ARRAY(C1, ';')) AS VAL
FROM     (VALUES ('10;14;23;15')) AS T (C1) ;
```

지금까지 구분 문자를 갖고 있는 하나의 문자열을 다중 행으로 변환하는 방법을 알아 보았다. 이제 실제 데이터가 다음과 같이 구분 문자로 연결된 다중 값의 열을 갖고 있는 경우를 생각해 보자.

TABLE : CONTACT_POINT

ID	NAME	TEL_NO
101	홍길동	010-123-1234,02-754-7301,02-754-7305
102	캐롤 덴버스	010-227-8282,031-301-9982
103	토니 스타크	010-321-4321,042-789-7890,02-124-1456

설계 상 바람직한 구조라고 할 수는 없다. 하지만 대상자 별로 다수의 전화 번호를 관리하면서, 관리할 전화번호를 하나의 열에 콤마로 구분하여 저장하고, 그 저장한 데이터를 대상으로 각 전화번호를 행으로 변환하여 출력하려 한다. 다수의 전화번호를 콤마로 구분하여 하나의 열에 저장하고 데이터를 다중 행으로 변환하여 출력하는 방법은 다음과 같이 몇 가지 대안이 있다.

첫 번째 방법은 위에서 제시한 방법처럼 SELECT 절에 UNNEST 함수를 사용하는 방법으로 다음과 같이 작성한다.

```
Script                                    2장_05_하나의 열에 나열된 문자열을 다중행으로 변환(3)
SELECT   ID, NAME, UNNEST(STRING_TO_ARRAY(TEL_NO, ',')) AS TEL
FROM     CONTACT_POINT ;
```

결과

	id integer	name text	tel text
1	101	홍길동	010-123-1234
2	101	홍길동	02-754-7301
3	101	홍길동	02-754-7305
4	102	캐롤 덴버스	010-227-8282
5	102	캐롤 덴버스	031-301-9982
6	103	토니 스타크	010-321-4321
7	103	토니 스타크	042-789-7890
8	103	토니 스타크	02-124-1456

테이블에 저장된 행은 3개이지만 TEL_NO 열에 저장된 전화번호 데이터가 구분 문자인 콤마를 기준으로 각각의 전화번호로 분해되어 테이블처럼 다중 행으로 변환되었다. 이렇게 변환된 다중 행의 전화번호가 각 행의 ID, NAME 열과 결합하여 1:M 관계의 조인을 한 것처럼 결과가 나타났다.

두 번째 방법은 SELECT 절이 아니라 FROM 절에 UNNEST 함수를 사용하는 방법이다. 이때는 **WITH ORDINALITY** 절을 추가할 수 있다. 이 방법을 사용하면 UNNEST() 함수에 의해 반환되는 각각의 행에 대해 1부터 시작해서 1씩 증가하는 BIGINT 데이터 형식의 순번을 생성하여 결과 집합에 추가할 수 있다. 즉, UNNEST 함수에 의해 다중 행으로 변환된 TEL 열에 대해 ORDINALITY 라는 이름으로 BIGINT 데이터 형식의 순번 열이 추가된다. 이렇게 생성된 결과 집합은 테이블 별명(ALIAS) 형식을 사용하여 결과 집합의 열 이름을 변경할 수 있다. 이러한 방식을 LATERAL 조인 문장 형식으로 사용할 수 있으며, 다음과 같이 작성한다.

Script

2장_05_하나의 열에 나열된 문자열을 다중행으로 변환(4)

```sql
SELECT   T.ID, T.NAME, A.NO, A.TEL
FROM     CONTACT_POINT AS T LEFT JOIN
         LATERAL UNNEST(STRING_TO_ARRAY(T.TEL_NO, ','))
         WITH ORDINALITY A (TEL, NO) ON TRUE;
```

결과

	id integer	name text	no bigint	tel text
1	101	홍길동	1	010-123-1234
2	101	홍길동	2	02-754-7301
3	101	홍길동	3	02-754-7305
4	102	캐롤 덴버스	1	010-227-8282
5	102	캐롤 덴버스	2	031-301-9982
6	103	토니 스타크	1	010-321-4321
7	103	토니 스타크	2	042-789-7890
8	103	토니 스타크	3	02-124-1456

다수의 전화번호를 콤마로 구분하여 연결한 문자열을 각각의 전화번호로 분해하고 다중 행으로 변환한 결과를 TEL이라는 이름의 열로 출력한다. 동시에 ORDINALITY 이름으로 생성된 순번 열은 NO라는 이름으로 대체하여 다중 행으로 변환된 각 행에 대해 1에서부터 하나씩 순차적으로 증가하는 순번이 부여된 결과를 볼 수 있다. 이와 같이 UNNEST 함수를 FROM 절에 사용할 때 WITH ORDINALITY 절을 함께 사용하면 매우 유용한 결과를 얻을 수 있다. LATERAL 조인의 연결 방식으로 LEFT (OUTER) JOIN … ON TRUE 문을 사용한 것은 TEL_NO 열이 빈값(NULL)인 경우에도 ID, NAME으로 구성된 기준 집합은 모두 출력되도록 하기 위함이다.

세 번째 방법은 카테션 곱(CARTESIAN PRODUCT)을 생성하는 조인 방식인 CROSS JOIN 형식을 사용하는 방식이다. ID와 NAME 열로 이루어진 기준 집합이 ID별, 다중 행으로 변환된 각각의 전화번호 집합과 한 번씩 모두 연결된 결과를 생성하는 것으로 CROSS JOIN과 유사하다. 이러한 방식으로 작성된 SQL 문장은 다음과 같으며 내부적으로 CROSS JOIN LATERAL로 처리된다.

```
Script                                    2장_05_하나의 열에 나열된 문자열을 다중행으로 변환(5)

SELECT     T.ID, T.NAME, A.NO, A.TEL
FROM       CONTACT_POINT AS T,
           UNNEST(STRING_TO_ARRAY(T.TEL_NO, ',')) 
           WITH ORDINALITY A (TEL, NO);
```

위 SQL 문장의 실행 결과는 LATERAL 조인 형식으로 작성한 문장의 실행 결과와 동일하다.

마지막으로 또 하나의 방법은 정규식 또는 정규 표현식이라고 하는 패턴 문장을 사용하는 방식이다. 정규식은 영어로 REGULAR EXPRESSION으로 표현하며, 간단하게 REGEXP라고 줄여서 표현하기도 한다. 정규식은 특정한 규칙을 가진 텍스트 문자열에서 이 문자열에 나타나는 특정 문자의 조합과 대응시키기 위해 사용되는 패턴 언어라고 할 수 있다. SQL에서는 REGEXP 함수로 사용되거나 검색 대상 열에 포함된 특정 형식을 찾기 위해 정규식 표현을 직접 기술하여 사용되기도 한다. 정규식에 대한 상세한 설명은 이 책의 목적을 벗어나므로 여기서는 정규식이 어떤 것인지에 대한 개념 소개 정도로만 마치겠다. 대신 정규식을 이용하여 문자열을 다중 행으로 변환하는 방법에 대해 소개한다. 문자열을 다중 행으로 변환하는데 사용되는 정규식 함수는 REGEXP_SPLIT_TO_TABLE이다. 이것은 두 개의 입력 인자를 갖게 된다. 첫 번째 인자는 변환 대상 문자열이고, 두 번째 인자는 구분 문자로 사용된 문자이다. 정규식을 사용하여 문자열을 다중 행으로 변환하는 SQL문장은 다음과 같다.

```
Script                                    2장_05_하나의 열에 나열된 문자열을 다중행으로 변환(6)

SELECT     ID, NAME, REGEXP_SPLIT_TO_TABLE(TEL_NO, ',') AS TEL
FROM       CONTACT_POINT ;
```

결과

	id integer	name text	no bigint	tel text
1	101	홍길동	1	010-123-1234
2	101	홍길동	2	02-754-7301
3	101	홍길동	3	02-754-7305
4	102	캐롤 덴버스	1	010-227-8282
5	102	캐롤 덴버스	2	031-301-9982
6	103	토니 스타크	1	010-321-4321
7	103	토니 스타크	2	042-789-7890
8	103	토니 스타크	3	02-124-1456

결과를 보면 첫 번째 방법으로 소개했던 UNNEST(STRING_TO_ARRAY()) 함수를 사용했을 때와 동일하다. 이 결과에 대해 두 번째나 세 번째 방법의 결과와 같이 분리된 각 행에 순번을 부여하기 위해서는 ROW_NUMBER() 라는 윈도우 함수가 사용될 수 있다. 윈도우 함수에 대해서는 뒤에서 다시 설명할 것이지만 여기서는 ROW_NUMBER() 윈도우 함수를 사용하여 1부터 시작하는 순번을 추가하는 방법을 소개한다. 이렇게 작성한 SQL 문장은 다음과 같다.

Script — 2장_05_하나의 열에 나열된 문자열을 다중행으로 변환(7)

```
SELECT  ID, NAME,
        ROW_NUMBER() OVER (PARTITION BY ID ORDER BY '1') AS NO,
        TEL
FROM    (SELECT ID, NAME,
                REGEXP_SPLIT_TO_TABLE(TEL_NO,',') AS TEL
         FROM CONTACT_POINT) AS T;
```

이 SQL 문장의 실행 결과는 두 번째 및 세 번째 방법의 결과와 동일하다.

윈도우 함수는 함수 뒤에 OVER 절을 사용하며, OVER 절의 괄호에 명시된 PARTITION BY

는 윈도우가 적용되는 범위를 나타낸다. 위 SQL 예시를 보면 윈도우 함수의 적용 대상인 인라인 뷰에서 처리된 중간 결과 집합에 대해 ID가 동일한 행들이 ROW_NUMBER 윈도우 함수에 의해 순번을 발생시킬 대상 범위가 된다. 이는 윈노우 범위를 빗어나면, 다시 말해 ID 값이 바뀌면 ROW_NUMBER 윈도우 함수는 순번을 다시 1부터 시작하게 된다는 의미이다. ROW_NUMBER 윈도우 함수는 순번을 부여할 때 PARTITION BY로 명시된 윈도우 범위 내에서 ORDER BY를 사용하여 특정한 정렬 순서를 지정하고 그 정렬 결과에 대해 순번을 부여할 수 있다. 일반적으로 ORDER BY 절에는 정렬 기준으로 사용할 열의 이름이 명시되지만, 위 SQL 문장을 보면 문자 상수 값 '1'을 정렬 기준으로 명시하였다. 이 문자 상수 값은 매 행에 대해 동일한 값으로 사용되기 때문에 사실상 정렬 기준으로서의 의미는 갖고 있지 않다. 즉, 이와 같은 표현은 PARTITION BY로 정의된 윈도우 범위 내에서 행을 정렬하기 위한 특정 기준을 적용하지 않고, 인라인 뷰에서 생성된 중간 결과 집합이 갖고 있는 행 순서를 그대로 사용하겠다는 표현이 된다. 이와 같은 경우 ORDER BY를 생략하고 PARTITION BY 만 기술해도 된다. DBMS에 따라서는 ROW_NUMBER 윈도우 함수를 사용할 때 ORDER BY를 필수 요소로 요구하기도 한다.

다만 한 가지 주의할 것은, 여기서 설명한 문자열을 다중 행으로 변환하는 방법이 하나의 열에 다중 값을 저장하고 있는 경우, 이를 분해하여 다중 행으로 표현하는 유용한 방법으로서 소개한 사례라는 것이다. 이와 같이 다중 값을 하나의 열에 저장하고 있는 것이 단순히 출력 결과 집합에 포함하여 보여 주는 목적으로만 사용되는 것이 아니라 검색 조건에도 사용된다면 이미 설계 시점에서부터 데이터에 대한 파악에 문제가 있는 것으로 의심해 보아야 한다. 즉, 속성을 정의할 때 단일 값(SINGLE VALUE) 원칙에 따라 하나의 속성에는 하나의 값이 저장되도록 설계되어야 속성의 의미를 명확하게 정의할 수 있고, 검색 효율도 향상될 수 있다는 것이다.

2.2.2 단일 행의 다중 열을 다중 행으로 변환, 언피봇(UNPIVOT)

하나의 행에 다수의 열로 구분되어 있는 데이터를 여러 행으로 변환하여 출력하는 것을 언피봇(UNPIVOT)이라고 한다. 이러한 컬럼 구성은 패키지 소프트웨어와 같이 특정할 수 없는 여러 사이트에 적용하기 위한 가변적 데이터 구조를 설계할 때 자주 나타난다. 일반 업무에 대한 데이터 모델 설계에서도 미래의 예상치 못한 변화에 대응하기 위한 의도로 미리 예비 속성들을 추가해 놓은 경우에 행으로 표현 되었어야 할 데이터가 다수의 열로 나열되어 있는 것을 간혹 볼 수 있다.

이와 같은 데이터 모델 설계 방식은 겉으로 보기에 예상치 못한 업무 변화에 쉽게 대응할 수 있는 유연성과 확장성을 갖춘 것처럼 보인다. 하지만 실제로는 각 예비 속성들이 어떠한 의도로 사용되었는지를 세밀하게 기록하여 공유하지 않으면 쓸모 없는 데이터가 되기 쉽다. 이러한 문제는 나중에 데이터 구조를 개선하려고 시도하는 경우에 더 크게 드러난다. 이 예비 속성에 저장된 데이터 때문에 그대로 가져 가기도 곤란하고, 응용 시스템에 어떠한 에러가 발생할 지 알 수 없어 무조건 버릴 수도 없는 난감한 상황에 직면하게 되어 데이터 구조 개선을 어렵게 한다. 더군다나 데이터가 많이 저장된 상황에서 예비 속성에 저장된 데이터를 검색하려면 성능 저하나 자원 부하 등이 나타나 효율성이나 활용성 측면에서도 매우 좋지 않다. 이러한 상황에서 다수의 열로 나열된 데이터를 다시 다중 행으로 변환하여 처리함으로써 다른 데이터와의 연결이나 처리 성능의 향상 효과를 얻을 수 있는 경우도 있다. 때문에 열을 행으로 변환하는 언피봇(UNPIVOT) 방법은 상황에 따라 아주 유용하게 사용되기도 하다.

오라클이나 SQL Server의 경우 오라클은 11g 버전부터, SQL Server는 2005 버전부터 UNPIVOT절 사용하여 열을 행으로 변환할 수 있도록 지원하고 있다. 하지만 다른 DBMS에서는 각기 독자적인 방법으로 언피봇 기능을 구현할 수 있도록 하고 있다. 이 책에서 예제 DBMS로 사용하고 있는 PostgreSQL은 UNNEST 함수를 사용하여 언피봇을 구현할 수 있다.

예비 속성을 갖고 있고 이 속성을 특정 의도로 사용하고 있는 다음과 같은 테이블을 가정해 보자.

TABLE : CAR_CATALOG

ID	NAME	FLD1	FLD2	FLD3	FLD4	FLD5
101	SONATA	BLACK	2.0	NULL	NULL	선루프
102	GRANDUER	WHITE	3.5	DUAL AIR BAG	NULL	HUD

이 테이블의 예비 속성은 열 이름을 FLD1, FLD2 등과 같이 부여하여 모두 5개를 사용하고 있다. 이는 각각 색상, 배기량, 특별옵션, AVN변경(여부), 기본옵션 등에 대한 값을 갖고 있다. 이와 같은 설계 방식에서 색상이 RED인 차 또는 색상이 BLUE이면서 배기량이 2.0 이상인 차 등과 같은 조건 검색을 하려면 전체 테이블 검색을 해야 한다. 대량의 데이터가 저장되어 있을 경우 전체 테이블 검색은 엄청난 성능 저하나 시스템 부하를 유발할 수 있다. 검색 성능 향상을 위해 인덱스를 추가하려 해도 필요한 인덱스의 수가 매우 많아져서 큰 비효율이 나타날 수 있기 때문에 일반적인 업무 DB에 대한 설계에서는 그리 좋은 방법이 아니다. 이러한 데이터 구조에서 열로 나열된 데이터를 다중 행으로 변환하기 위해 UNNEST 함수를 사용하는 방법은 다음과 같다.

예시 2장_06_단일행의 다중열을 다중행으로 변환(1)

```
SELECT   ID, NAME,
         UNNEST(ARRAY['색상','배기량','특별옵션','AVN변경','기본옵션']) AS PROPERTY,
         UNNEST(ARRAY[FLD1, FLD2, FLD3, FLD4, FLD5]) AS PROP_VALUE
FROM     CAR_CATALOG ;
```

결과

	id integer	name text	property text	prop_value text
1	101	SONATA	색상	BLACK
2	101	SONATA	배기량	2.0
3	101	SONATA	특별옵션	[null]
4	101	SONATA	AVN변경	[null]
5	101	SONATA	기본옵션	선루프
6	102	GRANDUER	색상	WHITE
7	102	GRANDUER	배기량	3.5
8	102	GRANDUER	특별옵션	DUAL AIR BAG
9	102	GRANDUER	AVN변경	[null]
10	102	GRANDUER	기본옵션	HUD

앞에서 이미 설명했지만 UNNEST 함수는 배열 값을 입력하여 테이블로 변환된 결과를 반환하기 때문에 입력 값이 배열 형식으로 되어 있어야 한다. 하지만 FLD1, FLD2, … 등은 배열이 아닌 하나하나의 열(COLUMN)일 뿐이다. 이와 같이 하나의 행에 나열된 열들을 배열로 만들기 위해 사용한 것이 배열 생성자 ARRAY[] 이다. 위 SQL의 두 번째, 세 번째 줄을 보면 UNNEST 함수 안에 배열 생성자 ARRAY[]가 사용된 것을 볼 수 있다. 일반적으로 배열 값은 중괄호({}) 안에 각 원소 값들을 콤마로 구분하여 나열한다. 배열 생성자는 일반 상수나 변수 값을 배열로 전환하기 위한 용도로 사용되며, ARRAY 키워드 다음의 대괄호([]) 안에 배열로 전환할 대상인 상수나 변수를 콤마로 구분하여 나열하면 배열로 변환된 결과를 반환한다. 즉, 위 SQL의 두 번째와 세 번째 줄에서 ARRAY[] 안에 나열한 인자들을 배열로 변환하여 UNNEST 함수에 입력으로 제공하는 것이다. 위 SQL의 세 번째 줄은 각각의 열로 나열되었던 FLD1, FLD2, … FLD5 의 열들을 배열로 전환한 후 UNNEST 함수에 의해 5개의 행으로 변환되어 PROP_VALUE라는 이름의 하나의 열로 출력된다. 위 SQL의 두 번째 줄은 FLD1, FLD2, … FLD5 등 각각의 열의 의미를 나타낸 텍스트를 배열로 전환한 후 마찬가지로 5개의 행으로 변환하여 PROPERTY 라는 이름의 열로 출력하게 된다. 이들은 FLD1 부터 FLD5까지의 열이 각각의 행으로 변환되었을 때 각 행에 배치된 속성 값의 의미를 나타내게 된다.

다음은 앞에서 행을 열로 변환하는 피봇팅에 의해 생성된 결과와 같이 연도별로 각 월의 판매 실적을 열로 나열한 형태의 테이블을 가정해 보자.

TABLE : YEARLY_SALES

YEAR	8월	9월	10월	11월	12월	합계
2017	1203	2320	2110	1345	3210	10188
2018	2102	2678	3240	2460	2900	13380

이와 같은 테이블 구성은 집계 결과를 저장하는 테이블에서 자주 나타난다. 이러한 구성은 원천 데이터로부터 집계한 결과를 아무 때나 원하는 시점에 빠르게 재사용할 수 있도록 테이블로 생성하여 저장하는 경우에 자주 볼 수 있다. 그러나 일반 업무에서 발생하는 원천 데이터를 저장하는 테이블 형태로 이와 같은 구조를 설계하는 것은 바람직하지 않다. 때문에 처음에 데이터 모델을 설계할 때부터 주의가 필요하다. 위 테이블과 같이 각 월별 실적이 열(COLUMN)로 나열되어 있는 상태에서 각 월별 데

이터를 행으로 저장하고 있는 다른 테이블과 연결하여 필요한 결과를 생성하기 위해서는 위 테이블의 각 열을 다시 행으로 변환하는 언피봇 처리가 필요하다. 이때도 앞에서 설명한 UNNEST 함수가 사용된다. UNNEST 함수를 사용하여 열로 나열된 각 월별 실직 데이터를 행으로 변환하는 방법은 앞서 설명한 SQL 문장 형태와 동일하다.

예시	2장_06_단일행의 다중열을 다중행으로 변환(2)

```
SELECT   YEAR,
         UNNEST(ARRAY['8','9','10','11','12','TOTAL']) AS MONTH,
         UNNEST(ARRAY["8월", "9월", "10월", "11월", "12월", "합계"]) AS SALE_AMT
FROM     YEARLY_SALES ;
```

결과

	year integer	month text	sale_amt integer
1	2017	8	1203
2	2017	9	2320
3	2017	10	2110
4	2017	11	1345
5	2017	12	3210
6	2017	TOTAL	10188
7	2018	8	2102
8	2018	9	2678
9	2018	10	3240
10	2018	11	2460
11	2018	12	2900
12	2018	TOTAL	13380

지금까지 하나의 문자열을 행으로 변환하는 방법과 하나의 행에 열로 나열된 데이터를 다중 행으로 변환하는 언피봇 등의 방법에 대해 살펴 보았다. 다중 행을 단일 행으로 변환하는 피봇팅 방법은 일반 업무에서도 상당히 자주 사용되는 편이라고 할 수 있다. 하지만 언피봇 방법은 피봇팅 방법에 비해 활용되는 경우가 적은 편이다. 그러나 이러한 방법을 잘 이해하고 적시에 활용할 수 있다면 매우 유용하게 사용할 수 있을 것이다. 이제 다음과 같은 상황을 해결하기 위한 언피봇 문장을 작성해 보자.

다음과 같이 상품 유형별로 분기별 할인 정책을 각각의 열에 저장하고 있는 데이터에 대해 상품 유형별, 분기별 할인율을 다중 행으로 출력하라.

TABLE : SALES_POLICY

CLS_CODE	Q1	Q2	Q3	Q4
가전	0.3	0.1	0.3	0.5
컴퓨터	0.3	0.4	0.2	0.3

(해설) 앞에서 설명한 UNNEST 함수와 배열 생성자 ARRAY[]를 사용하여 각 분기별 열을 행으로 변환하며, 해당 SQL 문장은 다음과 같다.

예시 — 2장_06_단일행의 다중열을 다중행으로 변환(3)

```
SELECT   CLS_CODE,
         UNNEST(ARRAY[1,2,3,4]) AS QUARTER,
         UNNEST(ARRAY[Q1,Q2,Q3,Q4]) AS DISCOUNT_RATE
FROM     SALES_POLICY ;
```

결과

	cls_code text	quarter integer	discount_rate numeric
1	가전	1	0.3
2	가전	2	0.1
3	가전	3	0.3
4	가전	4	0.5
5	컴퓨터	1	0.3
6	컴퓨터	2	0.4
7	컴퓨터	3	0.2
8	컴퓨터	4	0.3

2.3 그룹 함수를 이용한 소계, 총계 구하기

앞에서 여러 행의 값을 입력으로 하여 단일 행의 값을 반환하는 함수를 다중 행 함수라고 설명했다. 다중 행 함수에 대해 표준 SQL에서는 집계 함수(AGGREGATE FUNCTION)와 그룹 함수(GROUP FUNCTION), 그리고 윈도우 함수(WINDOW FUNCTION) 또는 분석 함수(ANALYTIC FUNCTION)로, 크게 세 가지로 구분하고 있다. 여기서는 앞서 설명한 집계 함수 외에 다중 행 함수의 한 유형인 그룹 함수의 특징과 사용 방법에 대해 설명한다. 아울러 후반, 윈도우 함수에 대해서 다시 설명할 예정이다.

그룹 함수는 GROUP BY 결과를 출력하면서, 소계나 총계와 같은 다양한 집계 수준의 결과를 함께 출력할 수 있도록 해준다. 기업이나 기관에서 사용하는 다양한 보고서나 집계에는 대개 소계, 중계, 합계, 총계 등과 같은 여러 계층의 집계 수준 결과가 포함된다. 이를 위해 각 집계 수준별로 동일 테이블에 동일 데이터를 반복적으로 읽어 각각의 계층에 대한 집계 결과를 만든 후 UNION ALL로 연결한다. 아니면 1차 GROUP BY 처리한 중간 결과를 하나씩 읽어 들이면서 필요한 계층별 집계 변수에 읽어 들인 GROUP BY 결과 값을 계속적으로 누적하여 1차 처리한 중간 결과에 대한 누적이 완료되면 계층별 집계 결과를 함께 출력하는 배치 프로그램을 작성할 수 있다. 그러나 이와 같은 처리 방식은 시간과 공수가 많이 들고, 무엇보다도 실행 상 비효율이 높아 좋은 처리 성능을 기대하기 어렵다. 이러한 문제점을 해소할 수 있는 방법이 그룹 함수이다. 그룹 함수를 사용하면 하나의 SQL로 필요한 데이터를 한 번만 읽어 원하는 다양한 집계 수준의 결과를 쉽고 빠르게 만들어 낼 수 있다.

대표적인 그룹 함수에는 ROLLUP, CUBE, GROUPING SETS 등이 있으며, 이제부터 이들의 동작 방식과 이들을 이용하여 소계, 총계 등 다양한 계층의 집계 결과를 생성하는 방법에 대해 알아 본다.

2.3.1 ROLLUP

ROLLUP은 GROUP BY 처리 시 그룹핑 기준 외에 소단위 그룹을 지정하여 이 소그룹 간의 소계와 총계 등을 계산할 수 있는 그룹 함수이다. ROLLUP은 GROUP BY의 확장된 형태로 볼 수 있다. 이 방법은 사용하기에 쉽고, 병렬 수행도 가능하여 효과적인 실행이 가능하다. 특히 년-월-일 등의 시간적 계층 구성이나 시도-군-구 혹은 시도-시/지역 등의 지역적 계층 구성과 같이 데이터의 계층적 구성을 토대로 계층별 소계와 총계 등이 필요한 경우에 매우 효과적으로 사용될 수 있다.

현재의 대부분의 DBMS는 GROUP BY 처리 시 집계에 집중하여 처리하기 때문에 GROUP BY 처리 결과에는 정렬 순서가 반영되어 있지 않다. 그러므로 출력 결과에 대한 정렬이 필요한 경우는 ORDER BY 절을 추가하여 정렬 기준을 명시해야 한다. 이것은 ROLLUP 수행 결과에 대해서도 마찬가지이다.

ROLLUP은 다음과 같이 GROUP BY 절에 사용한다.

```
GROUP BY ROLLUP(표현식)  또는
GROUP BY 표현식1, ROLLUP(표현식2)
```

ROLLUP은 위에 표현한 두 가지 형식과 같이 GROUP BY 기준 컬럼 또는 컬럼 표현식 전체에 대해 적용하거나, GROUP BY 기준 컬럼 또는 컬럼 표현식 중 일부에 대해 적용할 수 있다.

ROLLUP안에 지정된 그룹핑 컬럼 또는 컬럼 표현식의 목록은 소그룹별 집계(SUBTOTAL)를 생성하는 단위가 된다. 또한 ROLLUP 안에 지정된 컬럼 또는 컬럼 표현식의 수를 N이라고 했을 때 **N+1 계층의 집계**가 생성된다. 예를 들면 다음과 같다.

```
GROUP BY ROLLUP(C1, C2)    ─ ROLLUP 안에 2개의 그룹핑 기준을 명시

결과 집합의 구성 :
① C1, C2 컬럼에 대한 집계 결과 : 이것을 표준 집계 또는 기본 집계 라고도 함
② ROLLUP 함수에 의한 소그룹별 집계로 C1 레벨에서 C2 전체에 대한 소계
③ C1, C2 전체에 대한 합계(총계)
```

이와 같이 ROLLUP 안에 명시된 그룹핑 기준 2개에 대해 2+1 인 3개의 집계 레벨이 출력된다. 표준 집계를 제외한 소그룹별 집계는 ROLLUP 안에 명시된 그룹핑 기준의 목록에서 가장 뒤에 기술된 것부터 하나씩 지워가면서 그 왼쪽에 명시된 컬럼을 기준으로 하는 소그룹별 집계가 생성된다고 생각해도 된다. 즉, ROLLUP(C1, C2) 에서 제일 뒤에 있는 C2를 제거한 C1 기준의 소단위 집계가 생성되고, 그 다음은 C1, C2가 모두 생략된 전체의 집계가 생성된다고 볼 수 있다. 만일 ROLLUP(C1, C2, C3) 로 3개의 그룹핑 기준이 명시되었다면, 3+1로 모두 4개의 집계 레벨이 생성된다. 첫 번째는 C1, C2, C3 기준의 표준 집계 결과이고, 두 번째는 C3가 생략된 C1, C2 기준의 소단위 집계이다. 그리고 세 번째는 C2, C3가 생략된 C1 기준의 소단위 집계, 마지막 네 번째는 C1, C2, C3가 모두 생략된 전체의 집계가 생성된다. 무엇보다 중요한 것은 ROLLUP의 인수를 기술할 때 순서가 바뀌면 집계 결과도 바뀌게 되므로 인수의 순서에도 주의해야 한다.

앞에서 사용해 보았던 주문 테이블(ENC_ORDER2)를 대상으로 연도별, 월별 판매 금액의 집계와 연도별 소계, 전체 총계를 구하는 과정을 살펴 보자.

1) 일반적인 GROUP BY 절 사용한 연도별 월별 판매 금액 집계

주문 테이블(ENC_ORDER2)에서 연도별, 월별로 판매 금액을 집계하기 위한 GROUP BY 문장은 다음과 같이 작성할 수 있다.

Script — 2장_07_ROLLUP을 이용한 소계,총계 구하기(01)

```
SELECT  EXTRACT(YEAR FROM ORD_DT) AS YEAR,
        EXTRACT(MONTH FROM ORD_DT) AS MONTH,
        SUM(AMOUNT) AS SALE_AMT
FROM    SQLSTUDY.ENC_ORDER2
GROUP BY EXTRACT(YEAR FROM ORD_DT),
         EXTRACT(MONTH FROM ORD_DT);
```

결과

	year double precision	month double precision	sale_amt bigint
1	2017	11	48671
2	2018	10	31859
3	2018	8	21220
4	2018	9	3290
5	2018	11	64174
6	2017	10	45731
7	2017	8	11646
8	2017	12	20250
9	2017	9	13923
10	2018	12	35262

위 결과를 보면 연도별, 월별 집계가 수행되어 10개의 행이 출력되었지만 출력 결과는 정렬되어 있지 않음을 볼 수 있다. 앞에서도 언급했지만 GROUP BY 결과에 대해 정렬이 필요한 경우는 ORDER BY절을 추가해야 한다. ORDER BY 절을 추가한 SQL 문장과 그 결과는 다음과 같다.

Script — 2장_07_ROLLUP을 이용한 소계,총계 구하기(02)

```sql
SELECT  EXTRACT(YEAR FROM ORD_DT) AS YEAR,
        EXTRACT(MONTH FROM ORD_DT) AS MONTH,
        SUM(AMOUNT) AS SALE_AMT
FROM    SQLSTUDY.ENC_ORDER2
GROUP BY  EXTRACT(YEAR FROM ORD_DT),
          EXTRACT(MONTH FROM ORD_DT)
ORDER BY YEAR, MONTH;
```

결과

	year double precision	month double precision	sale_amt bigint
1	2017	8	11646
2	2017	9	13923
3	2017	10	45731
4	2017	11	48671
5	2017	12	20250
6	2018	8	21220
7	2018	9	3290
8	2018	10	31859
9	2018	11	64174
10	2018	12	35262

연도별, 월별로 정렬된 결과가 나타났다. 지금부터는 이 GROUP BY 결과에 대해 연도별 소계, 전체 총계와 같은 소단위 집계 결과를 추가하기 위한 ROLLUP 함수를 사용해 보자.

2) ROLLUP 함수를 사용한 소단위 집계 결과 추가

연도별, 월별 집계에 대해 연도별 소계, 전체 총계를 추가하기 위해 다음과 같이 GROUP BY 절에 ROLLUP 함수를 사용할 수 있다.by

Script　　　　　　　　　　　　　　　　　　　2장_07_ROLLUP을 이용한 소계,총계 구하기(03)

```
SELECT  EXTRACT(YEAR FROM ORD_DT) AS YEAR,
        EXTRACT(MONTH FROM ORD_DT) AS MONTH,
        SUM(AMOUNT) AS SALE_AMT
FROM    SQLSTUDY.ENC_ORDER2
GROUP BY ROLLUP ( EXTRACT(YEAR FROM ORD_DT),
                  EXTRACT(MONTH FROM ORD_DT));
```

결과

	year double precision	month double precision	sale_amt bigint
1	[null]	[null]	296026
2	2017	11	48671
3	2018	10	31859
4	2018	8	21220
5	2018	9	3290
6	2018	11	64174
7	2017	10	45731
8	2017	8	11646
9	2017	12	20250
10	2017	9	13923
11	2018	12	35262
12	2018	[null]	155805
13	2017	[null]	140221

앞서 GROUP BY만 수행했을 때의 결과, 10개 행에 더해서 연도별 소계가 2 행, 그리고 전체 총계가 1 행 추가된 것을 볼 수 있다. 그러나 이미 언급했듯이 ORDER BY가 추가되지 않았기 때문에 출력 결과는 정렬되어 있지 않아 내용을 알아 보기에 불편하다. 위 ROLLUP 문장에 ORDER BY를 추가하면 다음과 같이 정렬된 결과를 얻을 수 있다.

Script — 2장_07_ROLLUP을 이용한 소계,총계 구하기(04)

```
SELECT  EXTRACT(YEAR FROM ORD_DT) AS YEAR,
        EXTRACT(MONTH FROM ORD_DT) AS MONTH,
        SUM(AMOUNT) AS SALE_AMT
FROM  SQLSTUDY.ENC_ORDER2
GROUP BY ROLLUP ( EXTRACT(YEAR FROM ORD_DT),
                  EXTRACT(MONTH FROM ORD_DT))
ORDER BY YEAR, MONTH;
```

	year double precision	month double precision	sale_amt bigint
1	2017	8	11646
2	2017	9	13923
3	2017	10	45731
4	2017	11	48671
5	2017	12	20250
6	2017	[null]	140221
7	2018	8	21220
8	2018	9	3290
9	2018	10	31859
10	2018	11	64174
11	2018	12	35262
12	2018	[null]	155805
13	[null]	[null]	296026

6행: 연도별 소계
12행: 연도별 소계
13행: 전체 합계

연도별, 월별 표준 집계 결과 10건에 더해서 연도의 마지막 행에 연도별 소계가 하나씩 모두 2건, 그리고 가장 마지막 행에 전체 총계가 1건 추가된 것을 볼 수 있다. 여기서 한 가지 짚고 넘어갈 것은 소계, 총계가 꼭 합계(SUMMARY)만을 의미하지 않는다는 점이다. SELECT 절에 사용된 집계 함수를 소단위 집계에서, 그리고 전체 집계에서 한 번 더 사용한 결과가 추가되는 것이다. 즉, SELECT 절에 사용된 집계 함수가 SUM이면 소계, 총계에서도 소그룹 단위의 SUM이 추가되는 것이다. 또한 SELECT 절의 집계 함수가 AVG 라면 소계, 총계에서도 해당하는 AVG 결과가, 사용된 집계 함수가 COUNT 이면 소계, 총계에서도 해당하는 COUNT 결과가 추가된다.

위 결과에서 한 가지 더 짚어볼 것은 소계와 총계 행의 출력 모습이다. 연도별 소계를 보면 월을 특정할 수 없기 때문에 빈값(NULL) 상태이고, 전체 총계에서는 연도와 월을 특정할 수 없기 때문에 모두 빈값(NULL)인 상태이다. 이와 같은 출력 결과에서는 소계와 총계가 추가되기는 했어도 이것이 소계인지 총계인지 구분하기가 용이하지 않다. 이를 보완하기 위해 다음과 같이 GROUPING() 함수를 추가로 사용할 수 있다.

3) GROUPING 함수를 사용한 출력 결과의 가공

GROUPING 함수는 ROLLUP, CUBE, GROUPING SETS 등 그룹 함수와 함께 사용되는 그룹 함수에 대한 보조 함수와 같다. 소계나 총계와 같이 소단위 집계가 계산된 결과에는 GROUPING() 함수의 결과로 1 이 반환되고, 그 외에는 0 이 반환된다. GROUPING 함수는 다음과 같이 ROLLUP 안에 명시된 집계 기준 컬럼 또는 컬럼 표현식에 대해 적용된다.

```
SELECT   … GROUPING(C1) …
         … GROUPING(C2) …
FROM     …
GROUP BY ROLLUP(C1, C2) ;
```

그룹 함수 사용 시 SELECT 절에서 CASE 문과 GROUPING 함수를 함께 사용하여 소계나 총계를 나타내는 필드에 원하는 문자열을 지정할 수 있다. 그렇기 때문에 그룹 함수를 보다 강력하고 유용하게 사용할 수 있다. 앞에서 소계, 총계가 추가로 출력된 ROLLUP 문장에 GROUPING 함수를 추가하면 어떤 결과가 나타나는지는 다음과 같다.

Script — 2장_07_ROLLUP을 이용한 소계,총계 구하기(05)

```
SELECT  GROUPING(EXTRACT(YEAR FROM ORD_DT)) AS GROUPING_YEAR,
        EXTRACT(YEAR FROM ORD_DT) AS YEAR,
        GROUPING(EXTRACT(MONTH FROM ORD_DT)) AS GROUPING_MONTH,
        EXTRACT(MONTH FROM ORD_DT) AS MONTH,
        SUM(AMOUNT) AS SALE_AMT
FROM    SQLSTUDY.ENC_ORDER2
GROUP BY ROLLUP( EXTRACT(YEAR FROM ORD_DT),
                 EXTRACT(MONTH FROM ORD_DT))
ORDER BY YEAR, MONTH;
```

결과

	grouping_year integer	year double precision	grouping_month integer	month double precision	sale_amt bigint
1	0	2017	0	8	11646
2	0	2017	0	9	13923
3	0	2017	0	10	45731
4	0	2017	0	11	48671
5	0	2017	0	12	20250
6	① 0	2017	1	[null]	140221
7	0	2018	0	8	21220
8	0	2018	0	9	3290
9	0	2018	0	10	31859
10	0	2018	0	11	64174
11	0	2018	0	12	35262
12	② 0	2018	1	[null]	155805
13	③ 1	[null]	1	[null]	296026

ROLLUP 안에 사용된 그룹핑 기준 컬럼 표현식 각각에 대해 GROUPING 함수를 적용해 본 결과를 살펴보자. 연도와 월에 대한 표준 집계 부분에서는 각각의 GROUPING 함수 결과가 모두 0이지만, 연도별 소계(①, ②)에서는 월에 대한 GROUPING 함수 결과가 1이 되고, 전체 총계(③)에서는 연도에 대한 GROUPING 함수 결과가 1이 되는 것을 볼 수 있다.

이 결과를 토대로 앞에서 소계와 총계를 나타내는 행에 빈값(NULL) 상태로 보여진 필드에 대해 '소계', '총계' 혹은 이에 준하는 원하는 문자열로 대체하기 위한 SQL 문장을 작성해 보면 다음과 같다.

Script — 2장_07_ROLLUP을 이용한 소계,총계 구하기(06)

```sql
SELECT CASE GROUPING(EXTRACT(YEAR FROM ORD_DT))
            WHEN 1 THEN 'TOTAL'
            ELSE CONCAT(EXTRACT(YEAR FROM ORD_DT),'') END AS YEAR,
       CASE GROUPING(EXTRACT(MONTH FROM ORD_DT))
            WHEN 1 THEN 'SUB-TOTAL'
            ELSE TO_CHAR(EXTRACT(MONTH FROM ORD_DT),'09') END AS MONTH,
       SUM(AMOUNT) AS SALE_AMT
FROM SQLSTUDY.ENC_ORDER2
GROUP BY ROLLUP( EXTRACT(YEAR FROM ORD_DT),
                 EXTRACT(MONTH FROM ORD_DT))
ORDER BY YEAR, MONTH;
```

결과

	year text	month text	sale_amt bigint
1	2017	08	11646
2	2017	09	13923
3	2017	10	45731
4	2017	11	48671
5	2017	12	20250
6	2017	SUB-TOTAL	140221
7	2018	08	21220
8	2018	09	3290
9	2018	10	31859
10	2018	11	64174
11	2018	12	35262
12	2018	SUB-TOTAL	155805
13	TOTAL	SUB-TOTAL	296026

위 SQL 문장을 보면 SELECT 절의 연도(YEAR)를 출력하는 부분에 GROUPING 함수의 결과가 1인 경우 'TOTAL' 이라는 문자열을 출력하고, 1이 아닌 경우는 연도 값을 출력한다. 이때 연도 값을 그대로 출력하는 것이 아니라 CONCAT 함수로 빈문자열(EMPTY STRING)과 결합

한 결과를 출력하도록 한 것을 볼 수 있다. 이것은 EXTRACT 함수에 의해 추출한 연도가 숫자형(DOUBLE PRECISION)인데 'TOTAL' 이라는 문자열과 하나의 컬럼에 함께 출력되도록 하려면 데이터 형식을 맞추어야 하기 때문에 추가된 조치이다. 'TOTAL'이라는 문자열은 숫자형으로 변환할 수 있는 방법이 없기 때문에 숫자형인 연도 값을 문자로 변환하여 출력하도록 한 것이다. 숫자형인 연도를 문자로 변환하는 방법은 CONCAT 함수 외에도 TO_CHAR 함수를 이용할 수도 있다.

월(MONTH)을 출력하는 부분에서 GROUPING 함수 결과가 1이 경우는 'SUB-TOTAL' 이라는 문자열을 출력하고, 1이 아닌 경우는 월 값을 출력한다. EXTRACT에 의해 추출된 월의 데이터 형식도 숫자형(DOUBLE PRECISION)으로, 출력 시 월(MONTH) 컬럼에 숫자형 값과 문자열을 함께 출력하기 위해 월 값에 대해 TO_CHAR 함수를 적용하여 문자형으로 전환하였다. 이때 TO_CHAR 함수에 '09' 포맷 문자를 추가한 것은 숫자 그대로 문자화 했을 경우 ORDER BY 정렬을 하면 10, 11, 12 등이 8, 9 보다 앞에 오게 되기 때문이다. 즉, 숫자로서는 당연히 8, 9 가 10 보다 작지만, 문자로서는 첫 자리가 '1' 인 문자열이 '8' 이나 '9' 인 문자열보다 작다. 때문에 10, 11, 12가 8, 9 보다 앞에 오게 되는 것을 방지하기 위해 한 자리 숫자의 경우 첫 자리에 '0'을 추가하도록 '09' 포맷 문자를 월에 대한 TO_CHAR 함수에 적용한 것이다.

이상과 같은 조치를 SQL 문장에 반영하여 소계, 총계를 나타내는 필드에 'SUB-TOTAL'과 'TOTAL'이 표시되도록 했다. 하지만 아직도 한 가지 아쉬움이 남는다. 위 결과의 마지막 행을 보면 연도에 대한 GROUPING 결과가 1인 경우에 대해 전체 총계를 의미하는 'TOTAL' 문자열을 출력하도록 했다. 그러나 이때 월(MONTH)에 대한 GROUPING 함수 결과도 1이기 때문에 월(MONTH) 필드에 'SUB-TOTAL' 이라는 문자열이 한 번 더 출력되어 다소 어색한 모양이 되었다. 이에 대해 전체 총계에 해당하는 'TOTAL' 문자열이 출력될 때 해당 행의 월(MONTH) 필드에는 'SUB-TOTAL'이 출력되지 않고 빈값(NULL) 상태로 그대로 출력되도록 SQL을 작성하면 ROLLUP 결과를 보다 읽기 좋게 출력할 수 있다. 그 예시는 다음과 같다.

Script — 2장_07_ROLLUP을 이용한 소계,총계 구하기(07)

```sql
SELECT  CASE  GROUPING(EXTRACT(YEAR FROM ORD_DT))
              WHEN 1 THEN 'TOTAL'
              ELSE CONCAT(EXTRACT(YEAR FROM ORD_DT),'') END AS YEAR,
        CASE  GROUPING(EXTRACT(YEAR FROM ORD_DT)) +
              GROUPING(EXTRACT(MONTH FROM ORD_DT))
              WHEN 2 THEN NULL
              WHEN 1 THEN 'SUB-TOTAL'
              ELSE TO_CHAR(EXTRACT(MONTH FROM ORD_DT),'09') END AS MONTH,
        SUM(AMOUNT) AS SALE_AMT
FROM    SQLSTUDY.ENC_ORDER2
GROUP BY ROLLUP( EXTRACT(YEAR FROM ORD_DT),
                 EXTRACT(MONTH FROM ORD_DT))
ORDER BY YEAR, MONTH;
```

결과

#	year (text)	month (text)	sale_amt (bigint)
1	2017	08	11646
2	2017	09	13923
3	2017	10	45731
4	2017	11	48671
5	2017	12	20250
6	2017	SUB-TOTAL	140221
7	2018	08	21220
8	2018	09	3290
9	2018	10	31859
10	2018	11	64174
11	2018	12	35262
12	2018	SUB-TOTAL	155805
13	TOTAL	[null]	296026

가장 마지막 행의 전체 총계를 나타내는 행에서는 연도(YEAR)와 월(MONTH)에 대한 GROUPING 함수 결과가 모두 1이라는 점에 착안하여 각각의 GROUPING 함수 결과를 더한 결과를 CASE 문에서 평가한다. 그 결과가 2가 되면 가장 마지막의 전체 총계 행에 해당하므로 월(MONTH)에 해당하는 값을 빈값(NULL)으로 출력하고, 더한 결과가 1인 경우는 연도별 소계 행에 해당하므로 'SUB-TOTAL' 문자열을 출력하도록 하여 의도하는 형태로 출력이 되도록 만들었다. 이와 같이 ROLLUP을 이용하여 소계, 총계가 반영된 집계 결과를 출력하는 형태는 국내 기업이나 기관에서 가장 많이 사용하는 보고서 형태에 해당하므로 잘 이해하고 활용하면 매우 큰 도움이 될 것이다.

지금까지 설명한 ROLLUP 함수의 개념과 활용 방법의 이해를 토대로 다음의 상황을 해결하기 위한 SQL을 작성해 보자.

 주문 테이블(ENC_ORDER2)에서 주문 담당 부서별로 주문 금액의 합과 주문 건수를 전체 합계와 함께 출력하라.

(해설) 주문 담당 부서별 집계가 필요하므로 GROUP BY 기준은 주문 담당 부서(ORD_DEPT_NO)이고, 원하는 집계 내용은 주문 금액(AMOUNT)의 합과 주문 건수이므로 SUM과 COUNT 집계 함수가 사용되어야 한다. 또한 전체 합계와 함께 출력하기 위해 GROUP BY 절에 ROLLUP 함수가 추가로 사용되어야 한다. 이에 대한 SQL 문장은 다음과 같다.

Script   2장_07_ROLLUP을 이용한 소계,총계 구하기(08)

```sql
1  SELECT CASE GROUPING(ORD_DEPT_NO)
2              WHEN 0 THEN CONCAT(ORD_DEPT_NO,'')
3              ELSE '합계'
4         END AS ORD_DEPT_NO,
5         SUM(AMOUNT), COUNT(*)
6    FROM SQLSTUDY.ENC_ORDER2
7   GROUP BY ROLLUP(ORD_DEPT_NO)
8   ORDER BY ORD_DEPT_NO
```

> **결과**

	ord_dept_no text	sum bigint	count bigint
1	100	78004	10
2	200	30766	10
3	300	52989	10
4	400	134267	28
5	합계	296026	58

이번에는 앞에서 살펴 보았던 피봇팅 방법과 ROLLUP을 함께 사용하여 보다 잘 정돈된 집계 결과를 출력하는 방법을 살펴 보자.

 주문 테이블(ENC_ORDER2)로부터 연도별, 주문 담당 부서별로 월별 주문 금액의 합과 주문 건수의 합을 옆으로 나열하여 출력해 보도록 하자. 이 때 오른쪽 마지막에는 해당 연도에서의 부서별 주문 금액의 합과 부서별 주문 건수의 합이 출력되도록 하고, 가장 마지막 행에는 월별 주문 금액과 주문 건수의 전체 총계가 출력되도록 하라.

(해설) 이 요구와 같은 출력 형태는 일상 업무에서 매우 자주 나타나는 집계 보고서의 형태로, 다음과 같이 보고서 형태를 그림으로 표현해 보면 아래와 같다.

연도	부서	8월 주문		9월 주문		10월 주문		11월 주문		12월 주문		부서별 주문 합계	
		금액	건수	금액	건수	금액	건수	금액	건수	금액	건수	금액	건수
...	...												
...	...												
...	연도합계												
...	...												
...	...												
...	연도합계												
총계													

이와 같은 요구에 따른 집계 보고서 형태를 출력하기 위해 ROLLUP과 피봇팅 방법을 함께 적용하면 하나의 SQL 문장으로 원하는 출력 결과를 만들어 낼 수 있다. 연도별, 부서별 집계에서 소계, 총계를 출력하는 것은 ROLLUP을 이용하고, 8월부터 12월까지의 주문 금액과 주문 건수 집계 및 해당 연도의 부서별 주문 금액과 주문 건수의 합계 등은 피봇팅 방법에서 선별적 집계를 통해 집계 결과를 열로 나열하는 방법을 적용한다. 주문 테이블(ENC_ORDER2)로부터 이와 같은 결과를 얻기 위한 SQL을 작성한 결과는 다음과 같다.

Script — 2장_07_ROLLUP을 이용한 소계,총계 구하기(10)

```sql
SELECT CASE GROUPING(EXTRACT(YEAR FROM ORD_DT))
            WHEN 1 THEN '총계'
            ELSE CONCAT(EXTRACT(YEAR FROM ORD_DT),'') END AS YEAR,
       CASE GROUPING(EXTRACT(YEAR FROM ORD_DT)) + GROUPING(ORD_DEPT_NO)
            WHEN 2 THEN NULL
            WHEN 1 THEN '연도합계'
            ELSE CONCAT(ORD_DEPT_NO,'') END AS ORD_DEPT_NO,
       COALESCE(SUM(AMOUNT) FILTER (WHERE EXTRACT(MONTH FROM ORD_DT) = 8),0) AS "8월주문금액",
       COUNT(*)             FILTER (WHERE EXTRACT(MONTH FROM ORD_DT) = 8)    AS "8월주문건수",
       COALESCE(SUM(AMOUNT) FILTER (WHERE EXTRACT(MONTH FROM ORD_DT) = 9),0) AS "9월주문금액",
       COUNT(*)             FILTER (WHERE EXTRACT(MONTH FROM ORD_DT) = 9)    AS "9월주문건수",
       COALESCE(SUM(AMOUNT) FILTER (WHERE EXTRACT(MONTH FROM ORD_DT) = 10),0) AS "10월주문금액",
       COUNT(*)             FILTER (WHERE EXTRACT(MONTH FROM ORD_DT) = 10)    AS "10월주문건수",
       COALESCE(SUM(AMOUNT) FILTER (WHERE EXTRACT(MONTH FROM ORD_DT) = 11),0) AS "11월주문금액",
       COUNT(*)             FILTER (WHERE EXTRACT(MONTH FROM ORD_DT) = 11)    AS "11월주문건수",
       COALESCE(SUM(AMOUNT) FILTER (WHERE EXTRACT(MONTH FROM ORD_DT) = 12),0) AS "12월주문금액",
       COUNT(*)             FILTER (WHERE EXTRACT(MONTH FROM ORD_DT) = 12)    AS "12월주문건수",
       SUM(AMOUNT) AS "부서별주문금액합계",
       COUNT(*)    AS "부서별주문건수합계"
  FROM SQLSTUDY.ENC_ORDER2
 GROUP BY ROLLUP(EXTRACT(YEAR FROM ORD_DT), ORD_DEPT_NO)
 ORDER BY YEAR, ORD_DEPT_NO;
```

결과

	year	ord_dept_no	8월주문금액	8월주문건수	9월주문금액	9월주문건수	10월주문금액	10월주문건수	11월주문금액	11월주문건수	12월주문금액	12월주문건수	부서별주문금액합계	부서별주문건수합계
1	2017	100	5976	1	0	0	19080	2	2308	1	9585	1	36949	5
2	2017	200	0	0	3510	1	4309	2	6754	2	0	0	14573	5
3	2017	300	0	0	0	0	5215	2	9219	2	10665	1	25099	5
4	2017	400	5670	2	10413	3	17127	3	30390	6	0	0	63600	14
5	2017	연도합계	11646	3	13923	4	45731	9	48671	11	20250	2	140221	29
6	2018	100	6640	1	0	0	21200	2	0	0	13215	2	41055	5
7	2018	200	0	0	0	0	8688	3	3185	1	4320	1	16193	5
8	2018	300	0	0	0	0	1971	1	14069	3	11850	1	27890	5
9	2018	400	14580	4	3290	1	0	0	46920	7	5877	2	70667	14
10	2018	연도합계	21220	5	3290	1	31859	6	64174	11	35262	6	155805	29
11	총계	[null]	32866	8	17213	5	77590	15	112845	22	55512	8	296026	58

한 번의 SQL 실행으로 복잡한 집계 보고서가 완성되어 출력된 것을 볼 수 있다. 그런데, 위 SQL을 보면 ORD_DT로부터 연도와 월을 추출하는 EXTRACT 함수가 GROUP BY 대상이 되는 매 행마다 실행되는 구조임을 볼 수 있다. 앞에서 이미 함수의 실행 횟수가 증가하면 수행 성능에도 영향을 미칠 수 있음을 언급했다. 따라서 주문 테이블에 저장된 데이터가 증가할수록 EXTRACT 함수의 실행 부하가 커져서 SQL의 수행 성능에 영향을 줄 수 있기 때문에 가능하면 EXTRACT 함수를 적게 실행할 수 있도록 SQL 문장을 개선할 필요가 있다. 이와 같은 목적에 따라 함수의 실행을 줄일 수 있도록 개선된 형태의 SQL을 다시 작성해 보면 다음과 같다.

Script — 2장_07_ROLLUP을 이용한 소계,총계 구하기(11)

```sql
SELECT CASE GROUPING(YEAR)
            WHEN 1 THEN '총계'
            ELSE CONCAT(YEAR,'') END AS YEAR,
       CASE GROUPING(YEAR) + GROUPING(ORD_DEPT_NO)
            WHEN 2 THEN NULL
            WHEN 1 THEN '연도합계'
            ELSE CONCAT(ORD_DEPT_NO,'') END AS ORD_DEPT_NO,
       COALESCE(SUM(ORD_AMT) FILTER (WHERE MONTH = 8),0) AS "8월주문금액",
       COALESCE(SUM(ORD_CNT) FILTER (WHERE MONTH = 8),0) AS "8월주문건수",
       COALESCE(SUM(ORD_AMT) FILTER (WHERE MONTH = 9),0) AS "9월주문금액",
       COALESCE(SUM(ORD_CNT) FILTER (WHERE MONTH = 9),0) AS "9월주문건수",
       COALESCE(SUM(ORD_AMT) FILTER (WHERE MONTH = 10),0) AS "10월주문금액",
       COALESCE(SUM(ORD_CNT) FILTER (WHERE MONTH = 10),0) AS "10월주문건수",
       COALESCE(SUM(ORD_AMT) FILTER (WHERE MONTH = 11),0) AS "11월주문금액",
       COALESCE(SUM(ORD_CNT) FILTER (WHERE MONTH = 11),0) AS "11월주문건수",
       COALESCE(SUM(ORD_AMT) FILTER (WHERE MONTH = 12),0) AS "12월주문금액",
       COALESCE(SUM(ORD_CNT) FILTER (WHERE MONTH = 12),0) AS "12월주문건수",
       SUM(ORD_AMT) AS "부서별주문금액합계",
       SUM(ORD_CNT) AS "부서별주문건수합계"
  FROM (SELECT EXTRACT(YEAR FROM ORD_DT) AS YEAR,
               ORD_DEPT_NO,
               EXTRACT(MONTH FROM ORD_DT) AS MONTH,
               SUM(AMOUNT) AS ORD_AMT,
               COUNT(*)    AS ORD_CNT
          FROM SQLSTUDY.ENC_ORDER2
         GROUP BY EXTRACT(YEAR FROM ORD_DT),
                  ORD_DEPT_NO,
                  EXTRACT(MONTH FROM ORD_DT)) AS T
 GROUP BY ROLLUP(YEAR, ORD_DEPT_NO)
 ORDER BY YEAR, ORD_DEPT_NO;
```

이 SQL 문장은 앞서 제시한 SQL 문장과 동일한 결과를 얻지만 DBMS에 따라 실행되는 방식에는 차이가 있을 수 있다. 즉, 인라인 뷰로 작성된 FROM 절의 괄호 안 쿼리 문장이 먼저 실행되어 일차 그룹핑 된 중간 집합을 생성하고, 이 중간 집합이 외곽의 최종 쿼리 문장으로 제공되어 최종 결과 집합을 생성하도록 동작하는 것이다. 이렇게 동작하는 경우 EXTRACT 함수는 인라인 뷰 내에서 그룹핑 대상인 매 행마다 두 번씩만 실행되기 때문에 획기적인 함수 실행 횟수 감소의 효과를 얻을 수 있다. 그러나 DBMS가 쿼리 실행을 위해 쿼리를 해석하고 최적의 실행 계획을 수립하는 과정에서 뷰 머징(VIEW MERGING)이라고 하는 처리가 발생하여 인라인 뷰 내에 작성된 함수들을 외곽의 해당 위치에 다시 재배치하게 될 수 있다. 이렇게 되면 처음의 SQL 문장과 동일한 형태가 되어 인라인 뷰로 작성한 효과가 사라진다. 이와 같은 DBMS 내부에서의 처리 과정은 이 책의 내용을 완전히 익히고 보다 상급 단계에서 SQL 튜닝에 대한 내부 처리 과정을 공부할 때 알게 될 내용이다. 따라서 여기서는 인라인 뷰 형태로 작성한 SQL 문장도 DBMS에 따라서는 처음의 SQL 문장과 동일하게 실행될 수 있다는 점만 기억해 두자.

함수의 실행 횟수를 감소시킬 수 있는 또 다른 SQL 문장 형태는 WITH절 서브 쿼리를 이용하는 CTE(COMMON TABLE EXPRESSION) 표현 방식이다. 위에서 인라인 뷰로 작성했던 부분을 다음과 같이 WITH 절 서브 쿼리로 표현하여 SQL을 다시 작성할 수 있다.

Script 2장_07_ROLLUP을 이용한 소계,총계 구하기(12)

```
WITH T1 AS (
SELECT EXTRACT(YEAR FROM ORD_DT) AS YEAR,
       ORD_DEPT_NO,
       EXTRACT(MONTH FROM ORD_DT) AS MONTH,
       SUM(AMOUNT) AS ORD_AMT,
       COUNT(*)    AS ORD_CNT
FROM   SQLSTUDY.ENC_ORDER2
GROUP BY EXTRACT(YEAR FROM ORD_DT),
         ORD_DEPT_NO,
         EXTRACT(MONTH FROM ORD_DT)
)
SELECT CASE GROUPING(YEAR)
            WHEN 1 THEN '총계'
            ELSE CONCAT(YEAR,'') END AS YEAR,
       CASE GROUPING(YEAR) + GROUPING(ORD_DEPT_NO)
            WHEN 2 THEN NULL
            WHEN 1 THEN '연도합계'
            ELSE CONCAT(ORD_DEPT_NO,'') END AS ORD_DEPT_NO,
       COALESCE(SUM(ORD_AMT) FILTER (WHERE MONTH = 8),0)  AS "8월주문금액",
       COALESCE(SUM(ORD_CNT) FILTER (WHERE MONTH = 8),0)  AS "8월주문건수",
       COALESCE(SUM(ORD_AMT) FILTER (WHERE MONTH = 9),0)  AS "9월주문금액",
       COALESCE(SUM(ORD_CNT) FILTER (WHERE MONTH = 9),0)  AS "9월주문건수",
       COALESCE(SUM(ORD_AMT) FILTER (WHERE MONTH = 10),0) AS "10월주문금액",
       COALESCE(SUM(ORD_CNT) FILTER (WHERE MONTH = 10),0) AS "10월주문건수",
       COALESCE(SUM(ORD_AMT) FILTER (WHERE MONTH = 11),0) AS "11월주문금액",
       COALESCE(SUM(ORD_CNT) FILTER (WHERE MONTH = 11),0) AS "11월주문건수",
       COALESCE(SUM(ORD_AMT) FILTER (WHERE MONTH = 12),0) AS "12월주문금액",
       COALESCE(SUM(ORD_CNT) FILTER (WHERE MONTH = 12),0) AS "12월주문건수",
       SUM(ORD_AMT) AS "부서별주문금액합계",
       SUM(ORD_CNT) AS "부서별주문건수합계"
  FROM T1
 GROUP BY ROLLUP(YEAR, ORD_DEPT_NO)
 ORDER BY YEAR, ORD_DEPT_NO;
```

위에서 인라인 뷰로 작성했던 쿼리 부분을 WITH 절 서브 쿼리로 작성했다. 이러한 방법은 WITH 절 서브 쿼리가 먼저 실행되어 메모리에 일시적으로 중간 결과 집합을 저장했다가 메인 쿼리에서 이 서브 쿼리를 호출할 때마다 다시 실행하지 않고 일시 저장한 결과 집합을 읽어 재사용하게 되어, 함수의 실행 횟수가 현저하게 줄어들 수 있다. 물론 이와 같은 WITH절 서브 쿼리로 작성한 SQL도 DBMS에 따라서는 내부적으로 뷰 머징 처리에 의해 처음의 쿼리 형태로 실행될 수도 있다. 하지만 CTE를 구현한 대부분의 DBMS들은 CTE를 먼저 실행하여 중간 집합을 생성한 후 메인 쿼리를 처리하는 방식으로 동작하기 때문에 좀 더 효율적으로 집계 결과를 생성할 수 있다. 이 책에서 예제 DBMS로 사용하고 있는 PostgreSQL의 경우도 일반적으로 CTE 처리를 별도로 먼저 수행하여 중간 집합을 생성한 후 메인 쿼리를 처리하는 방식으로 동작하는 DBMS에 해당한다.

여기서 제시한 세 가지 SQL 문장은 SQL 형태와 이에 따른 수행 방식이 차이가 있지만 모두 동일한 결과를 출력한다. 3가지 SQL 문장의 차이를 잘 살펴보고 유용하게 활용하기 바란다.

2.3.2 CUBE

CUBE 함수는 GROUP BY 절에 명시한 그룹핑 기준 항목들 간에 다차원적인 소계를 계산 할 수 있는 그룹 함수이다. 즉, CUBE는 결합 가능한 모든 기준 값에 대하여 다차원적인 집계를 생성하기 때문에 ROLLUP에 비해 다양한 집계 결과를 얻을 수 있는 장점이 있지만, 그 대신 시스템에 부하를 많이 주는 단점도 있다. 결합 가능한 모든 값에 대하여 다차원 집계를 생성하기 위한 CUBE의 처리 방식은 내부적으로 그룹핑 기준 컬럼의 순서를 바꿔서 다시 한 번 쿼리를 실행하여 그 결과를 합하는 것이다. 이때 양 쪽의 쿼리 결과에 동일하게 전체 총계가 포함될 수 있기 때문에 추가 실행하는 쿼리에서는 전체 총계를 제거하는 처리도 필요하다. 이와 같은 내부 처리로 인해 ROLLUP 보다 연산 처리가 많고 따라서 시스템에 부하를 주는 단점이 나타나게 된다. 그룹핑 컬럼 간에 결합 가능한 모든 경우에 대해 집계 값을 생성하는 CUBE의 특징 때문에 필요한 경우 다양한 집계 결과를 유용하게 사용할 수 있지만, 국내 기업이나 기관에서 사용하는 거의 대부분의 업무 보고서나 화면에는 이와 같은 형태의 집계 결과를 잘 사용하지 않기 때문에 사실상 활용 빈도는 그리 높지 않다.

CUBE 함수는 CUBE 함수 안에 인자로 명시하는 그룹핑 컬럼의 수가 N이라고 가정할 때 **2의 N승(2^n)에 해당하는 집계 결과**를 생성한다. 예를 들어 부서별, 지역별 집계 결과를 CUBE로 처리하게 되면 다음과 같이 $2^2 = 4$에 해당하는 집계 결과를 얻을 수 있다.

```
GROUP BY CUBE(부서, 지역)

① 부서별 지역별 표준 집계 결과
② 부서 기준 전체 지역의 집계 결과(소계)
③ 지역 기준 전체 부서의 집계 결과(소계)
④ 모든 부서, 모든 지역에 대한 전체 총계 결과
```

만일, CUBE 함수 안에 그룹핑 기준 3개를 명시하면 $2^3 = 8$에 해당하는 집계 결과가 생성된다. 부서별, 지역별, 상품별 판매 결과를 집계하기 위해 CUBE를 사용했을 때 출력되는 결과는 다음과 같다.

```
GROUP BY CUBE(부서, 지역, 상품)

① 부서별, 지역별, 상품별 표준 집계 결과
② 부서별 지역별 전체 상품에 대한 집계 결과(소계)
③ 부서별 상품별 전체 지역에 대한 집계 결과(소계)
④ 지역별 상품별 전체 부서에 대한 집계 결과(소계)
⑤ 부서 기준 전체 지역, 전체 상품에 대한 집계 결과(상위 소계)
⑥ 지역 기준 전체 부서, 전체 상품에 대한 집계 결과(상위 소계)
⑦ 상품 기준 전체 부서, 전체 지역에 대한 집계 결과(상위 소계)
⑧ 전체 부서, 전체 지역, 전체 상품에 대한 총계
```

이와 같이 CUBE 함수는 명시된 인수들에 대해 결합 가능한 모든 경우에 해당하는 다양한 계층별 집계를 얻을 수 있다. 이때 CUBE 함수 안에 명시된 인수들 간에는 계층적인 종속성이 없고

평등한 관계이다. 때문에 ROLLUP과 달리 인수의 순서가 바뀌어도 행 간의 정렬 순서까지 동일하지는 않더라도 동일한 집계 결과를 얻을 수 있다. 또한 CUBE의 결과에 대해서도 임의의 정렬이 필요하다면 ORDER BY 절을 추가하여 정렬 기준을 명시해야 한다.

CUBE 함수를 사용하여 주문 테이블(ENC_ORDER2)에서 연도별, 주문 담당 부서별 집계 결과를 출력하는 SQL 문장의 예시는 다음과 같다. 다음의 예는 CUBE 함수의 인자가 연도와 부서 두 개이므로 모두 4개의 집계 결과를 얻게 된다.

예시 — 2장_08_CUBE 함수를 이용한 소계,총계 구하기(1)

```sql
SELECT   EXTRACT(YEAR FROM ORD_DT) AS YEAR, ORD_DEPT_NO,
         SUM(AMOUNT), COUNT(*)
FROM     SQLSTUDY.ENC_ORDER2
GROUP BY CUBE(EXTRACT(YEAR FROM ORD_DT), ORD_DEPT_NO)
ORDER BY YEAR, ORD_DEPT_NO;
```

결과

#	year double precision	ord_dept_no numeric (4)	sum bigint	count bigint	
1	2017	100	36949	5	
2	2017	200	14573	5	연도별 부서별 표준 집계
3	2017	300	25099	5	
4	2017	400	63600	14	
5	2017	[null]	140221	29	연도별 전체 부서 소계
6	2018	100	41055	5	
7	2018	200	16193	5	
8	2018	300	27890	5	
9	2018	400	70667	14	
10	2018	[null]	155805	29	
11	[null]	100	78004	10	
12	[null]	200	30766	10	부서별 전체 연도 소계
13	[null]	300	52989	10	
14	[null]	400	134267	28	
15	[null]	[null]	296026	58	전체 연도, 전체 부서 총계

위 SQL의 실행 결과를 보면 ROLLUP에서와 마찬가지로 소계, 총계 레벨에 대해서는 해당 필드 값이 빈값(NULL)으로 출력되는 것을 볼 수 있다. CUBE 함수에서도 GROUPING 함수를 추가 적용하면 ROLLUP 에서처럼 '소계', '총계' 등과 같은 문자열을 표시할 수 있다. 이에 대한 SQL 문장의 예시는 다음과 같다.

예시	2장_08_CUBE 함수를 이용한 소계,총계 구하기(2)

```
SELECT CASE WHEN GROUPING(EXTRACT(YEAR FROM ORD_DT)) = 1
            THEN CASE WHEN GROUPING(ORD_DEPT_NO) = 1
                      THEN '전체총계'
                      ELSE '부서소계' END
            ELSE CONCAT(EXTRACT(YEAR FROM ORD_DT),'') END AS YEAR,
       CASE WHEN GROUPING(ORD_DEPT_NO) = 1
            THEN CASE WHEN GROUPING(EXTRACT(YEAR FROM ORD_DT)) = 1
                      THEN NULL
                      ELSE '연도소계' END
            ELSE CONCAT(ORD_DEPT_NO,'') END AS ORD_DEPT_NO,
       SUM(AMOUNT), COUNT(*)
FROM SQLSTUDY.ENC_ORDER2
GROUP BY CUBE(EXTRACT(YEAR FROM ORD_DT), ORD_DEPT_NO)
ORDER BY YEAR, ORD_DEPT_NO;
```

결과

	year text	ord_dept_no text	sum bigint	count bigint
1	2017	100	36949	5
2	2017	200	14573	5
3	2017	300	25099	5
4	2017	400	63600	14
5	2017	연도소계	140221	29
6	2018	100	41055	5
7	2018	200	16193	5
8	2018	300	27890	5
9	2018	400	70667	14
10	2018	연도소계	155805	29
11	부서소계	100	78004	10
12	부서소계	200	30766	10
13	부서소계	300	52989	10
14	부서소계	400	134267	28
15	전체총계	[null]	296026	58

2.3.3 GROUPING SETS

GROUPING SETS는 앞서 CROSSTAB 함수를 이용한 피봇팅 방법을 설명하면서 이미 한 번 설명했다. 즉, GROUPING SETS 함수도 GROUP BY 절에서 사용하는 그룹 함수로서, 원하는 그룹핑 조건들을 콤마로 구분하여 인자로 나열하면 각각의 그룹핑 조건들로 GROUP BY 처리한 결과를 UNION ALL 한 것과 동일하게 결과를 반환한다. 이를 좀 더 간단하게 표현하면, 원하는 부분의 소계만 쉽게 추출할 수 있도록 하여 다양한 소계 집합을 생성할 수 있도록 해 주는 것이 GROUPING SETS 함수라고 할 수 있다.

GROUPING SETS함수 안에 명시된 인수들에 대한 개별 집계를 계산할 때, 명시된 인수들은 서로 계층적으로 종속되지 않고 동등한 관계가 된다. 때문에 ROLLUP과 달리 인수의 순서가 바뀌어도 동일한 결과를 반환한다. 또한 GROUPING SETS 함수 역시 결과에 대한 정렬을 원하는 경우는 ORDER BY 절을 추가하여 정렬 기준을 명시해야 한다.

다음은 주문 테이블(ENC_ORDER2)에서 연도별, 월별로 주문 금액의 합과 주문 건수의 합을 구하기 위해 GROUPING SETS 함수를 사용하는 SQL 문장의 예시이다. 실행 결과는 ROLLUP 함수로 실행했을 때와 동일한 결과를 얻을 수 있다.

| 예시 | 2장_09_GROUPING SETS 함수를 이용한 소계,총계 구하기(1) |

```sql
 1  SELECT CASE GROUPING(EXTRACT(YEAR FROM ORD_DT))
 2              WHEN 1 THEN '총계'
 3              ELSE CONCAT(EXTRACT(YEAR FROM ORD_DT),'')
 4         END AS YEAR,
 5         CASE GROUPING(EXTRACT(MONTH FROM ORD_DT))
 6              WHEN 1 THEN CASE GROUPING(EXTRACT(YEAR FROM ORD_DT))
 7                               WHEN 1 THEN NULL
 8                               ELSE '연도소계' END
 9              ELSE TO_CHAR(EXTRACT(MONTH FROM ORD_DT),'09')
10         END AS MONTH,
11         SUM(AMOUNT) AS ORDER_AMT, COUNT(*) AS ORDER_CNT
12    FROM   SQLSTUDY.ENC_ORDER2
13   GROUP BY GROUPING SETS((EXTRACT(YEAR FROM ORD_DT),       ◀ 1st 집계 기준
14                           EXTRACT(MONTH FROM ORD_DT)),
15                          EXTRACT(YEAR FROM ORD_DT),        ◀ 2nd 집계 기준
16                          ())                                ◀ 3rd 집계 기준
17   ORDER BY YEAR,MONTH;
```

결과

	year text	month text	order_amt bigint	order_cnt bigint
1	2017	08	11646	3
2	2017	09	13923	4
3	2017	10	45731	9
4	2017	11	48671	11
5	2017	12	20250	2
6	2017	연도소계	140221	29
7	2018	08	21220	5
8	2018	09	3290	1
9	2018	10	31859	6
10	2018	11	64174	11
11	2018	12	35262	6
12	2018	연도소계	155805	29
13	총계	[null]	296026	58

위 SQL 문장에서 GROUP BY 절의 GROUPING SETS 함수 안에 사용된 인수를 보면 연도와 월로 집계하는 표준 집계 부분, 연도로 집계하는 부분, 전체 집계를 하는 부분으로 구성되어 있다. GROUPING SETS 함수 안의 인자 중 마지막에 명시한 빈 괄호 ()는 특별한 그룹핑 기준을 명시하지 않았기 때문에 전체에 대해 집계하라는 의미가 된다. 또한 첫 번째 인수인 연도와 월은 괄호로 묶어서 명시했다. 이렇게 하면 연도와 월을 기준으로 하는 집계 결과가 하나의 집합으로 간주된다. 즉, GROUPING SETS 함수 안에 명시한 인수들에 대해 복수의 항목으로 하나의 집합을 표시하고자 하는 경우에는 해당 항목들을 괄호로 묶어서 표시해야 한다. 이와 같이 집계를 원하는 집합에 해당하는 인수들을 콤마로 구분하여 나열하면 각각의 인수들에 대해 GROUP BY 처리한 결과가 UNION ALL로 합쳐진 것과 같은 형태로 결과 집합이 만들어 진다.

GROUPING SETS 안에 명시된 인수들의 순서를 바꾸면 집계 결과는 동일하지만 출력되는 순서는 달라질 수 있다. 하지만 ORDER BY 절이 존재하면 결과가 ORDER BY 절에 의해 정렬되어 출력되기 때문에 외관상 변화가 없는 것처럼 보일 수 있다.

지금까지는 주문 테이블(ENC_ORDER2)만 읽어서 코드나 ID 값을 그대로 집계 기준으로 사용하였다. 이제부터는 집계 기준 중 부서 번호에 대해서는 부서명으로, 사원 번호에 대해서는 사원명으로 대체하여 집계 결과를 출력하도록 해야 한다면 SQL을 어떻게 작성해야 할 지 생각해 보자.

주문 테이블에는 부서 번호와 사원 번호만 존재하고 부서명이나 사원명은 각각 부서(ENC_DEPT) 테이블과 사원(ENC_EMP) 테이블에 존재하기 때문에 부서명이나 사원명으로 집계 결과를 출력하려면 부서 테이블 및 사원 테이블과 조인이 필요하다. 이때 조인을 언제 하느냐에 따라 SQL이 처리하는 조인의 양이 달라질 수 있다. 먼저 조인을 해서 그룹핑 한다면 GROUP BY 처리를 위한 대상 집합이 조인 결과 집합이 된다. 때문에 주문 테이블과 부서 테이블, 사원 테이블 간에 조인 연결이 먼저 실행된다. 일반적으로 부서 테이블이나 사원 테이블은 저장 건수가 그리 많지 않지만, 주문 테이블과 같이 지속적으로 증가하면서 상황에 따라 주문 데이터가 폭발적으로 발생할 수도 있는 경우에는 주문 테이블에 매우 많은 데이터가 저장되어 있을 것이다. 이들을 먼저 조인하게 되면 GROUP BY 처리가 시작되기 전까지 모든 조인 연결을 마쳐야 하므로 많은 조인 연결이 수행되느라 성능 저하나 시스템 자원의 부하가 발생할 수 있다. 이에 반해, 그룹핑을 먼저 수행한 후에 조인 연결할 수 있다면 어떨까? 일반적으로 주문 데이터를 먼저 그룹핑 하면 생성된 집계 결과 집합이 작은 집합이기 때문에 이 집계 결과와 부서, 사원 테이블을 조인할 때 조인 량이 현저하게 줄어들게 되어 빠른 처리가 가능해 진다. 그러므로 이와 같이 조인 결과를 집계 기준으로 출력해야 하는 경우 조인 연결부터 생각하지 말고, 우선 집계를 먼저 수행한 후 그 결과 집합과 조인이 가능한지를 생각하도록 습관을 들이는 것이 바람직하다. 집계 결과와 조인을 할 때는 소계나 총계에 해당하는 행은 조인할 값이 없을 수 있다. 때문에 기본적으로 아우터 조인(OUTER JOIN)이 필요할 것이며, 일반적으로 LEFT OUTER JOIN 이나 LEFT OUTER LATERAL JOIN이 사용되어야 한다. 또 하나의 방법은 스칼라 서브 쿼리를 이용하는 방법으로, 이해하기 쉽고 간편하게 사용할 수 있다. 스칼라 서브 쿼리를 이용하여 주문(ENC_ORDER2) 테이블에서 연도별, 주문 담당 부서별로 그리고 연도별, 주문 담당 사원별로 주문 금액과 주문 건수의 합계를 출력할 수 있다. 이 합계 결과에 연도별 합계 결과를 함께 출력하는 SQL 문장을 작성해 보면 다음과 같다. 여기서 주문 담당 부서와 주문 담당 사원은 각각 부서명과 사원명으로 집계 결과가 출력되어야 한다.

예시 — 2장_09_GROUPING SETS 함수를 이용한 소계,총계 구하기(2)

```sql
 1  SELECT EXTRACT(YEAR FROM ORD_DT) AS YEAR,
 2         (SELECT DEPT_NAME FROM SQLSTUDY.ENC_DEPT
 3           WHERE DEPT_NO = T.ORD_DEPT_NO) AS DEPT_NAME,
 4         (SELECT EMP_NAME FROM SQLSTUDY.ENC_EMP
 5           WHERE EMP_NO = T.ORD_EMP_NO) AS EMP_NAME,
 6         SUM(AMOUNT) AS ORDER_AMT, COUNT(*) AS ORDER_CNT
 7  FROM   SQLSTUDY.ENC_ORDER2 AS T
 8  GROUP BY GROUPING SETS((EXTRACT(YEAR FROM ORD_DT), ORD_DEPT_NO),
 9                         (EXTRACT(YEAR FROM ORD_DT), ORD_EMP_NO),
10                          EXTRACT(YEAR FROM ORD_DT))
11  ORDER BY YEAR, DEPT_NAME, EMP_NAME;
```

결과

#	year double precision	dept_name character varying (30)	emp_name character varying (50)	ord_emp_no numeric (6)	order_amt bigint	order_cnt bigint
1	2017	기획팀	[null]	[null]	11707	4
2	2017	디자인1팀	[null]	[null]	1773	1
3	2017	정보관리팀	[null]	[null]	4005	1
4	2017	총무팀	[null]	[null]	36949	5
5	2017	[null]	강동주	102	12289	3
6	2017	[null]	김사부	101	16515	2
7	2017	[null]	남도일	104	18079	3
8	2017	[null]	오명심	105	1773	1
9	2017	[null]	윤서정	103	5778	2
10	2017	[null]	[null]	[null]	54434	11
11	2018	기획팀	[null]	[null]	13008	4
12	2018	디자인1팀	[null]	[null]	1971	1
13	2018	정보관리팀	[null]	[null]	4450	1
14	2018	총무팀	[null]	[null]	41055	5
15	2018	[null]	강동주	102	13655	3
16	2018	[null]	김사부	101	18350	2
17	2018	[null]	남도일	104	20088	3
18	2018	[null]	오명심	105	1971	1
19	2018	[null]	윤서정	103	6420	2
20	2018	[null]	[null]	[null]	60484	11

위 SQL을 보면 GROUPING SETS 함수에 명시된 그룹핑 기준은 (연도별, 부서별), (연도별, 사원별), 그리고 마지막으로 (연도별) 기준이 사용되고 있다. 이에 따라 출력 결과에 각각의 그룹핑 기준에 따른 집계 결과가 UNION ALL로 연결한 것과 같이 나타나 있는 것을 볼 수 있다.

여기서 집계 결과를 부서명, 사원명으로 출력하기 위해 주문 테이블만 먼저 집계한 후에 집계 결과 집합에 대해 스칼라 서브 쿼리로 부서명과 사원명을 가져오도록 했기 때문에 최소한의 처리로 SQL이 수행될 수 있도록 구성되어 있다. 또한 출력 결과가 부서 번호나 사원 번호가 아닌 부서명과 사원명으로 대체 되었기 때문에 ORDER BY 절에 기술한 정렬 기준은 연도, 부서명, 사원명으로 명시되었다는 점을 유념하기 바란다.

2.4 윈도우 함수에 대한 이해와 활용

관계형 데이터베이스는 집합 단위의 연산이나 집계, 컬럼 간의 연산, 비교, 연결 등에 대해 탁월한 성능과 편리함을 제공한다. 반면 행과 행 간의 비교, 연산 등에 있어서는 SQL 문장으로 처리하는 것이 태생적으로 매우 어려운 한계를 갖고 있었다. 과거에 많이 사용하던 계층형 DB에서는 행과 행 간의 비교나 연산이 쉽게 처리할 수 있던 사안이었다. 하지만 계층형 DB가 안고 있는 더 큰 문제들을 해결하기 위해 관계형 DB가 도입되면서 정규화나 집합 단위 연산 등을 통해 데이터의 일관성 유지와 빠르고 신뢰할 수 있는 데이터 처리 등의 장점을 누리게 되었다. 그러나 상대적으로 행 간의 비교나 연산 처리 등에 대해서는 관계형 DB가 갖고 있는 약점으로 인식되어 이에 대한 처리를 위해서 절차형 프로그램을 이용하거나 관계형 DB에 추가된 절차형 언어 기능을 이용해야 하는 불편이 있었다. 또한 억지로 SQL 처리를 구현하게 되면 매우 복잡한 형태의 SQL 코딩이 필요하기도 했었다. 이러한 불편을 해소하여 관계형 DB에서도 간단한 SQL 문장으로 행 간의 비교나 연산을 처리할 수 있도록 도입된 것이 윈도우 함수(WINDOW FUNCTION)이다. 이것은 주로 데이터 웨어하우스(DATA WAREHOUSE) 환경에서 요구하는 기능을 충족하는데 강점을 갖고 있다. 분석 함수(ANALYTICAL FUNCTION), 올랩 함수(OLAP FUNCTION/ OLAP은 ON- LINE ANALYTICAL PROCESSING의 약자로, 데이터 웨어하우스 기반에서 사용자가 다양한 분석을 할 수 있는 시스템적 구성이나 기능을 의미) 등과 같이 불리기도 하지만 표준 SQL에서 사용하는 정식 명칭은 윈도우 함수(WINDOW

FUNCTION) 이다. 윈도우 함수는 복잡한 프로그램으로 구현하던 기능을 몇 줄의 SQL 문장으로 대체하여 더 빠르게 처리할 수 있으며, SQL 튜닝 관점에서도 유용하게 사용될 수 있다.

윈도우 함수의 개념을 이해하려면 먼저 윈도우 함수라는 명칭에 표현된 윈도우(WINDOW)의 개념을 이해할 필요가 있다. 윈도우 함수는 WHERE 절 조건을 거친 중간 결과 집합-이것을 RESULT SET이라 부르기도 한다-에 대해 적용되며, 이 중간 결과 집합에 대해 일정 범위의 행을 **파티션(PARTITION)**이라는 이름의 그룹으로 구분하고, 이 파티션을 대상으로 함수를 실행할 작업 영역을 설정하게 된다. 보통 이 작업 영역은 파티션 전체가 되거나 파티션의 첫 행부터 순차적으로 확장하여 파티션의 마지막 행까지를 작업 영역으로 선정한다. 이 작업 영역을 **윈도우(WINDOW)**라고 부른다. 파티션의 지정은 **PARTITION BY** 라는 키워드를 사용하여 지정하며, 마치 GROUP BY로 대상 행들을 그룹핑 하는 것과 비슷하다. 임의의 파티션에 대해 첫 행부터 마지막 행까지 순차적으로 처리할 때, 첫 행부터 현재 처리가 이루어지고 있는 행-현재 처리가 이루어지고 있는 행을 '**현재 행(CURRENT ROW)**' 이라고 부르며, 관계형 DB 내에서 특정 행을 가리키는 포인터(POINTER)처럼 인식될 수 있다-까지가 **윈도우**가 되며, 처리가 파티션의 끝에 도달할 때까지 윈도우는 계속적으로 범위가 확장되어 가게 된다. 이렇게 윈도우의 범위가 고정되어 있지 않고 처리가 진행되면서 확장되어 가는 것을 일컬어 **SLIDING WINDOW** 라고 부르기도 한다. 결과적으로 윈도우의 최대 범위는 파티션이라고 할 수 있다.

윈도우 함수는 일반적으로 사용하는 집계 함수나 윈도우 전용의 함수 뒤에 OVER 절을 추가하여 파티션을 정의하게 된다. 다음과 같은 형식으로 OVER 절 다음의 괄호 안에 PARTITION BY 절을 사용하여 정의한다.

```
함수( [표현식] ) OVER (PARTITION BY ... )
```

윈도우 함수에서 OVER 키워드는 필수이며, PARTITION BY절은 생략할 수 있다. PARTITION BY 절을 생략하면 중간 결과 집합 전체가 파티션으로 간주된다.

윈도우 함수가 현재 처리하고 있는 행과 관련된 행들의 집합 간에 계산을 수행할 때 파티션 내에서 정렬을 필요로 하는 경우가 있을 수 있다. 예를 들어, 파티션 내에서 날짜 순으로 정렬하여 정렬 순서의 첫 행부터 파티션 마지막 행까지 윈도우를 확장해 가면서 SUM 함수를 처리한 다고 가정해 보자. 변동하는 윈도우 범위의 마지막 행이 '현재 행'이 되어 윈도우의 첫 행부터 현재 행까지의 SUM함수 처리 결과를 얻을 수 있다. 이렇게 하면 윈도우 범위가 확장되어 갈 때마다 SUM 함수 처리 대상이 증가하여 날짜 순서에 따른 누적 결과를 얻게 된다. 이와 같은 누적 SUM 결과를 RUNNING SUMMARY 라고 부르기도 한다.

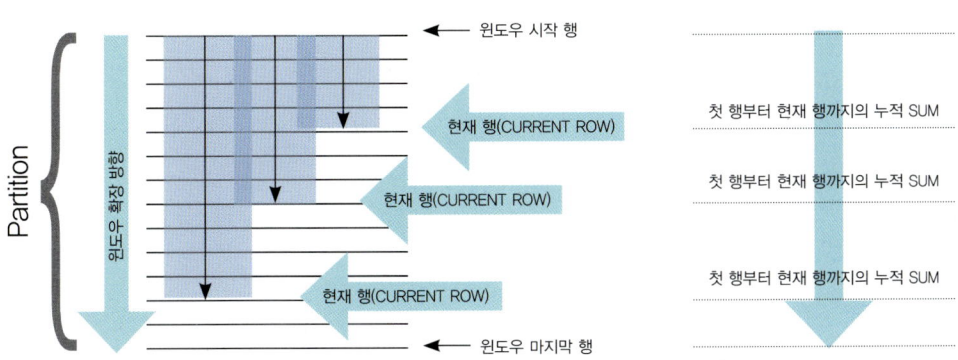

[그림 2-2] 누적 SUM을 생성하는 윈도우 함수 수행 과정

윈도우 함수가 일반 집계 함수와 다른 점은, 일반 집계 함수는 다중 행의 값을 처리하여 단일 행의 값을 반환하므로 결과 집합에 원래의 집합 형태가 유지될 수 없다. 하지만 윈도우 함수는 다중 행의 값을 처리하더라도 단일 행으로 출력 결과가 그룹화되지 않고 처리 대상인 중간 결과 집합의 원래 행이 그대로 유지되어 원래의 행에 윈도우 함수 처리 결과가 추가된 것처럼 최종 집합이 만들어 진다. 예를 들면, 직원별 급여를 출력하면서 소속 부서의 평균 급여와 비교하는 형태로 결과를 만들 수 있는데, 이를 위한 SQL은 다음과 같다.

| 예시 | 2장_10_윈도우함수와 RANKING FAMILY(1) |

```
SELECT   DEPT_NO, EMP_NO, EMP_NAME, SAL,
         AVG(SAL) OVER (PARTITION BY DEPT_NO) AS DEPT_AVG_SAL
FROM     SQLSTUDY.ENC_EMP;
```

결과

	dept_no numeric (4)	emp_no numeric (6)	emp_name character varying (50)	sal integer	dept_avg_sal numeric
1	100	101	김사부	10000	15000
2	100	102	강동주	20000	15000
3	200	104	남도일	40000	35000
4	200	103	윤서정	30000	35000
5	300	105	오명심	50000	60000
6	300	107	도인범	70000	60000
7	300	106	장기태	60000	60000
8	400	108	송현철	80000	90000
9	400	110	신회장	100000	90000
10	400	109	도윤완	90000	90000

출력 결과에 표시된 부서 번호, 사원 번호, 사원명, 급여 항목은 사원(ENC_EMP) 테이블의 컬럼을 그대로 출력한 것으로, 사원별로 하나의 행으로 구성되어 있다. 마지막 항목은 테이블의 처리 대상 집합에 대해 현재 행과 부서 번호가 동일한 모든 행들의 급여(SAL) 평균을 나타낸다. 여기에 사용된 AVG 함수는 일반 집계 함수이지만 OVER 절로 인해 윈도우 함수로 처리된다. 이에 따라 PARTITION BY로 지정한 범위 내 행 집합 간에 계산을 수행하게 된다.

윈도우 함수가 일반 함수와 다른 또 한 가지는 윈도우 함수 안에 다른 윈도우 함수를 중첩해서 사용할 수 없다는 것이다. 그리고 윈도우 함수는 SELECT 절과 ORDER BY 절에서 사용될 수 있고, 서브 쿼리에서도 사용될 수 있다.

윈도우 함수는 DBMS 및 버전에 따라 지원되는 함수에 차이가 있다. 여기서는 PostgreSQL을 기준으로, 일반적으로 여러 DBMS에서도 공통적으로 사용될 수 있는 윈도우 함수를 중심으로 설명한다. 현재 자신이 사용하고 있는 DBMS에서 사용할 수 있는 보다 상세하고 특화된 윈도우 함수에 대한 정보가 필요하다면, 사용하는 DBMS에 대해 설명하고 있는 매뉴얼이나 기타 자료를 확인해 보는 것이 좋다.

일반적으로 윈도우 함수의 종류를 구분하는 방법은 정해져 있지 않으며, DBMS 벤더나 전문가

들마다 나름의 분류를 사용한다. 여기서는 한국데이터산업진흥원 (KDATA)에서 발간한 "SQL 전문가 가이드"에서 제시한 분류를 준용하여 범용 윈도우 함수에 대해 분류해 본다.

첫 번째는 그룹 내 순위 관련 함수로 보통 RANKING FAMILY라고 부르며, RANK, DENSE_RANK, ROW_NUMBER 함수가 있다.

두 번째는 그룹 내 집계 관련 함수로 WINDOW AGGREGATE FAMILY라고도 부르며, 일반적으로 많이 사용하는 SUM, MAX, MIN, AVG, COUNT 등의 함수가 이 분류에 해당한다.

세 번째는 그룹 내 행 순서 관련 함수로 FIRST_VALUE, LAST_VALUE, LAG, LEAD 함수가 이 분류에 해당한다. FIRST_VALUE, LAST_VALUE 함수는 MAX, MIN 함수와 유사한 결과를 얻을 수 있고, LAG, LEAD 함수는 현재 행을 중심으로 앞 또는 뒤의 행과 비교할 수 있는 기능을 제공하여 매우 유용하게 사용되는 함수이다.

네 번째는 그룹 내 비율 관련 함수로 CUME_DIST, PERCENT_RANK, NTILE 등의 함수가 있다.

추가적으로 선형 분석을 포함한 통계 분석 관련 함수를 다섯 번째 분류로 설명하기도 한다. 하지만 DBMS에 따라 지원 여부가 다르기 때문에 여기서는 생략한다.

이상에서 설명한 윈도우 함수의 분류를 정리해 보면 다음과 같다.

- 그룹 내 순위 관련 함수(RANKING FAMILY)
  : RANK, DENSE_RANK, ROW_NUMBER
- 그룹 내 집계 관련 함수(WINDOW AGGREGATE FAMILY)
  : SUM, MAX, MIN, AVG, COUNT
- 그룹 내 행 순서 관련 함수
  : LAG, LEAD, FIRST_VALUE, LAST_VALUE, NTH_VALUE
- 그룹 내 비율 관련 함수
  : CUME_DIST, PERCENT_RANK, NTILE

DBMS에 따라 일부 윈도우 함수 내에서 DISTINCT를 사용할 수 있는 경우도 있으나, 이 책에서 예제 DBMS로 사용하고 있는 PostgreSQL에서는 윈도우 함수 내에 DISTINCT를 사용할 수 없다. 각각의 윈도우 함수에 대해 좀 더 자세히 설명하면 다음과 같다.

(1) ROW_NUMBER ()

- 함수 설명 : 파티션 내에서 1부터 순차적으로 하나씩 증가하는 행 번호를 생성한다. 동일 값이라도 각각 고유한 행 번호를 부여하며, 동일 값을 갖는 각각의 행을 유일하게 식별할 수 있는 기준으로 고정되게 정렬하지 않으면 출력 시 다른 행 번호를 얻을 수 있다.
- 반환 데이터 형식 : bigint

예시	2장_10_윈도우함수와 RANKING FAMILY(2)
ROW_NUMBER() OVER (PARTITION BY DEPT_NO ORDER BY SAL)	

(2) RANK ()

- 함수 설명 : 파티션 내에서 현재 행의 순위를 부여한다. 동일 값인 경우 동일 순위가 부여되고, 다음 순위는 동일 값의 수만큼 건너뛰어 부여된다.
- 반환 데이터 형식 : bigint

예시	2장_10_윈도우함수와 RANKING FAMILY(3)
RANK() OVER (PARTITION BY DEPT_NO ORDER BY SAL DESC)	

(3) DENSE_RANK ()

- 함수 설명 : 파티션 내에서 현재 행의 순위를 부여한다. 동일 값인 경우 동일 순위가 부여되고, 다음 순위는 건너 뛰지 않고 순차 번호로 부여 된다.
- 반환 데이터 형식 : bigint

예시	2장_10_윈도우함수와 RANKING FAMILY(4)
DENSE_RANK() OVER (PARTITION BY DEPT_NO ORDER BY SAL DESC)	

(4) SUM(value any)
- 함수 설명 : 파티션별 윈도우 내에서 지정된 value의 합을 계산한다.
- 반환 데이터 형식 : double precision

예시	2장_11_윈도우함수 WINDOW AGGREGATE FAMILY(1)
SUM(AMOUNT) OVER (PARTITION BY DATE(ORD_DT))	

(5) MAX(value any)
- 함수 설명 : 파티션별 윈도우 내에서 지정한 value의 최대값을 반환한다.
- 반환 데이터 형식 : value로 지정한 데이터와 동일한 데이터 형식

예시	2장_11_윈도우함수 WINDOW AGGREGATE FAMILY(2)
MAX(SAL) OVER (PARTITION BY DEPT_NO)	

(6) MIN(value any)
- 함수 설명 : 파티션별 윈도우 내에서 지정한 value의 최소값을 반환한다.
- 반환 데이터 형식 : value로 지정한 데이터와 동일한 데이터 형식

예시	2장_11_윈도우함수 WINDOW AGGREGATE FAMILY(3)
MIN(SAL) OVER (PARTITION BY DEPT_NO)	

(7) AVG(value any)
- 함수 설명 : 파티션별 윈도우 내에서 지정한 value의 평균값을 계산한다. 윈도우의 범위를 지정하는 ROWS, RANGE, ORDER BY 등과 함께 사용 시 현재 행을 기준으로 지정된 윈도우 범위 내의 평균을 계산한다.
- 반환 데이터 형식 : double precision

예시	2장_11_윈도우함수 WINDOW AGGREGATE FAMILY(4)
AVG(SAL) OVER (PARTITION BY DEPT_NO)	

(8) COUNT({ value any | * })

- 함수 설명 : 파티션별 윈도우 내에서 지정한 value에 대해 값이 존재 하는 행을 카운트한다. 윈도우의 범위를 지정하는 ROWS, RANGE, ORDER BY 등과 함께 사용 시 현재 행을 기준으로 지정된 윈도우 범위 내에서 값이 존재하는 행을 카운트한다. value 대신 '*' 를 명시하면 값의 유무와 상관없이 윈도우 범위 내의 모든 행을 카운트한다.
- 반환 데이터 형식 : bigint

예시	2장_11_윈도우함수 WINDOW AGGREGATE FAMILY(5)
COUNT(EMAIL) OVER (PARTITION BY CITY)	

(9) PERCENT_RANK ()

- 함수 설명 : 현재 행의 상대적 순위를 반환한다. 즉, 파티션별 윈도우 의 전체 행을 대상으로 제일 먼저 나오는 것을 0으로, 제일 늦게 나오는 것을 1로 하여, 값이 아닌 행의 순서별 백분율을 계산한다. 결과 값은 (rank - 1) / (전체 행 수 - 1) 계산에 따라 0 과 1 사이의 범위를 갖게 된다
- 반환 데이터 형식 : double precision

예시	2장_12_윈도우함수 PERCENT_RANK
PERCENT_RANK() OVER (PARTITION BY DEPT_NO ORDER BY SAL)	

(10) CUME_DIST ()

- 함수 설명 : 현재 행의 상대적 순위를 반환한다. 파티션별 윈도우의 전체 행 수에 대해 현재 행보다 작거나 같은 행 수에 대한 누적 백분율을 계산 한다.
- 반환 데이터 형식 : double precision

예시	2장_13_윈도우함수 CUME_DIST

CUME_DIST() OVER (PARTITION BY DEPT_NO ORDER BY SAL)

(11) NTILE(num_buckets integer)

- 함수 설명 : 파티션의 전체 행 수를 인수 값으로 N등분한 결과에 대해 현재 행이 속하는 버킷의 번호를 반환한다. 1부터 인수 값 범위의 정수로 가능한 한 균등하게 분할한 결과를 반환한다.
- 반환 데이터 형식 : integer

예시	2장_14_윈도우함수 NTILE

NTILE(4) OVER (PARTITION BY ORD_DEPT_NO)

(12) LAG(value any [, offset integer [, default any]])

- 함수 설명 : 파티션별 윈도우에서 현재 행 이전에 offset 만큼 앞에 있는 행에서 지정한 value 값을 반환한다. 해당 행이 없는 경우 default에 지정한 값을 대신 반환한다. offset과 default는 모두 현재 행을 기준으로 적용되며, 이들을 생략하면 offset은 기본값 1 로 설정되고 default는 빈값(NULL)으로 설정되어 처리된다.
- 반환 데이터 형식 : value로 지정한 데이터와 동일한 데이터 형식

예시	2장_15_윈도우함수 LAG

LAG(SAL) OVER (PARTITION BY DEPT_NO ORDER BY SAL)

(13) LEAD(value any [, offset integer [, default any]])

- 함수 설명 : 파티션별 윈도우에서 현재 행 이후에 offset 만큼 뒤에 있는 행에서 지정한 value 값을 반환한다. 해당 행이 없는 경우 default에 지정한 값을 대신 반환한다. offset과 default는 모두 현재 행을 기준으로 적용되며, 이들을 생략하면 offset은 기본값 1 로 설정되고 default는 빈값(NULL)으로 설정되어 처리된다.
- 반환 데이터 형식 : value로 지정한 데이터와 동일한 데이터 형식

예시	2장_16_윈도우함수 LEAD
LEAD(SAL) OVER (PARTITION BY DEPT_NO ORDER BY SAL)	

(14) FIRST_VALUE (value any)

- 함수 설명 : 파티션별 윈도우의 가장 상위에 있는 첫 번째 행에서 지정한 value를 반환한다.
- 반환 데이터 형식 : value로 지정한 데이터와 동일한 데이터 형식

예시	2장_17_윈도우함수 FIRST_VALUE
FIRST_VALUE(SAL) OVER (PARTITION BY DEPT_NO ORDER BY SAL) FIRST_VALUE(EMP_NAME) OVER (PARTITION BY DEPT_NO ORDER BY SAL)	

(15) LAST_VALUE(value any)

- 함수 설명 : 파티션별 윈도우의 가장 마지막에 있는 행에서 지정한 value를 반환한다.
- 반환 데이터 형식 : value로 지정한 데이터와 동일한 데이터 형식

예시	2장_18_윈도우함수 LAST_VALUE
LAST_VALUE(SAL) OVER (PARTITION BY DEPT_NO ORDER BY SAL) LAST_VALUE(EMP_NAME) OVER (PARTITION BY DEPT_NO ORDER BY SAL)	

(16) NTH_VALUE(value any, nth integer)

- 함수 설명 : 파티션별 윈도우 내에서 1부터 시작하여 n 번째 행에서 지정한 value를 반환한다. 해당 행이 없을 경우는 빈 값(NULL)을 반환한다.
- 반환 데이터 형식 : value로 지정한 데이터와 동일한 데이터 형식

예시	2장_19_윈도우함수 NTH_VALUE

```
NTH_VALUE(SAL, 2) OVER
        (PARTITION BY DEPT_NO ORDER BY SAL
            ROWS BETWEEN UNBOUNDED PRECEDING
            AND UNBOUNDED FOLLOWING)
```

위에 나열된 모든 함수는 ORDER BY 절에 의한 정렬 순서와 ROW, RANGE 등의 윈도우 범위를 지정하는 구문에 의해 결과가 달라진다.

파티션 전체에 대한 집계 결과를 얻으려면 ORDER BY 절을 생략하거나 ROWS BETWEEN UNBOUNDED PRECEDING AND UNBOUNDED FOLLOWING을 괄호 안 후미에 추가하면 된다.

지금까지 윈도우 함수의 종류와 개략적인 사용 형식에 대해 설명했다. 이제부터는 윈도우 함수의 전체적인 사용 형식에 대한 구문을 정리해 본다.

함수명 ([표현식]) [FILTER (WHERE …)]
   OVER (PARTITION BY 표현식 ORDER BY 표현식 윈도우_범위_지정)

윈도우_범위_지정은 다음 중 하나로 표현된다.

- { RANGE | ROWS } 윈도우_범위_시작
- { RANGE | ROWS } BETWEEN 윈도우_범위_시작 AND 윈도우_범위_끝

여기서 RANGE와 ROWS의 차이는 다음과 같다.

- **RANGE** : 윈도우 범위에 해당하는 행 집합을 논리적인 단위로 지정한다. 즉, ORDER BY를 통해 정렬된 컬럼에 같은 값이 존재하는 행이 다수일 때 동일한 컬럼 값을 갖는 모든 행을 묶어서 윈도우 범위로 보고 연산한다.

- **ROWS** : 윈도우 범위에 해당하는 행 집합을 물리적인 단위로 지정한다. 즉, ROWS는 해당되는 행 하나하나를 윈도우 범위로 보고 연산한다.

윈도우_범위_지정에 사용되는 윈도우_범위_시작은 다음 중 하나가 될 수 있다.

- UNBOUNDED PRECEDING : 윈도우 시작 위치는 첫 번째 행이다.
- integer PRECEDING : 윈도우 시작 위치는 현재 행을 기준으로 integer 수만큼 이전에 위치한 행이다. ROWS로 범위를 지정할 때만 사용 가능하다. integer 값은 빈값(NULL)이거나 음수일 수 없으며, 0을 지정하면 현재 행을 의미하게 된다.
- CURRENT ROW : 윈도우 시작 위치는 현재 행이다.

윈도우_범위_지정에 사용되는 윈도우_범위_끝은 다음 중 하나가 될 수 있다.

- CURRENT ROW : 윈도우 끝 위치는 현재 행이다.
- integer FOLLOWING : 윈도우 끝 위치는 현재 행을 기준으로 integer 수만큼 다음에 위치한 행이다. ROWS로 범위를 지정할 때만 사용 가능하다. integer 값은 빈값(NULL)이거나 음수일 수 없으며, 0을 지정하면 현재 행을 의미하게 된다.
- UNBOUNDED FOLLOWING : 윈도우 끝 위치는 마지막 행이다.

윈도우 범위를 지정할 때 윈도우_범위_지정의 첫 번째 형식과 같이 윈도우_범위_끝을 지정하지 않으면 기본적으로 현재 행(CURRENT ROW)이 윈도우_범위_끝으로 설정되어 처리된다.

또한 윈도우_범위_지정의 기본 옵션은 RANGE UNBOUNDED PRECEDING인데, 이것은 RANGE BETWEEN UNBOUNDED PRECEDING AND CURRENT ROW와 동일하다.

윈도우 범위를 지정할 때 RANGE와 ROWS의 차이를 알아 보기 위해 다음과 같은 데이터에 대해 RANGE와 ROWS로 윈도우 범위를 지정하여 SUM 함수를 실행하는 SQL 문과 그 실행 결과를 살펴 보자.

테이블 : ENC_ORDER3

ord_dept_no	ord_no	amount
400	101	7000
400	102	4000
400	106	3000
400	107	6000
400	108	2000
400	112	3000
400	113	2000
400	114	4000
400	118	7000
400	119	3000
400	120	9000
400	121	4000
400	125	14000
400	126	3000

예시 — 2장_20_윈도우 범위 지정시 RANGE와 ROWS의 차이

```
SELECT ORD_DEPT_NO, ORD_NO, AMOUNT,
       SUM(AMOUNT)
           OVER (PARTITION BY ORD_DEPT_NO
                 ORDER BY AMOUNT
                 RANGE BETWEEN UNBOUNDED PRECEDING
                       AND CURRENT ROW) AS RANGE_SUM,
       SUM(AMOUNT)
           OVER (PARTITION BY ORD_DEPT_NO
                 ORDER BY AMOUNT
                 ROWS BETWEEN UNBOUNDED PRECEDING
                      AND CURRENT ROW) AS ROWS_SUM
  FROM  ENC_ORDER3;
```

결과

	ord_dept_no numeric (4)	ord_no integer	amount numeric	range_sum numeric	rows_sum numeric
1	400	113	2000	4000	2000
2	400	108	2000	4000	4000
3	400	119	3000	16000	7000
4	400	106	3000	16000	10000
5	400	126	3000	16000	13000
6	400	112	3000	16000	16000
7	400	114	4000	28000	20000
8	400	102	4000	28000	24000
9	400	121	4000	28000	28000
10	400	107	6000	34000	34000
11	400	101	7000	48000	41000
12	400	118	7000	48000	48000
13	400	120	9000	57000	57000
14	400	125	14000	71000	71000

위 결과를 보면 윈도우 범위는 1행에서 2행, 3행으로 늘어나고 있다. 함수의 처리 위치가 1행부터 시작하여 아래로 진행하면서 윈도우 범위가 변할 때 윈도우 '첫 행부터 현재 행까지'의 AMOUNT 컬럼 값에 대해 SUM 함수를 실행한 결과를 출력하도록 하고 있다. 여기서 현재 행이 1행일 때 RANGE로 지정한 윈도우와 ROWS로 지정한 윈도우 모두 물리적인 현재 행은 1행이다. 하지만 논리적으로는 동일 값을 갖는 행이 모두 현재 행으로 처리되므로, 1행 위치에서 RANGE로 지정한 윈도우는 동일 값을 갖고 있는 2행까지를 묶어서 현재 행으로 보고 SUM 함수가 실행된 결과 4000이 출력된다. 그러나 ROWS로 지정한 윈도우에서는 동일 값 여부에 상관없이 행 하나하나를 범위로 보기 때문에 현재 행은 1행만을 가리키게 되고 1행의 AMOUNT 컬럼 값에 대해서만 SUM 함수가 실행되어 2000이 출력된다.

마찬가지로 윈도우 범위가 3행까지 진행되었을 때 물리적인 현재 행은 3행이다. 하지만 3행부터 6행까지의 AMOUNT가 모두 동일 값이므로 이들이 모두 논리적인 현재 행으로 처리되어 RANGE로 윈도우 범위를 지정한 SUM 함수 처리 결과는 1행부터 6행까지의 AMOUNT 컬럼 값의 합인 16000이 출력된다. 이 결과는 윈도우 범위가 6행으로 진행될 때까지 동일하게 처리된다. 그러나 ROWS로 윈도우 범위를 지정한 경우에는 동일 값 여부에 상관없이 물리적인 현재 행인 3까지만 SUM 함수가 처리되어 7000이 출력된다. 이와 같이 동일한 데이터에 대해 윈도우 범위를 RANGE로 지정했을 때와 ROWS로 지정했을 때의 결과를 나란히 비교해 봄으로써 둘 사이의 차이를 쉽게 확인할 수 있다.

파티션 내에서의 정렬 순서를 지정하는 ORDER BY는 일반적인 쿼리 문장의 ORDER BY 절과 유사하게 동작한다. 하지만 SELECT 절의 출력 컬럼 이름이나 위치 번호를 사용할 수는 없다. ORDER BY절을 생략하면 행에 대한 정렬은 수행되지 않으며 지정된 파티션 전체를 대상으로 윈도우 함수가 수행된다. ORDER BY가 생략된 상태에서 윈도우 범위를 지정하는 RANGE나 ROWS가 사용되면 정렬 작업 없이 파티션 내의 행이 읽혀지는 순서가 SLIDING WINDOW에 적용된다.

또 한 가지 주목할 것은 위 SQL 예문과 같이 윈도우 함수가 연속해서 사용되었을 때 동일한 파티션을 지정했더라도, ORDER BY 절의 정렬 순서가 다르다면 위 또는 왼쪽부터 시작해서 먼저 명시된 위치 순서대로 ORDER BY 정렬 결과가 출력에 적용된다는 것이다. 즉, 처음에 나오는 윈도우 함수의 ORDER BY는 오름차순(ASC), 그 다음에 나오는 윈도우 함수의 ORDER BY는 내림차순(DESC) 의 정렬 순서로 지정되었다면, 결과 집합은 먼저 오름차순으로 정렬하여 해당하는 윈도우 함수를 처리하고, 다시 내림차순으로 정렬하여 해당하는 윈도우 함수를 처리한다. 그러므로 최종 출력 결과는 마지막에 적용된 정렬 순서인 내림차순으로 정렬된 결과로 출력된다.

윈도우 함수의 사용 형식 구문 중 FILTER절이 사용되면 FILTER절의 WHERE 조건에 해당하는 행만 윈도우 함수의 처리 대상이 되며, 이러한 옵션은 그룹 내 집계 관련 함수인 SUM, AVG, COUNT, MAX, MIN 등에 대해서만 허용된다.

PostgreSQL은 쿼리 문장에 다수의 윈도우 함수가 사용될 때 이들 각각에 개별적으로 OVER절을 사용하지 않을 수 있다. 즉, WINDOW 절에 이름을 부여하여 OVER 절에서 이 윈도우의 이름을 참조하는 방식으로 윈도우 함수를 사용할 수 있다. 이와 같은 방식은 동일한 파티션과 윈도우 범위를 갖는 여러 개의 윈도우 함수가 있을 때 OVER 절을 반복해서 기술하는 불편과 이로 인한 실수를 방지하고 코딩을 간결하게 하는데 큰 효과가 있다. 이에 대한 예시는 다음과 같다.

예시 — 2장_21_다수의 윈도우 함수 사용시 간결한 코딩 기법(1)

```
SELECT DEPT_NO, EMP_NAME, SAL
     , SUM(SAL) OVER w, AVG(SAL) OVER w, ROUND(AVG(SAL) OVER w)
FROM   ENC_EMP
       WINDOW w AS (PARTITION BY DEPT_NO ORDER BY SAL DESC);
```

예시 — 2장_21_다수의 윈도우 함수 사용시 간결한 코딩 기법(2)

```
SELECT ORD_DEPT_NO, ORD_NO, AMOUNT
     , MIN(ORD_NO) OVER w, COUNT(*) OVER w, RANK() OVER w
FROM   ENC_ORDER
       WINDOW w AS (PARTITION BY ORD_DEPT_NO ORDER BY AMOUNT);
```

다수의 윈도우 함수가 사용되면서 서로 다른 윈도우 범위를 갖고 있고, 이들 중 하나의 윈도우 범위를 같이 사용하는 윈도우 함수들이 여러 개인 경우는 다음과 같이 SQL 문장을 작성할 수 있다.

예시 — 2장_21_다수의 윈도우 함수 사용시 간결한 코딩 기법(3)

```
SELECT DEPT_NO, EMP_NO, EMP_NAME, SAL,
       FIRST_VALUE(SAL) OVER w1, LAST_VALUE(SAL) OVER w2,
       RANK() OVER w2, NTH_VALUE(SAL, 2) OVER w3
FROM   ENC_EMP
WINDOW w1 AS (PARTITION BY DEPT_NO ORDER BY SAL ASC),
       w2 AS (PARTITION BY DEPT_NO ORDER BY SAL DESC),
       w3 AS (PARTITION BY DEPT_NO ORDER BY SAL
              ROWS BETWEEN UNBOUNDED PRECEDING
                       AND UNBOUNDED FOLLOWING);
```

지금까지 이해한 내용을 토대로 다음에 제시하는 상황을 윈도우 함수를 이용하여 해결하는 SQL을 작성해 보자.

다음은 사원들의 업무 투입 기간을 관리하고 있는 테이블이다. 사원 별로 특정 업무에 투입된 시작 일자와 종료 일자를 관리하고 있으며, 사원들의 업무 투입은 보통 종료일 다음 일자에 연속해서 이루어진다. 사원들의 업무 투입 기록을 정비하던 중 관리 소홀로 인해 일부 사원들의 업무 투입 기록이 누락된 사실을 발견하였다. 업무 투입 기간이 누락된 사원들의 목록과 누락된 기간을 출력하라.

테이블 : WORK_ASSIGN

name	start_date	end_date
김승민	19960302	19981230
김승민	19981231	20000225
김승민	20000226	20011130
김승민	20030601	20080405
김승민	20100405	99991231
허연우	19890515	20000815
허연우	20000816	20011231
허연우	20020601	20051130
허연우	20051201	20091203
허연우	20120104	20120315
허연우	20120316	99991231
양서연	19960302	19961201
양서연	20001202	20030520
양서연	20030521	20070601
양서연	20100602	20120331
양서연	20120401	99991231

(해설) 사원들의 업무 투입이 종료일 다음 날에 연속적으로 이루어진다고 했으므로 이를 그림으로 표현한다면 연속된 선분 형태가 되어야 한다. 그런데 아래 그림처럼 누락된 기간으로 인해 기간 선분이 단절된 형태가 되게 된다.

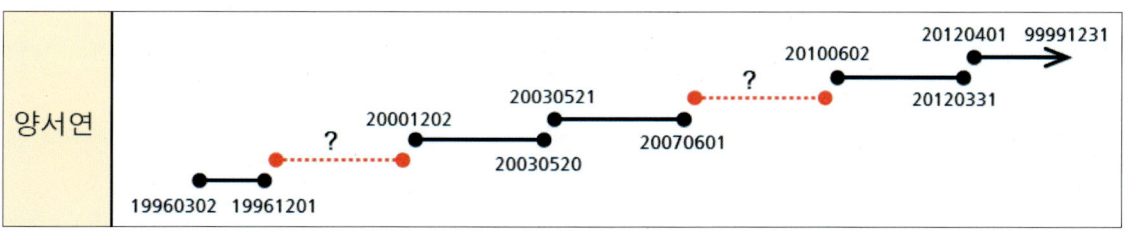

[그림 2-3] 업무 투입 기간에 대한 선분 형태 표현

이와 같이 단절된 기간 선분이 있는 경우와 연속된 기간 선분이 있는 경우의 차이를 보면, 연속된 기간 선분이 있는 경우는 이전 투입 기간의 종료일과 다음 투입 기간의 시작일에서 1일 차이가 난다. 그러나 단절된 기간이 있는 경우는 이전 투입 기간의 종료일과 다음 투입 기관의 시작일의 차이가 1보다 크다는 것을 알 수 있다. 이러한 특징에 착안하여 사원 별로 투입 기간 순으로 정렬하여 다음 투입 기간의 시작일과 이전 투입 기간의 종료일의 차이를 비교해 보면 간단하게 확인할 수 있다. 아울러 정렬된 행들 사이에서 이전 또는 다음 행의 특정 컬럼 값을 가져와 비교하는 방법은 윈도우 함수 중 LAG 또는 LEAD 함수를 사용하면 쉽게 해결할 수 있다. 이러한 개념에 따라 작성한 SQL과 그 결과는 다음과 같다.

먼저, 사원별로 투입 시작일자 순으로 정렬한 집합에서 다음 투입 기간에 해당하는 다음 행의 시작일 값을 가져와 이전 투입 기간 행의 종료일과 차이를 구해 본다.

예시 2장_22_윈도우함수 예제 문제(1)

```
SELECT NAME, START_DATE, END_DATE, NEXT_START
     , NEXT_START - END_DATE AS GAP
FROM  (SELECT NAME, START_DATE, END_DATE,
             LEAD(START_DATE) OVER (PARTITION BY NAME
                     ORDER BY START_DATE) AS NEXT_START
       FROM   WORK_ASSIGN) AS T;
```

결과

NAME	START_DATE	END_DATE	NEXT_START	GAP
김승민	1996-03-02	1998-12-30	1998-12-31	1
김승민	1998-12-31	2000-02-25	2000-02-26	1
김승민	2000-02-26	2001-11-30	2003-06-01	548
김승민	2003-06-01	2008-04-05	2010-04-05	730
김승민	2010-04-05	9999-12-31	[null]	[null]
양서연	1996-03-02	1996-12-01	2000-12-02	1462
양서연	2000-12-02	2003-05-20	2003-05-21	1
양서연	2003-05-21	2007-06-01	2010-06-02	1097
양서연	2010-06-02	2012-03-31	2012-04-01	1
양서연	2012-04-01	9999-12-31	[null]	[null]
허연우	1989-05-15	2000-08-15	2000-08-16	1
허연우	2000-08-16	2001-12-31	2002-06-01	152
허연우	2002-06-01	2005-11-30	2005-12-01	1
허연우	2005-12-01	2009-12-03	2012-01-04	762
허연우	2012-01-04	2012-03-15	2012-03-16	1
허연우	2012-03-16	9999-12-31	[null]	[null]

위 결과를 보면 이전 투입 기간과 다음 투입 기간 사이에 1일 이상의 차이가 나타나는 위치를 확인할 수 있다. 따라서 이들을 대상으로 이전 투입 기간의 종료일에 1일을 더한 날짜가 누락된 투입 기간의 시작일이 되고, 다음 투입 기간의 시작일에서 1일을 뺀 날짜가 누락된 투입 기간의 종료일이 되므로, 이와 같은 연산 결과를 출력하면 된다. 이에 대한 최종 쿼리와 실행 결과는 다음과 같다.

예시   2장_22_윈도우함수 예제 문제(2)

```sql
SELECT NAME, END_DATE + 1 AS LOST_START
     , NEXT_START - 1 AS LOST_END
FROM  (SELECT NAME, START_DATE, END_DATE
            , LEAD(START_DATE) OVER (PARTITION BY NAME
                  ORDER BY START_DATE) AS NEXT_START
       FROM  WORK_ASSIGN) AS T
WHERE (NEXT_START - END_DATE) > 1;    -- 누락된 기간을 찾는 조건
```

결과

(LOST_START, LOST_END는 누락 기간의 시작일, 종료일을 의미함)

NAME	LOST_START	LOST_END
김승민	2001-12-01	2003-05-31
김승민	2008-04-06	2010-04-04
양서연	1996-12-02	2000-12-01
양서연	2007-06-02	2010-06-01
허연우	2002-01-01	2002-05-31
허연우	2009-12-04	2012-01-03

 사원(ENC_EMP) 테이블에서 월 급여에 대해 각 부서별로 급여액이 큰 순서로 상위 2위에 해당 하는 사원의 이름, 급여액을 구하는 SQL을 작성하시오. (단, 급여액이 동일할 경우 성명 순으로 함)

(해설) NTH_VALUE 함수를 이용하면 쉽게 해결할 수 있다.

Script 2장_22_윈도우함수 예제 문제(3)

```
SELECT DEPT_NO, EMP_NO, EMP_NAME, SAL
FROM (SELECT  DEPT_NO, EMP_NO, EMP_NAME, SAL,
            NTH_VALUE(SAL, 2) OVER
            (PARTITION BY DEPT_NO
            ORDER BY SAL DESC, EMP_NAME
            ROWS BETWEEN UNBOUNDED PRECEDING
                    AND UNBOUNDED FOLLOWING
            ) AS "2nd_SAL"
      FROM  ENC_EMP) AS T
WHERE  SAL = "2nd_SAL";
```

NTH_VALUE는 n번째 값에 해당하는 행을 쉽게 찾아 내지만 동일 값이 있는 경우 동일 값을 갖는 행을 모두 출력한다.

n번째 행을 출력하는 것은 RANK나 DENSE_RANK, ROW_NUMBER를 사용할 수도 있으며, 동일 값이 있는 경우에도 n번째 행을 하나씩만 출력해야 한다면 ROW_NUMBER를 사용해야 한다.

Script — 2장_22_윈도우함수 예제 문제(4)

```sql
SELECT DEPT_NO, EMP_NO, EMP_NAME, SAL
FROM    (SELECT DEPT_NO, EMP_NO, EMP_NAME, SAL,
                DENSE_RANK() OVER
                (PARTITION BY DEPT_NO
                ORDER BY SAL DESC, EMP_NAME) AS "2nd_SAL"
         FROM   ENC_EMP) AS T
WHERE   "2nd_SAL" = 2 ;
```

ROW_NUMBER를 사용하는 쿼리는 다음과 같다.

Script — 2장_22_윈도우함수 예제 문제(5)

```sql
SELECT DEPT_NO, EMP_NO, EMP_NAME, SAL
FROM    (SELECT DEPT_NO, EMP_NO, EMP_NAME, SAL,
                ROW_NUMBER() OVER
                    (PARTITION BY DEPT_NO
                ORDER BY SAL DESC, EMP_NAME) AS RN
         FROM ENC_EMP) AS T
WHERE RN = 2;
```

결과

	dept_no numeric (4)	emp_no numeric (6)	emp_name character varying (50)	sal integer
1	100	101	김사부	10000
2	200	103	윤서정	30000
3	300	106	장기태	60000
4	400	109	도윤완	90000

2.5 페이지 처리

앞에서 OFFSET 과LIMIT, 혹은 FETCH FIRST절을 사용해서 TOP-N쿼리를 구현해 출력할 데이터를 일정 개수의 행으로 분할 출력하는 페이지 처리에 대해 설명하였다. 그러나 이 방법은 한 번 출력된 내용을 처음부터 다시 읽은 후 OFFSET으로 지정한 수만큼 건너뛰어 출력하는 처리 방식 때문에 정렬 대상이 되는 중간 결과 집합을 다시 생성해야 하는 단점이 있다. 또한 내부적으로 동일 데이터를 계속적으로 반복해서 읽어야 하고, OFFSET이 증가할수록 정렬 부담도 함께 증가하는 등 여러 면에서 비효율적이라고 할 수 있다. 이로 인해 OFFSET으로 건너뛸 행이 증가할수록 성능 면에서 불리해 질 수 있다.

이와 같은 비효율을 감소시키기 위한 방법으로 인덱스를 이용하는 PIPELINED TOP-N 쿼리를 설명했다. PIPELINED TOP-N 쿼리는 인덱스의 정렬 순서를 이용하기 때문에 출력할 중간 결과 집합에 대한 정렬 부담을 제거할 수 있어 첫 번째 페이지를 빠르게 출력할 수 있다. 그러나 이 방법도 OFFSET 절에 의해 먼저 출력한 부분들을 읽고 지나가는 문제를 여전히 갖고 있다. 인덱스를 사용하지 않는 일반적인 TOP-N 쿼리만큼의 비효율은 아니더라도 OFFSET 절에 지정한 값이 커질수록 읽고 지나갈 범위도 늘어나 성능 면에서의 비효율을 무시할 수 없다.

첫 번째 페이지를 효율적으로 검색하기 위한 PIPELINED TOP-N 쿼리를 구현한 후 다음 페이지를 가져올 때 먼저 출력한 부분을 다시 읽지 않고 필요한 부분을 가져올 수 있다면 이러한 비효율을 제거할 수 있을 것이다. 따라서 효율적인 페이지 처리를 구현하기 위해 가장 좋은 방법은 이전 페이지의 마지막 항목을 사용하여 다음 페이지에 해당하는 행만 가져오는 것이다.

이전 페이지의 마지막 항목은 이미 화면 상에 출력되어 있고, 일반적으로 페이지 처리 화면에 나타난 출력 목록에서 처음이나 마지막 행의 값을 읽어 다음 쿼리 실행 시 입력 값으로 재사용하는 것은 응용 프로그램 관점에서 그리 어려운 일은 아니다. 이렇게 재사용되는 이전 출력 화면의 처음 또는 마지막 값을 다음 페이지 내용을 읽을 때 검색 조건으로 사용하려면 이에 대한 적절한 인덱스가 준비되어 있어야 한다. 다음은 이러한 처리를 지원하는 적절한 인덱스가 준비되어 있다는 전제 하에 위에 설명한 방법으로 인덱스를 이용하여 다음 페이지의 내용을 읽을 때 이전 페이지의 내용을 반복해서 읽고 버리는 일이 없이 바로 필요한 부분만 읽어 출력할 수 있다는 개념을 표현한 것이다. 다음 페이지로의 이동은 인덱스 구성 컬럼의 기본적인 오름차순 정렬 순서를 이용하여 출력된 페이지 마지막 행의 해당 컬럼 값보다 큰(>) 인덱스 컬럼 값을 검색하여 곧바로 해당 위치에서부터 다음 페이지 해당 부분을 LIMIT 또는 FETCH FIRST 지정 값만큼 읽고 멈춘다. 이전 페이지로의 이동은 출력된 페이지 첫 행의 해당 컬럼 값보다 작은(<) 인덱스 컬럼 값을 내림차순으로 검색하여 곧바로 해당 위치에서부터 이전 페이지 해당 부분을 LIMIT 또는 FETCH FIRST 지정 값만큼 읽고 멈춘다.

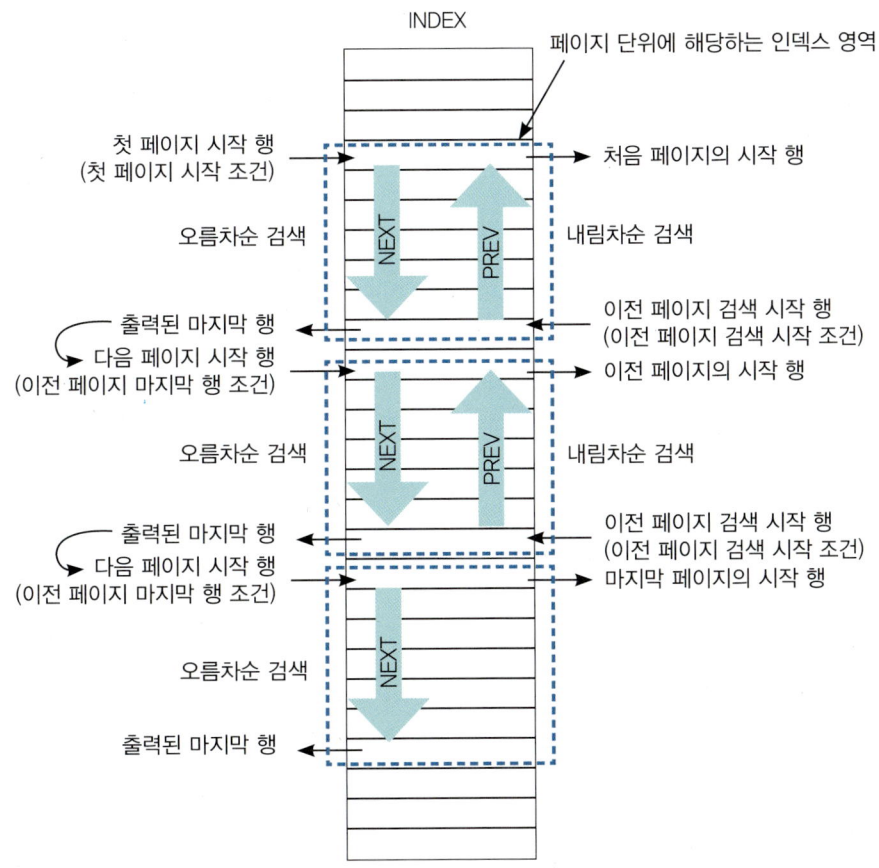

[그림 2-4] 인덱스를 이용한 효율적인 페이지 이동 개념

일반적으로 웹 화면에서 페이지 처리를 하는 형태는 크게 두 가지 유형으로 나누어 볼 수 있다. 그 중 첫 번째는 다음과 같이 다음 페이지와 이전 페이지로만 이동하는 유형이다.

고객 정보 조회

고객명 [　　　　　　] [조회]

ROW#	CUST_NAME	BIRTH_YY	GENDER	ADDRESS
1	가가	1976	M	경기도 고양시 일산구
2	가가	1976	M	서울 마포구 공덕2동
3	가가	1976	M	경기 고양시 일산구
4	가가	1945	M	경기 고양시 일산구
5	가가가	1921	M	대구 달서구 경산동
6	가가가	1976	M	경기 고양시 일산구
7	가가멜	1912	M	대구 중구 종로1가
8	가가멜	1964	M	서울 마포구 성산1동
9	가가일	1935	M	강원 강릉시 강동면
10	가가일	1938	M	강원 강릉시 강동면
11	가가일	1938	M	강원 강릉시 강동면
12	가가호	1939	M	강원 강릉시 강동면
13	가간난		F	충남 서산시 동문동
14	가갑동		F	경남 전주시 상대동
15	가갑현		F	충남 서산시 읍내동
16	가건로	1950	M	충남 서산시 양대동
17	가건희	1976	M	충남 서산시 팔봉면
18	가경남	1974	M	강원 춘천시 효자1동
19	가경미	1979	F	충남 서산시 응암면
20	가경석	1900	M	울산 북구 신천동
21	가경선		F	서울 성동구 홍익동
22	가경수		F	대전 서구 등산2동
23	가경숙		F	서울 광진구 중곡4동
24	가경숙		F	전북 전주시 덕진구 송천동2가

← 이전   다음 →

[그림 2-5] 이전, 다음으로만 구성된 페이지 처리 유형 화면 예시

위와 같은 첫 번째 유형의 페이지 처리 방법을 이해하기 위해 다음과 같은 예시를 살펴 보자. 다음의 예시는 하루에 한 번만 판매가 발생한다는 전제 하에 SALE_DATE가 유일 값을 갖고 있

고, 여기에 인덱스가 설정되어 있다고 가정한다. 여기서 특정 날짜 다음에 출력하려는 판매 건을 선택하려면 SALE_DATE의 내림차순으로 출력할 때는 조건 값보다 작은(<) SALE_DATE를 검색한다. 만일 SALE_DATE의 오름차순으로 출력한다면 조건 값보다 큰(>) SALE_DATE를 검색해야 할 것이다. 이렇게 검색한 결과에 대해 FETCH FIRST 절로 10 개의 행을 제한하여 하나의 페이지를 출력한다.

Script — 2장_23_페이지처리(1)

```
SELECT  *
FROM    sales_note
WHERE   sale_date < ?    — SALE_DATE가 유일 값이라는 전제
ORDER BY sale_date DESC
FETCH FIRST 10 ROWS ONLY;
```

위 쿼리에서 WHERE에 사용된 SALE_DATE < ? 조건은 DBMS가 해당 인덱스에서 주어진 조건을 만족하는 첫 행에 바로 접근하여 FETCH FIRST로 제한한 해당 부분까지만 읽고 멈추게 할 수 있기 때문에 성능 면에서 큰 이점을 가진다. 이러한 처리 방식을 통해 이전 페이지에서 출력된 행을 다시 읽지 않고 실제로 건너뛰는 처리가 가능해진다.

그러나 실제 업무 상황에서는 판매가 하루에 한 번만 발생하지는 않을 것이고, 이에 따라 동일한 SALE_DATE가 다수 존재할 수밖에 없다. 이런 경우 위와 같이 다음 페이지를 검색하기 위한 입력 조건 값으로 SALE_DATE에 대한 인덱스와 SALE_DATE에 대한 이전 페이지의 마지막 입력 조건 값을 사용하는 것은 효과가 없다. 즉, 동일 날짜에 발생하는 다수의 판매 건으로 인덱스 상에 동일한 SALE_DATE가 매우 넓은 영역에 걸쳐 반복적으로 나열되어 있는 상태라면, 크다(>) 혹은 작다(<) 라는 조건 연산은 아직 출력되지 않은 동일한 SALE_DATE 값을 가진 행들이 아직도 많이 남아 있음에도 불구하고 출력 대상에서 제외시켜 버릴 수 있다. 그렇다고 작거나 같다(<=) 혹은 크거나 같다(>=) 조건으로 검색하게 되면 이미 출력된 동일한 SALE_DATE구간이 반복해서 처음부터 다시 출력되는 문제가 나타난다. 결국 정확하게 먼저 출력한 행의 바로 다음부터 출력되도록 하려면 정렬 순서 상에서 유일 값을 통한 검색 위치 지정이 가능해야 한다. 여기서 유일 값이라고 하면 실제로 유일 값을 갖고 있는 하나의 컬럼 만을 의미하

는 것이 아니라 복수의 컬럼을 연결하여 유일 값을 만들어 낼 수 있는 경우도 포함된다.

이를 위해 PIPELINED ORDER BY에 사용하기 적합하도록 인덱스에 다른 컬럼을 추가하여 유일 값을 만들 수 있다면 이와 같이 인덱스를 확장하여 다시 생성해야 한다. 그리고 이 인덱스가 PIPELINED ORDER BY에 적절하게 사용될 수 있도록 ORDER BY 절에 해당 컬럼을 정렬 기준으로 추가하는 것이 좋다. 이와 같은 인덱스 확장과 ORDER BY 절 보완을 통해 DBMS가 페이지 처리에 이 인덱스를 사용하도록 유도할 수 있다.

다음의 예시는 유일 값에 의한 일관된 행 순서를 얻기 위해 PK 컬럼인 SALE_ID로 ORDER BY 절과 해당 인덱스를 확장한 경우이다.

```
Script                                              2장_23_페이지처리(2)

CREATE INDEX sale_date_id_idx ON sales (sale_date, sale_id);

SELECT *
FROM   sales
WHERE (sale_date, sale_id) < (?, ?)
ORDER BY sale_date DESC, sale_id DESC
FETCH FIRST 10 ROWS ONLY;
```

위 쿼리의 WHERE 절에 사용된 "(sale_date, sale_id)"는 "행 값"을 표현한 구문으로, 앞에서 이미 행 생성자(ROW CONSTRUCTOR)로 설명한 바 있다. 즉, 복수의 값으로 구성한 쌍을 행처럼 간주하여 그대로 행 단위로 비교 연산자에 적용하는 것이다. 이렇게 사용된 조건 연산은 주어진 쌍인 SALE_DATE, SALE_ID 행 값 다음에 발생한 판매 건만 내림차순 혹은 오름차순으로 고려하게 된다. 행 값 구문은 표준 SQL에 해당하고 PostgreSQL은 이를 지원하지만, 아쉽게도 이것을 지원하는 DBMS는 그리 많지 않다.

다음은 앞에 제시한 예시와 유사한 상황으로, 매일 발생하는 다수의 주문에 대해 주문 일자 별 순번으로 관리하고 있는 주문 데이터이다. 이 데이터를 다음 페이지, 이전 페이지 이동 방식으로 출력하는 방법에 대해 다른 관점으로 생각해 보자.

테이블 : ENC_ORDER3

ORD_DT	SEQ	Others
2018-09-01	1	……
2018-09-01	2	……
2018-09-01	3	……
……	……	……
2018-09-02	1	……
2018-09-02	2	……
……	……	……
2018-09-03	8	……
2018-09-03	9	……
……	……	……

INDEX(Unique)

ORD_DT	SEQ
2018-09-01	1
2018-09-01	2
2018-09-01	3
……	……
2018-09-02	1
2018-09-02	2
……	……
2018-09-03	8
2018-09-03	9
……	……

위 주문 테이블에서 ORD_DT와 SEQ 컬럼으로 구성된 인덱스를 사용하여 다음 혹은 이전 페이지로 이동하는 SQL을 다음과 같이 작성할 수 있다.

Script 2장_23_페이지처리(3)

```
SELECT ORD_DT, SEQ, …
FROM   (SELECT ORD_DT, SEQ, …
        FROM   ENC_ORDER3
        WHERE  1 = ?    -- 입력변수 1
        AND    (ORD_DT, SEQ) > (?, ?)    -- 입력변수 2, 입력변수 3
        ORDER BY ORD_DT, SEQ
        LIMIT 10) AS T
UNION ALL
SELECT ORD_DT, SEQ, …
FROM   (SELECT ORD_DT, SEQ, …
        FROM   ENC_ORDER3
        WHERE  2 = ?    -- 입력변수 1
        AND    (ORD_DT, SEQ) < (?, ?)    -- 입력변수 2, 입력변수 3
        ORDER BY ORD_DT DESC, SEQ DESC
        LIMIT 10) AS T
ORDER BY ORD_DT, SEQ;
```

위에 제시한 쿼리는 UNION ALL을 사용하여 2개의 쿼리를 결합해 놓은 형태이다. UNION ALL 위의 쿼리는 ORD_DT와 SEQ 컬럼으로 구성된 인덱스를 오름차순으로 읽어 첫 페이지, 다음 페이지 등을 출력하는 쿼리이다. UNION ALL 아래의 쿼리는 해당 인덱스를 내림차순으로 읽어 이전 페이지를 출력하는 쿼리 부분이다.

그리고 각 쿼리의 인라인 뷰 WHERE 절에 보면 정수 1 및 2를 입력 변수와 비교하는 조건 부분이 포함되어 있다. 이 조건은 해당 변수에 어떤 값이 대입되는지에 따라 한 쪽의 쿼리만 실행되도록 분기하는 장치라고 할 수 있다. 즉, 이 입력 변수에 1이 대입되면 UNION ALL 위의 쿼리는 정상적으로 실행되지만 UNION ALL 아래의 쿼리는 2 = 1 조건 형태가 되어 쿼리가 실패하고 공집합(EMPTY SET)을 반환한다. 이렇게 한 쪽은 정상적으로 실행되어 10개의 행을 반환하고 한 쪽은 공집합이 반환된 결과를 UNION ALL로 합치면 정상적으로 실행된 10개의 행만 반환되는 결과가 얻어진다. 반대로, 입력 변수에 2가 대입되면 UNION ALL 위의 쿼리는 실패하고 UNION ALL 아래의 쿼리만 정상적으로 실행되어 UNION ALL 에 의해 결합된 최종 결과는 정상적으로 실행된 10개의 행만 반환된다.

여기서 UNION ALL 아래의 쿼리는 내림차순으로 인덱스를 읽어 가면서 해당하는 테이블의 행을 찾아 반환하기 때문에 출력되는 결과는 ORD_DT와 SEQ의 역순으로 출력된다. 즉, UNION ALL 위의 쿼리가 실행되었을 때는 ORD_DT와 SEQ 의 오름차순으로 정렬된 결과로 출력이 되지만, UNION ALL 아래의 쿼리가 실행되었을 때는 ORD_DT와 SEQ 의 내림차순으로 정렬된 결과로 출력이 되어 출력 결과를 볼 때 혼란을 줄 수 있다. 그래서 위 쿼리 문장의 가장 마지막에 한 번 더 ORDER BY ORD_DT, SEQ를 기술하여 항상 오름차순의 정렬 순서로 최종 결과가 보여지도록 하였다. 이때 마지막에 사용된 ORDER BY 절은 UNION ALL 처리에 의해 결합된 최종 결과 집합인 10건에 대해서만 수행되기 때문에 성능 면에도 전혀 문제가 없다. 다시 말하면, 다음 혹은 이전 페이지로 이동하는 형태의 페이지 처리는 위와 같이 UNION ALL로 양방향의 페이지 처리 쿼리를 결합한 문장 하나만으로 인덱스를 이용하여 필요한 부분만 읽으면서 매우 효과적으로 페이지 처리를 할 수 있다는 것이다.

위에 제시한 SQL 문장은 임의의 페이지를 가져올 수 없다는 한계가 있지만, 검색 방향을 바꾸기 위해 모든 비교와 정렬 처리를 반대로 생각해야 한다는 점을 이해한다면 아주 효과적인 페이지 처리를 구현할 수 있다.

웹 화면에서 페이지 처리를 구현하는 두 번째 유형은 다음과 같이 임의의 페이지 간에 자유롭게 건너 뛸 수 있는 일명 페이지 내비게이션(PAGE NAVIGATION) 형태이다.

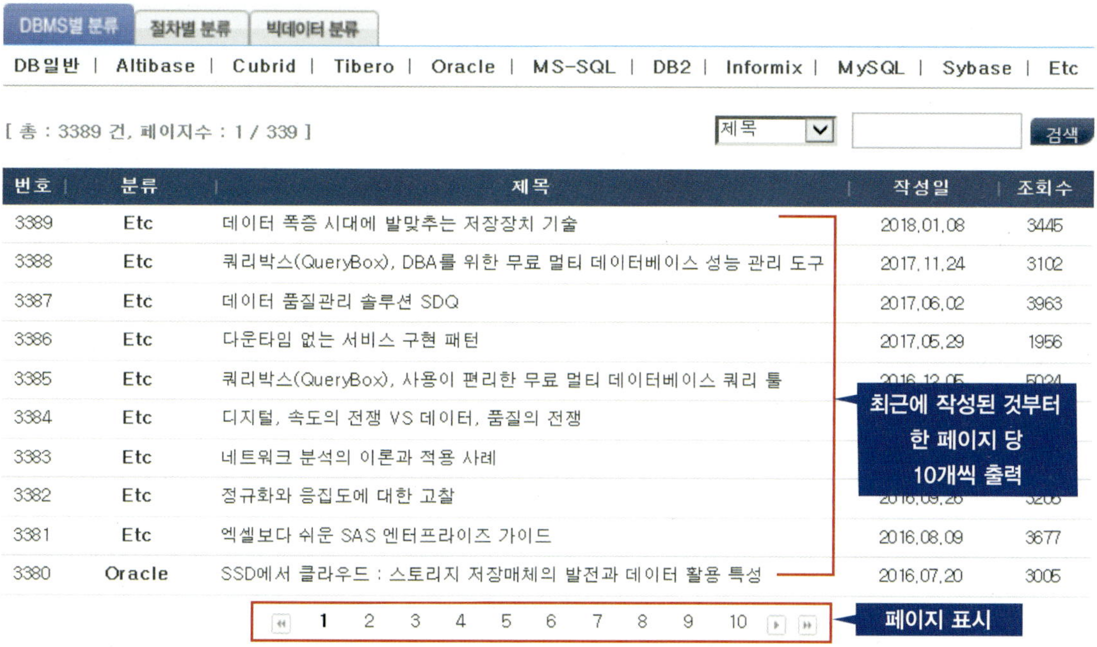

[그림 2-6] 페이지 네비게이션 방식의 페이지 처리 유형 화면 예시

이와 같은 형태의 페이지 처리는 난이도가 매우 높아 많은 사이트에서 성능 문제를 유발하는 주된 원인의 하나로 지목되고 있다. 이러한 문제는 대량의 데이터를 대상으로 페이지 처리를 하는 경우일수록 두드러지게 나타난다. 대부분이 OFFSET 방식의 TOP-N 쿼리 형태로 페이지 처리를 구현하고 있기 때문에 나타나는 문제이다. 즉, 앞에서도 몇 차례 설명했지만 다음 페이지를 출력할 때 먼저 출력했던 부분을 내부적으로 다시 읽고 지나간 후 보여줄 위치에 도달했을 때부터 출력을 시작하는 방식으로 페이지 처리를 구현하게 된다. 때문에 뒤 페이지로 이동할수록 중간 결과 집합을 생성하는 처리가 반복적으로 되풀이 되고, OFFSET처리 대상 행이 늘어나면서 내부적으로 읽고 지나가는 비효율과 이에 따라 ORDER BY 정렬 대상도 늘어나는 문제들을 안고 있는 것이다. 이와 같은 페이지 처리 방식은 적절한 인덱스를 추가하여 PIPELINED

TOP-N 쿼리 방식으로 처리되도록 유도하는 조치를 통해 어느 정도 개선을 할 수 있다. 하지만 이 역시도 앞에서 설명한 것처럼 인덱스 부분에 대한 반복적인 다시 읽기와 OFFSET 처리로 인해 어찌할 수 없는 성능적 한계를 갖고 있다.

이와 같은 페이지 내비게이션 유형의 웹 화면에 대한 페이지 처리 방법을 이해하기 위해 다음과 같이 페이지 구성 개념을 정리해 볼 수 있다.

[그림 2-7] 페이지 내비게이션 유형의 페이지 구성 개념

위 화면의 경우 한 페이지에 10건씩 출력하면서 이전 페이지, 다음 페이지 처리처럼 생각할 수 있는 버튼 사이에 모두 10개의 페이지를 하나의 세트처럼 구성하고 있다. 그러므로 이전, 다음

처리 사이에 모두 100개의 행이 하나의 세트로 처리되고 있다고 볼 수 있다. 그 중에서 현재 페이지에 해당하는 10건만 화면 상에 출력하는 형태이다. 그리고 다음 페이지에 해당하는 버튼을 누르면 다시 다음 100건의 세트를 처리하게 된다. 이때 다음 세트로 처리할 행이 하나라도 있으면 해당 버튼을 활성화하는 화면 구현을 위해 현재 세트에 해당하는 100개의 행을 읽을 때 추가로 한 행을 더 읽어 본다. 이렇게 총 101개의 행을 읽어서 COUNT 윈도우 함수로 결과 집합의 행 수를 카운트한 결과가 101 인지를 확인하거나 100보다 큰지를 확인해 보면 다음 페이지 세트에 대한 버튼의 활성화 여부까지 판단할 수 있다.

이와 같은 개념을 바탕으로 페이지 처리를 하기 위한 SQL은 다음과 같이 2개로 구성할 수 있다.

- 하나는 10개의 페이지 세트를 처리 단위로 하여 이전, 다음 세트를 가져오는 쿼리이다. 이 쿼리 결과는 화면 하단의 10개 페이지 세트를 구성하고 활성화하는 용도로 사용된다. 더불어 이 쿼리의 최종 처리 결과는 10개의 각 페이지 별 첫 행의 인덱스 키 값이 되도록 한다.
- 또 다른 하나는 10개의 페이지 중 임의의 페이지를 선택했을 때 해당 페이지의 첫 행에 대한 인덱스 키 값을 사용하여 한 페이지에 해당하는 10개의 행만 출력하는 쿼리이다.

이 두 개의 쿼리는 다음과 같이 작성하며, 대상 테이블은 앞에서 사용했던 주문 테이블(ENC_ORDER3)이다.

(1) 첫 번째 SQL

첫 번째 SQL은 다음과 같다. 위에서 설명한 것처럼 10개의 페이지 세트를 처리 단위로 하여 이전, 다음 세트를 가져온다. 처음 출력되는 화면을 기준으로 보면 1페이지부터 10페이지까지 총 100개의 행과, 다음 페이지 세트를 가져 오기 위한 버튼의 활성화 여부를 결정하기 위한 1행을 추가하여 모두 101개의 행을 읽는다. SQL은 앞서 설명한 것처럼 하나의 SQL 문장으로 다음 페이지 세트를 가져오거나 이전 페이지 세트를 가져오는데 사용될 수 있도록 양방향의 쿼리를 UNION ALL로 연결한 형태이다. 첫 화면을 출력할 때는 기본적으로 진행 방향을 분기하는데 사용되는 6번과 15번 라인의 입력 변수에 'NEXT'를 입력하여 UNION ALL 위의 쿼리 부분만 실행되도록 한다. 그리고 행 값으로 표현한 7번과 16번 라인의 ORD_DT, SEQ 컬럼에 대한 비교 값은 먼저 출력을 시작할 ORD_DT와 SEQ 값보다 작은 임의의 값을 대입하고, 다음 페이지 세트를 가져올 때는 10번째 페이지의 마지막 행 또는 100번째 행의 ORD_DT와 SEQ 값이 대입되면 된다. 만일 추가로 읽어 온 101번째 행의 ORD_DT, SEQ 컬럼 값을 비교 조건 값으로 사용하려면 비교 연산자를 크다(>) 대신 크거나 같다(>=)로 바꾸면 된다.

Script

2장_23_페이지처리(4)

```sql
1   SELECT ORD_DT, SEQ, … , CNT, RN
2   FROM  (SELECT ORD_DT, SEQ, … , COUNT(*) OVER () AS CNT,
3                 ROW_NUMBER() OVER (ORDER BY ORD_DT, SEQ) AS RN
4           FROM (SELECT ORD_DT, SEQ, …
5                   FROM ENC_ORDER3
6                  WHERE 'NEXT' = ?
7                    AND (ORD_DT, SEQ) > (?, ?)
8                  ORDER BY ORD_DT, SEQ
9                  FETCH FIRST 101 ROWS ONLY) AS T
10         UNION ALL
11         SELECT ORD_DT, SEQ, … , TXT, COUNT(*) OVER () AS CNT,
12                ROW_NUMBER() OVER (ORDER BY ORD_DT, SEQ) - 1 AS RN
13           FROM (SELECT ORD_DT, SEQ, …
14                   FROM ENC_ORDER3
15                  WHERE 'PREV' = ?
16                    AND (ORD_DT, SEQ) < (?, ?)
17                  ORDER BY ORD_DT DESC, SEQ DESC
18                  FETCH FIRST 101 ROWS ONLY) AS T ) AS W
19  WHERE RN IN (1, 11, 21, 31, 41, 51, 61, 71, 81, 91)
20  ORDER BY ORD_DT, SEQ;
```

위 SQL의 2번, 11번 라인의 COUNT 윈도우 함수는 읽어 온 결과 집합이 101개 행인지를 확인하기 위한 것으로, ROW_NUMBER 윈도우 함수는 각 페이지 첫 행을 추려내기 위한 행 번호를 생성시킨다. 12번 라인을 보면 행 번호에서 1을 빼고 있다. 그것은 이전 페이지 세트를 읽을 때 ORD_DT와 SEQ의 역순으로 즉, 내림차순으로 읽기 때문에 인라인 뷰의 결과로 생성되는 중간 집합은 내림차순의 정렬 순서를 갖고 있다. 이 중간 집합을 출력할 때는 다시 거꾸로 뒤집어서 오름차순으로 출력해야 한다. 이때 12번 라인의 ROW_NUMBER 윈도우 함수로 행 번호를 생성하기 위해 중간 결과 집합을 다시 오름차순으로 정렬하면 10개의 페이지 세트에는 포함되지 않는 101번째의 행이 1번으로 올라오게 된다. 여기에서 1을 빼면 처음의 101번째 행은 1번이 아니라 0번이 되어, 아래 그림과 같이 19번 라인의 각 페이지 첫 행을 추려내는 필터 조건에 의해서 최종 결과에서 제외 되게 된다.

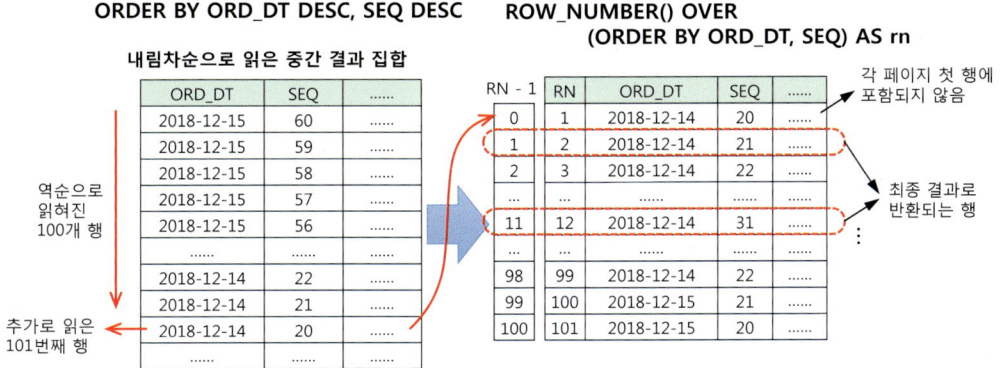

[그림 2-8] 내림차순으로 추출된 중간 집합을 오름차순으로 만드는 처리 원리

중요한 점은 이 첫 번째 SQL이 어느 방향으로 몇 번째 세트를 읽더라도 항상 필요한 위치에서부터 읽기 시작하고, 정확하게 101개의 행만 읽고 더 이상의 읽기를 하지 않는다는 것이다. 또한 불필요하게 반복해서 읽게 되거나 읽고 건너 뛰는 비효율 또한 없다. 그리고 UNION ALL로 연결된 중간 결과 집합의 행 수가 최대 101개로 이 정도의 집합에 대해 윈도우 함수를 적용하기 위한 ORDER BY 정렬을 하거나 최종 출력 결과를 정렬하는 등의 처리는 성능에 전혀 영향을 미치지 않고 매우 효율적으로 실행된다.

(2) 두 번째 SQL

두 번째 SQL은 매우 간단하다. 첫 번째 SQL에서 최종 결과 집합으로 반환된 각 페이지의 첫 행에 대한 ORD_DT, SEQ 컬럼 값 중 원하는 페이지의 첫 행에 대한 ORD_DT, SEQ 컬럼 값을 입력 변수에 대입해 주기만 하면 된다. 이 조건 값을 사용한 검색과 ORDER BY 정렬을 효율적으로 처리하기 위해 DBMS는 PIPELINED TOP-N 쿼리 동작을 선택하게 된다. 이에 따라 ORD_DT, SEQ 컬럼으로 구성된 해당 인덱스의 변수 조건에 해당하는 위치에서부터 인덱스 읽기를 시작하여 정확히 10개의 행만 읽고 처리를 마친다. 읽은 결과는 당연히 ORD_DT, SEQ 컬럼의 오름차순이기 때문에 실제로 ORDER BY 정렬은 수행되지 않는다. 이와 같은 동작 방식은 어느 페이지를 선택하더라도 항상 해당 인덱스를 이용하여 동일하게 필요한 부분만 읽고 처리를 마치게 되기 때문에 매우 효율적으로 수행된다. 두 번째 SQL 문장의 형태는 다음과 같다.

```
Script                                          2장_23_페이지처리(5)
1  SELECT ORD_DT, SEQ, ...
2    FROM ENC_ORDER3
3   WHERE (ORD_DT, SEQ) >= (?, ?)
4   ORDER BY ORD_DT, SEQ
5   FETCH FIRST 10 ROWS ONLY;
```

결과적으로 복잡한 페이지 구성을 갖고 있는 내비게이션 방식의 페이지 처리를 구현하기 위한 첫 번째 SQL과 두 번째 SQL은 각각 101개와 10개의 행 만을 읽는다. 이들은 모두 합해서 최대 111개의 행만 읽으면 페이지 처리가 가능하기 때문에 항상 빠른 수행 속도로 페이지 처리를 할 수 있는 장점을 갖고 있다.

다만, 이러한 처리를 가능하게 하는 필수 요소로 위와 같은 효율적인 SQL 외에도 페이지 처리에 적합한 인덱스가 반드시 필요하다. 때문에 인덱스에 대해 잘 이해하고 활용할 수 있는 지식과 경험, 그리고 소수의 인덱스로 다양한 페이지 처리를 효율적으로 수행하도록 할 수 있는 인덱스 구성 지식이 필요하다는 점이 단점이라 할 수 있다. 인덱스 구성에 대해 체계적으로 접근할 수 있는 지식이 부족한 상태에서 SQL 마다 필요한 인덱스를 만드는 것은 바람직하지 않은 접근 방법이다. 자칫 유사한 컬럼 구성의 인덱스를 무분별하게 양산하게 될 수 있기 때문에 심한 경우 이로 인해 DBMS의 부하가 더 커질 수도 있으니 조심스러운 접근이 필요하다.

페이지 처리를 구현할 때 ROW_NUMBER 윈도우 함수를 이용해서 행 번호를 생성하고, 이렇게 생성된 행 번호를 이용해서 출력할 페이지에 해당하는 행을 제한할 수도 있다. 이와 같이 ROW_NUMBER 윈도우 함수에 의해 생성된 행 번호를 이용한 페이지 처리 시 SQL Server와 Oracle 데이터베이스는 PIPELINED TOP-N 쿼리로 동작하여 필요한 페이지만큼 행을 가져 온 다음에 인덱스 읽기를 중단할 수 있다. 하지만 MySQL이나 DB2, PostgreSQL등 다른 DBMS에서는 필요한 행을 가져온 후에도 인덱스 읽기를 멈추지 않아 윈도우 함수를 이용한 페이지 처리가 그다지 효율적이지 않을 수 있다. 그러므로 아래 SQL과 같이 ROW_NUMBER 윈도우 함수를 사용한 페이지 처리 방식의 쿼리를 작성하는 것은 SQL Server나 Oracle 데이터베이스가 아닌 환경에서는 피하는 것이 좋다.

위 SQL에서 ROW_NUMBER 함수는 OVER 절에 정의된 정렬 순서에 따라 행 번호를 생성하고, 외곽의 WHERE 절은 이 행 번호를 검사하여 결과를 두 번째 페이지(5 ~ 10행)로 제한한다. 이것은 OFFSET 사용과 유사하여, 먼저 출력했던 부분을 다시 읽고 지나가서 6번 라인의 RN 조건에 해당하는 행을 만나면 출력을 시작하고, LIMIT나 FETCH FIRST 경우처럼 RN 범위를 벗어나면 멈추게 한다는 의도가 담겨 있다. 이때 SQL Server나 Oracle 데이터베이스는 중단 조건을 인식하고 해당 인덱스에 대하여 PIPELINED TOP-N 동작을 멈출 수 있지만, 다른 DBMS에서는 6번 라인의 RN 조건이 단순히 필터 조건으로만 사용되어 기대와 같이 동작하지 않기 때문에 주의가 필요하다는 것이다.

2.6 복잡한 DML 문장

일반적으로 DML 문장을 작성하는 방식에는 여러 가지가 있다. 신규 저장하려는 행의 컬럼별 데이터 값을 직접 작성하거나, 이미 존재하는 행이나 컬럼의 데이터에 대해 상수 또는 변수 값으로 갱신하거나, 아니면 특정 조건에 해당하는 데이터를 삭제하는 등의 처리에 대해 DML 문장 구문에 맞춰 작성한다. 그러나 어떤 상황에서는 작성자가 직접 상수를 제시하여 DML 문장을 처리할 수 없고 다른 테이블에 이미 존재하는 값을 읽어서 INSERT혹은 UPDATE 처리를 하기도 한다. 또한 다른 테이블에 저장된 임의의 값에 상응하는 데이터를 찾아서 삭제를 하는 등 다른 테이블과의 연관 속에서 DML 처리를 해야 할 수 있다. 여기서는 이와 같은 복잡한 형태의 DML 문장을 작성하는 방법과 개념에 대해 설명한다.

2.6.1 SELECT 구문을 활용한 INSERT

앞에서 INSERT INTO ~ VALUES 문장을 사용하여 대상 테이블에 1 행의 데이터를 추가하는 방법에 대해서 설명했다. 그러나 데이터를 입력할 때 항상 1 행씩만 입력하게 되면 다수의 레코드를 입력할 때 코딩량 증가로 인한 불편을 동반한다. 더불어 추가할 레코드 수가 많아지면 이를 입력하기 위해 INSERT 문장이 반복 실행되고 이에 따라 DBMS 부하도 나타날 수 있어 수행 시간이 오래 걸리게 되는 문제까지 나타날 수도 있다. 이때 이러한 대상 데이터가 다른 테이블에 이미 저장되어 있다면, 입력할 데이터 값을 직접 기술하는 대신 다른 테이블의 데이터를 검색하여 대상 테이블에 INSERT하도록 할 수 있다. 여기서 다른 테이블에 저장된 데이터를 읽으려면 SELECT 문장을 사용해야 한다. SELECT 문장의 수행 결과로 얻어진 중간 결과 집합을 대상 테이블에 저장하려면 INSERT 문장을 사용해야 한다. 이러한 처리를 한 번에 수행하는 방법은 SELECT 문과 INSERT 문을 결합하는 것이다. 이에 따라 다음과 같은 형식으로 INSERT 문을 작성하면 SELECT ~ INSERT 처리를 한 번의 SQL 문장 실행으로 처리할 수 있다.

```
INSERT INTO 입력_대상_테이블 [ (대상_컬럼_목록) ]
SELECT   컬럼_목록
FROM     조회_대상_테이블
WHERE    입력_대상_데이터_검색_조건 ;
```

이 INSERT 문장은 다음과 같은 특징을 갖고 있다.

- SELECT 절의 컬럼과 INSERT INTO 절에 나열하는 컬럼은 나열 위치에 따라 서로 상응하며, 이렇게 상응하는 컬럼들의 데이터 형식은 동일하거나 호환 가능해야 한다.

- INSERT INTO 절에 컬럼 목록을 나열할 때 NOT NULL 제약 조건을 갖고 있는 컬럼은 DEFAULT 제약 조건이 정의되어 있지 않는 한 누락되지 않아야 한다.

- INSERT 대상 테이블의 컬럼 순서를 SELECT 절의 컬럼 목록으로 일치시킬 수 있다면 INSERT 절의 컬럼 목록은 생략할 수 있다.

- SELECT 절의 컬럼과 INSERT 처리할 테이블의 컬럼 순서가 동일하면 INSERT절의 컬럼 목록은 생략할 수 있다.

참고로 INSERT INTO ~ SELECT 문장은 대상 테이블에 저장할 데이터를 다른 테이블에서 가져와 INSERT 처리를 한다는 것 외에 다중 행을 한 번의 INSERT 문장 실행으로 대상 테이블에 저장할 수 있다는 특징을 갖는다. 이때 다중 행을 대상 테이블에 저장하는 방법은 다음과 같이 VALUES 목록을 이용할 수도 있다.

> **Script**　　　　　　　　　　　　　　　　　　　　2장_24_SELECT 구문을 활용한 INSERT
>
> INSERT INTO 대상_테이블 VALUES (REC1), (REC2), (REC3), (...) ;
> INSERT INTO sqlstudy.enc_ord1 VALUES
> 　　　　(1,1,'2017-06-20 04:35:03.582895'::timestamp),
> 　　　　(2,2,'2017-06-20 04:35:07.564973'::timestamp),
> 　　　　... ;

2.6.2 SELECT 구문을 활용한 UPDATE, DELETE

UPDATE나 DELETE 처리 시 서브 쿼리를 통해 다른 테이블에 저장된 데이터와 연결되는 대상 테이블의 행에 대해서만 UPDATE 나 DELETE 처리를 할 수 있다. 또한 UPDATE 처리 시 지정한 갱신 대상 컬럼에 대해 갱신할 값을 다른 테이블에서 가져와 UPDATE를 수행할 수도 있다. 즉, UPDATE 처리 시 상수 값을 이용한 갱신 대상 검색이나 상수 값으로 대상 컬럼을 갱신하는 처리는 물론이고, 테이블 간의 관계를 이용하여 다른 테이블에 저장된 값을 이용한 갱신 대상 검색이나 갱신 값 생성이 가능하다는 것이다. 또한 DELETE 에서도 다른 테이블에 저장된 값과 비교하여 삭제할 대상 행을 선택할 수 있다.

다른 테이블과의 연관 관계를 이용한 갱신 대상 검색이나 갱신 값을 생성하는 UPDATE 문장의 형태는 다음과 같다.

> UPDATE 　대상_테이블 a
> SET 　　 대상_컬럼 = (스칼라 서브 쿼리)
> WHERE 　갱신_대상_검색_조건 ;

위 문장에서 WHERE절의 갱신_대상_검색_조건에는 다음과 같은 구문들이 단독으로 혹은 AND나 OR 연산에 의해 복합적으로 결합된 형태로 올 수 있다.

- **컬럼 연산자 상수값 또는 변수** : 지정한 컬럼에 대해 상수나 변수 값을 주어진 연산자로 연산한 결과에 의해 대상 행을 찾는다. 주로 =, 〉, 〉=, 〈, 〈=, 〈〉 등이 연산자로 사용되며, 컬럼 IN (값 목록) 형태가 될 수도 있다.

- **컬럼 연산자 (서브 쿼리)** : 주어진 컬럼에 대해 IN (서브 쿼리)와 같은 형태로 사용하여 서브 쿼리에서 다른 테이블에 저장된 값을 추출하여 주어진 컬럼에 저장된 값과 비교한다. 연산자는 IN 외에도 다양한 비교 연산자가 사용될 수 있다.

- **상관 서브 쿼리** : EXISTS (서브 쿼리) 또는 NOT EXISTS (서브 쿼리) 등의 형태로 사용된다. 갱신 대상 테이블의 컬럼이 서브 쿼리 내부에 존재하여 서브 쿼리에서 참조하는 다른 테이블의 특정 컬럼과 비교하는 형태를 갖고 있다. 갱신 대상 테이블의 전체 데이터나 WHERE절에 주어진 다른 검색 조건 구문이 있으면 이를 통해 일차 선별한 중간 결과 집합에 대해 먼저 한 행씩 읽어 가면서 서브 쿼리 내에 위치하고 있는 갱신 대상 테이블의 컬럼에 저장된 데이터와 대응하는 서브 쿼리 테이블의 데이터가 존재하는지를 체크하여 참(TRUE), 거짓(FALSE) 여부를 판단한다. 이러한 형태는 갱신 대상 테이블의 임의의 한 행에 대해 대응하는 서브 쿼리 테이블의 행이 다수일 때 이 행들을 모두 다 찾아내지 않고 한 행만 읽어 보고 참, 거짓 여부를 판단할 수 있기 때문에 성능 면에서 유리한 형태이다. 하지만 검색 대상 테이블에 이러한 방식으로 체크를 수행할 데이터가 많을 때는 오히려 성능이 나빠질 수 있다.

UPDATE 문장의 SET 절에 사용된 스칼라 서브 쿼리는 갱신 대상 컬럼에 대한 갱신 값을 다른 테이블에 저장된 관련 데이터로부터 생성한다.

이러한 형태의 UPDATE 문장에 대한 예시는 다음과 같다. 부산 지역에 거주하는 고객이 낸 주문에 대해 해당 주문의 주문 담당 부서에 소속된 사원들 중에서 거주 지역이 부산인 사원 중 한 명으로 교체한다.

| 예시 | 2장_25_SELECT 구문을 활용한 UPDATE,DELETE(1) |

```
UPDATE ENC_ORDER AS A
    SET ORD_EMP_NO = COALESCE(
                    (SELECT EMP_NO FROM ENC_EMP AS B
                    WHERE B.DEPT_NO = A.ORD_DEPT_NO
                      AND B.AREA = '부산'
                    LIMIT 1 ), '101')
WHERE A.CUST_ID IN (SELECT CUST_ID FROM ENC_CUSTOMER
                    WHERE CITY = '부산');
```

DELETE 문장의 경우도 UPDATE 문장에서 갱신 대상 행을 검색하는 경우와 마찬가지 방법으로 삭제할 대상 행을 검색할 수 있으며, 이러한 DELETE 문장의 형태는 다음과 같다.

```
DELETE FROM  대상_테이블
WHERE  삭제_대상_검색_조건 ;
```

위 DELETE 문장의 WHERE 절에 사용된 삭제_대상_검색_조건에 해당하는 내용은 UPDATE 문장의 갱신_대상_검색_조건의 내용과 동일하다. 이와 같은 형태의 DELETE 문장에 대한 예시는 다음과 같다.

| 예시 | 2장_25_SELECT 구문을 활용한 UPDATE,DELETE(2) |

```
DELETE FROM ENC_ORDER
WHERE (ORD_NO,ORD_STATUS) IN
        (SELECT ORD_NO,ORD_STATUS
            FROM (SELECT ORD_NO, ORD_STATUS,
                    ROW_NUMBER() OVER (PARTITION BY ORD_NO
                        ORDER BY ORD_STATUS_DT DESC) AS RN
                    FROM ENC_ORD_STATUS_HIST) AS T
            WHERE RN = 1
                AND ORD_STATUS <> '50')
AND COMPLETE_DATE IS NOT NULL ;
```

위 예시의 DELETE 문장은 주문(ENC_ORDER) 테이블에서 완료 일자(COMPLETE_DATE)가 채워진 행들을 대상으로 한다. 즉, 완료로 처리된 주문 건들 중 주문 상태 이력(ENC_ORD_STATUS_HIST) 테이블에 저장된 각 주문 데이터의 상태 값들과 비교하여 최종 상태가 '50(완료)'이 아닌 주문에 해당하는 주문 데이터들을 주문 테이블에서 찾아 삭제한다. 다시 말하면, 주문 테이블에서 완료 처리된 주문 건들 중 상태 변경 이력에는 최종 상태 값이 완료가 아닌 주문 건들을 찾아 삭제하는 것이다.

2.6.3 JOIN을 통한 UPDATE

UPDATE 수행 시 다른 테이블에 저장된 데이터와 비교하여 갱신 대상을 찾고 갱신 처리를 하는 방법으로 서브 쿼리를 이용하는 방법을 앞서 설명했다. 이 방법 말고도 관련된 다른 테이블과 직접 조인을 하여 갱신 처리할 대상과 갱신 값을 찾아 처리할 수도 있다. 이러한 방식의 처리를 수행하는 UPDATE 문장의 형태는 다음과 같다.

```
UPDATE table_name
    SET { column_name = 표현식 } [, ...]
[ FROM from_list ]
WHERE condition ;
```

위와 같은 UPDATE 문장은 from_list에 명시된 테이블과 WHERE 절 조건에 따른 INNER 조인을 통해 조인에 성공하는 UPDATE 절의 table_name 테이블의 대상 컬럼에 대해 UPDATE를 수행한다.

여기서 TAB1 : TAB2 = 1 : M 관계일 때, M집합과 조인하여 1 집합을 UPDATE 하는 경우 양쪽 테이블의 연관된 행들 중 하나 씩만 연결되면 UPDATE는 1집합에 대해 정상적으로 수행된다. 하지만 TAB1의 행이 TAB2의 다중 행과 조인이 되는 경우 PostgreSQL은 조인된 행의 순서에 따라 갱신 값이 달라질 수 있다. 아래의 예문은 TAB1 : TAB2 = 1 : M 관계인 상태에서 조인을 통한 UPDATE 처리를 수행하는 문장의 예시이다. TAB1은 WHERE 절 조건을 통해 다수의 TAB2 행과 조인 연결된다. 이렇게 얻어진 TAB2의 value2 값들 중 하나가 TAB1의 value1 컬럼에 대한 갱신 값이 된다. 이때 조인 결과 집합이 항상 일정한 순서로 만들어지지는 않기 때문에 상황에 따라 value2 에는 다른 값이 올 수 있다.

```
UPDATE TAB1 SET value1 = TAB2.value2
FROM TAB2
WHERE TAB1.id = TAB2.id;
```

반대로 조인을 통해 M 집합을 UPDATE 하는 것은 조인이 성공하는 행에 대해 정상적으로 수행된다. 이러한 처리 방식의 UPDATE 문장에 대한 예시는 다음과 같으며, TAB1 : TAB2 = 1 : M 관계를 갖고 있다.

```
UPDATE TAB2 SET value2 = 'updated'
FROM TAB1
WHERE TAB1.id = TAB2.id AND TAB1.value1 = 'c';
```

조인을 통한 UPDATE 처리는 여러 테이블과의 조인을 통해서도 UPDATE를 처리할 수 있으며, 이러한 UPDATE문장의 예시는 다음과 같다.

예시 — 2장_26_JOIN을 통한 UPDATE

```
UPDATE  ENC_ORDER AS a
    SET  AMOUNT = AMOUNT * CASE b.CONT_TYPE_CD
                              WHEN 'A0' THEN 0.8
                              ELSE 0.9 END
   FROM  ENC_CONTRACT AS b
   JOIN  ENC_DEPT AS c        ON b.CONT_DEPT_NO = c.DEPT_NO
   JOIN  ENC_CUSTOMER AS d ON d.CUST_ID = b.CUST_ID
  WHERE  a.CUST_ID = d.CUST_ID
    AND  d.CITY = '천안'
    AND  c.DEPT_NAME = '영업1팀' ;
```

위 UPDATE 문장은 영업1팀에서 관리하는 계약에 관련된 고객 중 천안에 거주하는 고객을 대상으로 주문 별 총 주문 금액에 대해 계약 유형에 따라 10% 또는 20%의 할인을 적용한다.

2.6.4 JOIN을 통한 단일 테이블 DELETE

UPDATE의 경우처럼 DELETE에 대해서도 다른 테이블과의 조인을 통해 처리 대상을 찾을 수 있다. DBMS에 따라서는 이와 같은 DELETE 처리의 경우 조인에 성공한 모든 행에 대해 모든 조인 대상 테이블에서 DELETE 처리가 수행되는 경우도 있다. 그러나 표준SQL에서는 이와 같은 처리 방식을 권고하지 않고 있다. PostgreSQL 역시 조인을 통한 다중 테이블의 DELETE는 지원하지 않는다. PostgreSQL에서 조인을 통해 DELETE 대상을 찾고 해당 행을 삭제하는 DELETE 문장의 예시는 다음과 같다. DELETE FROM 다음에는 삭제할 대상 테이블과 함께 USING 절에 조인 대상 테이블을 명시하며, WHERE 절에 조인 조건과 검색 조건 등이 사용된다.

예시	2장_27_JOIN을 통한 단일 테이블 DELETE

```
DELETE  FROM ENC_ORDER AS o
        USING ENC_EMP AS e
WHERE   o.ORD_EMP_NO = e.EMP_NO
        AND e.AREA = '창원';
```

위 쿼리는 창원 지역에 거주하는 사원들이 관리하고 있는 주문 건을 삭제한다.

2.6.5 다중 테이블 INSERT

다중 테이블 INSERT는 하나의 SQL 문장에 여러 테이블에 대한 INSERT 구문을 복합적으로 기술한 형태로 한 번의 SQL 실행으로 여러 개의 테이블에 데이터를 동시에 INSERT 처리하는 것을 말한다.

오라클 DB의 경우 INSERT ALL 이라는 구문을 제공하여 한 번의 INSERT 문장 실행으로 여러 개의 테이블에 동시에 데이터를 INSERT 하거나 하나의 테이블에 여러 가지 버전의 다중 행 데이터를 동시에 INSERT 하는 등의 처리가 가능하다. 이와 같은 다중 테이블 INSERT 방법은 DBMS나 그 버전에 따라 제공 여부의 차이가 있다. 이러한 기능을 제공하더라도 사용하는 구문 또는 방법에 차이가 있어 사용하는 DBMS의 해당 버전에서 이러한 기능을 제공하는지 확인할 필요가 있다.

PostgreSQL과 SQL Server를 비롯한 일부 DBMS에서는 표준SQL인 SQL:1999 버전에 정의된 CTE(COMMON TABLE EXPRESSION) 방식을 확장하여 WITH절 서브 쿼리를 이용한 INSERT 처리를 지원하고 있다. 특히 PostgreSQL의 경우는 WITH 절 서브 쿼리 안에 DML 문장을 사용할 수 있게 CTE 기능을 확장하여 다중 테이블 INSERT 처리를 할 수 있도록 하고 있다.

표준 SQL에서 제시하고 있는 CTE를 이용한 INSERT 문장은 WITH 절 서브 쿼리에서 INSERT 할 대상 데이터를 생성하여 메인 쿼리 부분의 INSERT 문장이 WITH 절 서브 쿼리에서 생성된 데이터를 제공받아 INSERT 처리할 수 있도록 하고 있다. 그러나 PostgreSQL은 이를 더 확장하여 WITH 절 서브 쿼리 안에 INSERT 문을 작성하고, 메인 쿼리 부분에 또 다른 테이블에 대한 INSERT 문을 사용할 수 있도록 하여 다중 테이블 INSERT 기능을 제공한다.

PostgreSQL에서 CTE 기능을 이용한 다중 테이블 INSERT 문장의 예시는 다음과 같다.

예시 — 2장_28_다중 테이블 INSERT(1)

```
WITH ins1 AS (
    INSERT INTO address (street, city, state, postal_code)
    VALUES ('test 1', '수원시', '경기도', '12345')
    RETURNING id)
, ins2 AS (
    INSERT INTO contact_point_type (id, type, issued)
    SELECT id, 'address', current_timestamp FROM ins1
    RETURNING id    — 여기서의 RETURNING절은 CTE의 필요 요소이나 사용되지는 않음
)
INSERT INTO address_info (id_ref, info_txt)
SELECT id, 'test address data'
    FROM ins1;
```

위 쿼리 문장은 모두 3개의 테이블에 동시에 INSERT를 처리한다.

위 쿼리 문장에서 ins1 서브쿼리에 VALUES 목록이나 SELECT 문장을 사용하면 여러 행을 한

꺼번에 여러 테이블에 동시에 INSERT 하는 것도 가능하다.

> **예시**   2장_28_다중 테이블 INSERT(2)
>
> ```sql
> WITH ins1 AS (
>     INSERT INTO sqlstudy.address (street, city, state, postal_code)
>     VALUES ('test 2', '고양시', '경기도', '23456'),
>            ('test 3', '강남구', '서울특별시', '34567'),
>            ('test 4', '용인시', '경기도', '45678')
>     RETURNING id
> )
> , ins2 AS (
>     INSERT INTO sqlstudy.contact_point_type (id, type, issued)
>     SELECT id, 'address', current_timestamp FROM ins1
>     RETURNING id   — 여기서의 RETURNING절은 CTE의 필요 요소이나 사용되지는 않음
> )
> INSERT INTO sqlstudy.address_info (id_ref, info_txt)
> SELECT id, 'test address data'
>   FROM ins1;
> ```

2.6.6 다중 테이블 UPDATE

다중 테이블에 대한 INSERT 처럼 CTE를 이용하여 다중 테이블에 대한 UPDATE도 가능하다.

CTE를 이용한 다중 테이블 UPDATE 방법의 예시는 다음과 같다.

예시   2장_29_다중 테이블 UPDATE(1)

```sql
WITH EMP_UPD AS (
  UPDATE ENC_EMP
      SET SAL = SAL * 1.2
    WHERE AGE >= 50
  RETURNING EMP_NO, DEPT_NO
)
UPDATE ENC_ORDER
    SET AMOUNT = AMOUNT * 0.9
  WHERE (ORD_EMP_NO, ORD_DEPT_NO) IN (SELECT EMP_NO, DEPT_NO
                                        FROM EMP_UPD);
```

위 문장은 연령이 50 이상인 사원들의 급여를 20% 인상하고, 이들과 이들의 소속 부서가 관리하고 있는 주문 건들에 대해 주문 금액을 10% 할인해 준다.

위 문장은 다음과 같이 마지막 줄의 IN 서브 쿼리를 대체하여 사용할 수 있다.

예시   2장_29_다중 테이블 UPDATE(2)

```sql
WITH EMP_UPD AS (
  UPDATE ENC_EMP
      SET SAL = SAL * 1.2
    WHERE AGE >= 50
  RETURNING EMP_NO, DEPT_NO
)
UPDATE ENC_ORDER A
    SET AMOUNT = AMOUNT * 0.9
   FROM EMP_UPD  B
  WHERE A.ORD_EMP_NO = B.EMP_NO
    AND A.ORD_DEPT_NO = B.DEPT_NO ;
```

2.6.7 다중 테이블 DELETE

다음은 CTE를 이용한 다중 테이블 DELETE 문장의 예시이다.

예시	2장_30_다중 테이블 DELETE(1)

```
WITH DEPT_DEL AS (
  DELETE FROM ENC_DEPT
  WHERE DEPT_NAME = '디자인1팀'
  RETURNING DEPT_NO
)
DELETE FROM ENC_EMP
WHERE DEPT_NO IN (SELECT DEPT_NO FROM DEPT_DEL);
```

위 문장은 ENC_DEPT 테이블에서 먼저 DELETE 처리가 수행된 후 삭제한 DEPT_NO를 반환하여 그 DEPT_NO에 해당하는 사원들을 ENC_EMP 테이블에서 삭제한다.

일반적으로 다중 테이블 DELETE는 외부키 제약조건(FOREIGN KEY CONSTRAINT)을 통해서도 구현할 수 있다. 다음은 외부키(FK) 제약 조건의 ON DELETE CASCADE 옵션을 통한 다중 테이블 DELETE 방법의 예시이다.

예시	2장_30_다중 테이블 DELETE(2)

```
CREATE TABLE order_items (
    product_no    INTEGER REFERENCES products ON DELETE RESTRICT,
    order_id      INTEGER REFERENCES orders ON DELETE CASCADE,
    quantityINTEGER,
    PRIMARY       KEY (product_no, order_id)
);
```

위와 같이 생성된 order_items 테이블에 대해 orders 테이블의 데이터를 삭제할 때 order_

items 테이블의 연계된 행들도 연쇄적으로 같이 삭제된다.

2.6.8 다양한 DML을 한 번에 처리

앞에서 CTE 방식을 이용하여 다중 테이블에 대해 한 번의 쿼리 실행으로 동시에 DML 문장이 수행되도록 하는 방법을 살펴 보았다. 이와 같은 CTE 방식을 이용하면 INSERT, UPDATE, DELETE 문장을 하나의 쿼리 안에서 복합적으로 수행하는 것도 가능하다. 다음은 이와 같이 CTE를 이용한 복합적인 DML 문장의 예시이다.

예시   2장_31_다양한 DML을 한번에 처리

```
WITH DEPT_DEL AS (
    SELECT DISTINCT A.DEPT_NO, B.EMP_NO
      FROM ENC_DEPT A JOIN ENC_EMP B ON A.DEPT_NO = B.DEPT_NO
     WHERE B.AREA = '부산' AND B.SAL BETWEEN 30000 AND 40000
),
ORD_MIS AS (
    UPDATE ENC_ORDER
       SET ORD_EMP_NO = '103'
     WHERE (ORD_DEPT_NO, ORD_EMP_NO) IN
       (SELECT DEPT_NO, EMP_NO FROM DEPT_DEL)
    RETURNING ORD_NO
)
EMP_UPD AS (
    UPDATE ENC_EMP
       SET DEPT_NO = 100
     WHERE (DEPT_NO, EMP_NO) IN
           (SELECT DEPT_NO, EMP_NO FROM DEPT_DEL)
       AND EXISTS (SELECT ORD_NO FROM ORD_MIS)
    RETURNING EMP_NO
),
DELETE FROM ENC_CONTRACT
 WHERE CONT_DEPT_NO IN (SELECT * FROM DEPT_DEL);
```

2.6.9 데이터 유무에 따른 UPDATE, INSERT 분기 처리

앞서 설명한 다중 테이블에 대한 DML 처리나 하나의 쿼리에서 복합적인 DML을 처리하는 유형의 문장들은 하나하나의 DML 문장들이 모두 실행되고 그에 따른 데이터 집합의 변경이 발생한다. 마지막으로 한 가지 더 설명할 것은 임의의 타겟 테이블에 원하는 데이터가 존재하면 UPDATE 문장을 처리하고, 존재하지 않으면 INSERT 문장을 처리하는 작업을 한 번에 할 수 있는 형태의 쿼리이다. 이러한 형태의 쿼리는 SQL:2003 표준SQL 버전에 도입된 MERGE INTO 문장으로 간단하게 해결할 수 있으며, 구문은 다음과 같다.

```
MERGE INTO 타겟_테이블 USING 참조_테이블 ON (비교 조건)
    WHEN MATCHED THEN
        UPDATE SET 컬럼1 = 값1 [, 컬럼2 = 값2 ...]
    WHEN NOT MATCHED THEN
        INSERT (컬럼1 [, 컬럼2, ...]) VALUES (값1 [, 값2, ...]);
```

이러한 형태의 MERGE INTO 문장은 UPDATE와 INSERT가 하나의 쿼리 내에 분기 형태로 병합되어 있기 때문에 달리 UPSERT(UPDATE or INSERT의 합성어) 라고 부르기도 한다. 하지만 MERGE INTO 문장을 모든 관계형 데이터베이스에서 지원하지는 않는다. 오라클을 비롯하여 DB2, SQL Server, Firebird, CUBRID 등이 지원하고 있고, 몇몇 다른 DBMS에서는 각기 다른 형태로 사용할 수 있도록 지원하기도 한다. 예를 들면 MySQL은 INSERT … ON DUPLICATE KEY UPDATE 문으로 UPSERT 처리를 할 수 있고, SQLite는 INSERT OR REPLACE INTO 문장으로 처리할 수 있도록 하고 있다.

MySQL에서 지원하고 있는 INSERT … ON DUPLICATE KEY UPDATE 문이 MERGE INTO와 다른 점은 INSERT … ON DUPLICATE KEY UPDATE 문이 INSERT에서 UPDATE로 넘어가려면 반드시 유일 값 인덱스(UNIQUE INDEX)나 기본 키(PRIMARY KEY)가 존재하여 이들이 갖고 있는 유일 값 제약조건에 의해 걸러질 때만 가능하다는 것과 유일 값 중복 여부를 체크하기 위해 INSERT 문장이 무조건 한 번은 실행되어야 한다는 점 등이다. 이에 반해 MERGE INTO 문장은 UPDATE와 INSERT의 분기를 위해 유일 값 인덱스(UNIQUE INDEX)나 기본 키(PRIMARY KEY)를 요구하지 않으며, 해당 데이터가 존재하는지 검사하여 UPDATE나 INSERT 둘 중 하나만 실행되도록 할 수 있다. 오라클이나 SQL Server는 MERGE INTO 문에서 UPDATE, INSERT외에DELETE 까지 사용할 수 있도록 지원하고 있다.

PostgreSQL의 경우는 CTE 방식 즉, WITH 절 서브 쿼리를 이용하는 방식으로 UPSERT 처리를 할 수 있도록 지원하고 있고, MERGE 문은 지원하지 않고 있다. PostgreSQL에서 WITH 절 서브 쿼리를 이용하여 UPSERT 처리를 하는 방법은 다음과 같다.

```
1  WITH CTE명 AS (
2      UPDATE 테이블_명 SET 갱신_대상_컬럼 = 갱신할_값
3      RETURNING *
4  )
5  INSERT INTO 테이블_명 (컬럼_목록)
6  SELECT 컬럼_목록에_상응하는_삽입할_값_목록
7  WHERE NOT EXISTS (SELECT * FROM CTE명);
```

위 문장은 WITH절의 UPDATE 문장이 먼저 실행되어 그 결과가 3번 라인의 RETURNING 절에 의해 메인 쿼리로 전달된다. 또한 메인 쿼리에서는 7번 라인에 표시된 것처럼 RETURNING 절에 의해서 전달받은 집합이 공집합인지를 검사하여 공집합이면 5번~6번 라인에 표시된 INSERT 문장이 실행되는 구조이다. 여기서 3번 라인의 RETURNING 절은 해당 DML의 처리 결과에 해당하는 내용을 반환한다. RETURNING * 에서 * 는 "SELECT * FROM 테이블_명;"과 같이 행 전체를 의미하며, * 대신 특정 컬럼을 사용할 수도 있다. 이 문장도 UPDATE를 무조건 한 번은 실행하도록 되어 있어, 여러 값에 대해 반복적으로 실행될 경우 불필요한 UPDATE 문의 실행이 증가할 수 있는 비효율을 갖고 있다.

위 문장을 사용하는 예시는 다음과 같다.

| 예시 | 2장_32_데이터유무에 따른 UPDATE,INSERT분기처리(1) |

```
WITH upsert_cte AS (
   UPDATE ENC_EMP SET SAL = SAL * 1.2 WHERE EMP_NO = 350
   RETURNING *
)
INSERT INTO ENC_EMP
SELECT 350,'토니 스타크',200,'2019-05-01'::date,12000,110,42,'목포'
WHERE NOT EXISTS (SELECT * FROM upsert_cte);
```

이 UPSERT 문장은 사원 테이블에 사원 번호 350이 사원이 있으면 급여를 1.2배로 갱신하고, 없으면 메인 쿼리의 SELECT 절에 나열된 값을 사원 테이블에 INSERT 한다. 이 문장은 앞서 설명한 것처럼 INSERT 처리를 하기 위해서 무조건 UPDATE를 실행해 보아야 한다.

UPDATE를 실행하지 않고도 원하는 데이터의 존재를 SELECT로 확인해 본 후에 INSERT나 UPDATE 처리가 수행되도록 위에 제시한 예시 문장을 다음과 같이 작성할 수 있다.

| 예시 | 2장_32_데이터유무에 따른 UPDATE,INSERT분기처리(2) |

```
WITH chk AS (
SELECT * FROM ENC_EMP WHERE EMP_NO = 350
)
, ins AS (
INSERT INTO ENC_EMP
SELECT 350,'토니 스타크',200,'2019-05-01'::date,12000,110,42,'목포'
WHERE NOT EXISTS (SELECT * FROM chk)
RETURNING *
)
UPDATE ENC_EMP AS u
    SET SAL = c.SAL * 1.2
  FROM chk AS c
 WHERE u.EMP_NO = c.EMP_NO
AND NOT EXISTS (SELECT * FROM ins);
```

위 문장은 chk로 명명된 서브 쿼리가 먼저 실행되고 나서 그 다음의 ins 서브 쿼리의 WHERE 절에 있는 "NOT EXISTS (SELECT * FROM chk)" 부분을 먼저 체크해 본다. 이와 같이 실행 여부를 판단하기 위해 먼저 체크해 보는 조건 구문을 **ONE-TIME FILTER**라고 부른다. **ONE-TIME FILTER**는 해당 쿼리 문장이 참조하는 테이블에 접근하지 않고도 곧바로 결과를 알 수 있는 조건 구문으로 주로 상수끼리의 비교에서 나타난다. 테이블에 접근해서 해당 컬럼의 데이터를 읽어 보아야만 결과를 판단할 수 있는 조건 구문은 FILTER라고 부르며, **ONE-TIME FILTER**와 달리 결과를 판단하기 위해 테이블에 접근을 해 보아야만 한다는 것은 실제로 해당 쿼리 문장이 실행되었음을 의미한다.

위 쿼리 문장의 chk 서브 쿼리에서 해당 행을 찾으면, ins 서브 쿼리는 WHERE 절의 **ONE-TIME FILTER**를 먼저 검사하여 FALSE가 되므로 INSERT 문장 자체가 아예 실행되지 않고 메인 쿼리의 UPDATE 문장 실행으로 연결된다. 이때 메인 쿼리의 UPDATE 문장도 WHERE 절에 있는 "NOT EXISTS (SELECT * FROM ins)" 라는 **ONE-TIME FILTER**조건을 갖고 있어 ins 서브 쿼리의 결과 집합을 먼저 한 번 체크해 본 후 실행 여부를 판단하게 된다. 이는 chk 서브 쿼리에서 해당 행을 찾은 경우 ins 서브 쿼리 부분은 실행되지 않아 공집합이 되고, 따라서 메인 쿼리의 **ONE-TIME FILTER**는 TRUE가 되므로 UPDATE 문장 실행으로 이어지게 된다.

반대로 chk 서브 쿼리가 공집합을 반환하게 되면 ins 서브 쿼리의 **ONE-TIME FILTER**는 TRUE가 되어 INSERT 문장이 실행되게 된다. ins 서브 쿼리의 RETURNING 절에 의해 ins 서브 쿼리의 처리 결과가 메인 쿼리로 전달 되어 메인 쿼리의 **ONE-TIME FILTER**를 FLASE로 만들게 되므로 메인 쿼리의 UPDATE 문장은 실행되지 않게 된다.

PostgreSQL에는 CTE 방식의 UPSERT 말고도 9.5버전부터 INSERT ON CONFLICT 문장을 이용한 UPSERT 처리 방법도 지원되는데, 이것은 MySQL의 INSERT … ON DUPLICATE KEY UPDATE 문장과 유사하다. 즉, INSERT 처리에서 키 값 중복이 발생하는지를 검사하여 INSERT 처리를 완료할지, UPDATE를 수행할지 등을 결정한다. INSERT ON CONFLICT 문장의 형태는 다음과 같다.

```
INSERT INTO 테이블_명 (컬럼_목록) VALUES (값_목록)
ON CONFLICT  target  action;
```

위 문장은 ON CONFLICT 절에 의해서 UPSERT로서의 기능을 발휘할 수 있다. 즉 target 부분에 명시한 사항에 대해 충돌(중복) 여부를 검사하여 충돌(중복)이 발견되면 action에 명시한 사항 즉, 대체 액션을 처리하게 된다. 이때 여기에 UPDATE 문장을 추가하여 UPSERT 처리가 되도록 할 수 있다.

ON CONFLICT 절의 target에 사용될 수 있는 내용은 다음과 같다.

- (컬럼명) : 충돌 여부를 검사할 컬럼을 지정한다.
- ON CONSTRAINT constraint_name : 지정한 제약조건을 검사한다. 보통 UNIQUE 제약조건명 등이 많이 사용된다.
- WHERE절 : WHERE 조건절을 사용할 수 있다.

그리고 ON CONFLICT 절의 action에 사용될 수 있는 내용은 다음과 같다.

- DO NOTHING : 기존 값과 충돌 시 아무 일도 하지 말라는 의미이다.
- DO UPDATE SET 컬럼1 = 갱신값1, … WHERE 조건 : 지정한 컬럼에 대해 UPDATE 처리가 수행된다.

INSERT ON CONFLICT 문장의 사용 예시는 다음과 같다.

예시	2장_32_데이터유무에 따른 UPDATE,INSERT분기처리(3)

```
INSERT INTO enc_customers (NAME, EMAIL)
VALUES  ( 'Microsoft', 'hotline@microsoft.com' )
ON CONFLICT ON CONSTRAINT enc_customers_name_key
DO NOTHING;
```

이 문장은 주어진 제약조건을 검사하여 충돌 발견 시 별다른 조치를 하지 않는다. 다음은 동일한 결과를 얻을 수 있는 또 다른 예시이다.

예시	2장_32_데이터유무에 따른 UPDATE,INSERT분기처리(4)

```
INSERT INTO ENC_CUSTOMERS (NAME, EMAIL)
VALUES ( 'Microsoft', 'hotline@microsoft.com' )
ON CONFLICT (NAME)    -- NAME 컬럼에 대해 충돌 검사
DO NOTHING;           -- 충돌 발견 시 그대로 둠
```

충돌이 발생했을 때 해당 데이터를 원하는 값으로 갱신하려면 아래와 같이 SQL을 작성하여 실행한다. NAME 컬럼에 'Microsoft' 라는 값이 이미 저장되어 있으면 EMAIL 컬럼에 이미 저장된 값에 대해 앞 부분에 새로 추가하려는 EMAIL 값을 구분자 ';' 과 함께 추가하여 합성한 문자열 값으로 EMAIL 컬럼을 UPDATE 한다.

예시	2장_32_데이터유무에 따른 UPDATE,INSERT분기처리(5)

```
INSERT INTO ENC_CUSTOMERS (NAME, EMAIL)
VALUES ( 'Microsoft', 'hotline@microsoft.com' )
ON CONFLICT (NAME)
DO UPDATE              -- 충돌 발견 시 UPDATE 실행
    SET email = EXCLUDED.EMAIL || ' ; ' || ENC_CUSTOMERS.EMAIL;
```

찾아보기

A

ABS 43
AGE 52, 62
ALIAS 15, 95
ALL 118, 141
ANCHOR MEMBER 148
AND 74, 98
ANY 113, 114
ARRAY 164, 183
ARRAY_AGG 164
AS 71
Ascending Order 13
ASC 14
ASCII 41
AVG 104
Aggregate Functions 99

B

BETWEEN 76
BIGINT 186
BOM (BILL OF MATERIAL) 156
BRANCH 151
BREADTH-FIRST SEARCH 151
BTRIM 41
BUILD-IN FUNCTION 29

C

cartesian product 112, 187
CASE 73
CAST 71
CBRT 44
CEIL 44
CEILING 44
CENTURY 55
CHARACTER 31
CHARACTER VARYING 31
CHAR_LENGTH 33
CHARACTER_LENGTH 33
CHR 41
CLOCK_TIMESTAMP 52
COALESCE 76, 77
COLUMN VALUES CONCATENATION 163
COMMON TABLE EXPRESSION 128, 148
CONCAT 32
CONCATENATION 31, 32
CONCAT_WS 32
CONDITIONAL EXPRESSIONS 73
constraint 266, 273
Conversion Function 64
CORRELATED SUB-QUERY 114, 124
COS 47
COUNT 101, 228
CROSSTAB 176
CROSS JOIN 187
CROSS JOIN LATERAL 187
CTE 128, 148
CUBE 213
CUME_DIST 225, 228
CURRENT ROW 222, 232
CURRENT_DATE 49, 53
CURRENT_TIME 49, 53
CURRENT_TIMESTAMP 49, 53

D

Data Warehouse 136, 221
DATE 49
DATETIME 49
DATETIME FUNCTION 49
DATE_PART 55
DATE_TRUNC 60
DAY 56
DBMS 13, 16
DEFAULT 85, 91
DELETE 112, 133
DENSE_RANK 226, 241
DEPTH-FIRST SEARCH 151

DERIVED TABLE 110, 136
Descending Order 13
DESC 14
DISTINCT 100, 107
DIV 44
DML 133, 255
DOUBLE 55
DOW 59
DOY 58

E
EMPTY SET 141
EPOCH 59
EXCEPT 141
EXCEPT ALL 141
EXISTS 119
EXP 45
EXPLICIT 64
Expression 15
EXTRACT 55

F
FACTORIAL 154
FETCH FIRST 23, 242
FILTER 169
FIRST_VALUE 230
FK 266
FLOOR 45
FOLLOWING 231
foreign key constraint 266
FUNCTION 29

G
GREATEST 78
GROUP BY 93
GROUP FUNCTION 29, 196
GROUPING SETS 217

H
HASHING 142
HAVING 97
HOUR 56

I
IMPLICIT 64
IN 117
INDEX 83
INITCAP 35
IN-LINE VIEW 110, 136
INSERT 13, 268
INSERT ON CONFLICT 272
INTERSECT 141
INTERSECT ALL 141
INTERVAL 49, 50
INTO 255
IS NOT 176
IS NULL 85
ISODOW 59

J
JOIN 260

K
KEY 20

L
LAG 229
LAST_VALUE 230
LATERAL 서브 쿼리 110
LATERAL 추출 테이블 110
LEAD 229
LEAST 78
LEFT 38
LEFT OUTER JOIN 219
LEFT OUTER LATERAL JOIN 219
LENGTH 33

LIMIT 20, 21
LN 45
LOCALTIME 53
LOCALTIMESTAMP 53
LOG 45
LOWER 35
LPAD 32
LTRIM 40

M

MATERIALIZED VIEW 136
MERGE INTO 268
MIN 105
MINUTE 57
MAX 106
MICROSECOND 58
MILLISECOND 58
MOD 44
MON 56
MONTH 56
MULTI-ROW FUNCTION 29

N

NON-CORRELATED SUB-QUERY 114
NOT EXISTS 119
NOT IN 117
NOT NULL 176, 256
NOW 54
NTH_VALUE 230
NTILE 229
NULL 18
NULLIF 77
NUMBER 70, 226
NUMERIC FUNCTION 43

O

OCTET_LENGTH 34
OFFSET 20, 21
ON DELETE CASCADE 266
ONE-TIME FILTER 271
OR 143
ORDER BY 13

OUTER JOIN 139
OVERLAPS 60
OVERLAY 34

P

PAGE NAVIGATION 249
PARTITION 222
PARTITION BY 222
PATH 151
PERCENT_RANK 225
PIPELINED ORDER BY 26, 246
PIPELINED SORTING 27
PIPELINED TOP-N 쿼리 27
PIVOT 168
PK 246
POSITION 36
PostgreSQL 18, 20
POWER 46
PRECEDING 231
PREDICATE PUSHING 110
primary key 266
PSEUDO COLUMN 20

Q

QTR 58
QUARTER 58
Query 108

R

RANGE 227
RANK 225
RANKING FAMILY 225
RECURSIVE MEMBER 148
RECURSIVE QUERY 148
RECURSIVE RELATIONSHIP 146
REGEXP 188
REGEXP_SPLIT_TO_TABLE 188
REGULAR EXPRESSION 188
REPEAT 33
REPLACE 35
RESULT SET 222
RETURNING 134

REVERSE 42
RIGHT 38
ROLLUP 196
ROUND 46
ROW 24, 122
ROW CONSTRUCTOR 122
ROWS ONLY 245
ROWNUM 20
ROW_NUMBER 226
ROW-WISE COMPARISON 122
RPAD 33
RTRIM 40
RUNNING SUMMARY 223
RUN-TIME ERROR 115

S

SCALAR SUB-QUERY 110, 126
SEARCHED CASE 74
SEC 57
SECOND 57
SELECT 255
SET 112, 140
SET OPERATION 140
SET OPERATOR 140
SIGN 46
SIMPLE CASE 73
SIN 47
SINGLE-ROW FUNCTION 29
SLIDING WINDOW 222
SPLIT_PART 39
SQRT 44
STATEMENT_TIMESTAMP 54
STRING AGGREGATE FUNCTION 163
STRING_AGG 164
STRING_TO_ARRAY 184
STRING FUNCTION 31
STRPOS 36
SUBSTRING, SUBSTR 37
SUB-QUERY 108
SUM 103
SYNCHRONIZED SUB-QUERY 124

T

TABLE 109, 136
TAN 47
text 31
TIMEOFDAY 52
TIMESTAMP 52
TOP 20
TOP-N 쿼리 20
TO_CHAR 66
TO_DATE 66
TO_NUMBER 66
TO_TIMESTAMP 66
TRANSACTION_TIMESTAMP 54
TRANSLATE 35
TRIM 39
TRUNC 47
Truncation 60

U

UNBOUNDED FOLLOWING 231
UNBOUNDED PRECEDING 231
UNION 16, 85
UNION ALL 85, 142
UNIQUE INDEX 268
UNNEST 183
UNPIVOT 190
UPDATE 257
UPPER 36
UPSERT 268
USER-DEFINED FUNCTION 29

V

VALUES, VALUES 목록 86
VARCHAR 31
VIEW 136
VIEW MERGING 137

W

WIDTH_BUCKET 47
WINDOW 196, 221
WINDOW AGGREGATE FAMILY 225
WINDOW FUNCTION 29, 221

WITH 133
WITH ORDINALITY 186
WITH RECURSIVE 148
WITH TIES 25
WS 32

Y

YEAR 56

ㄱ

가변 문자형 31
가상 컬럼 20
계층 경로 151
계층적 질의 146
고정 문자형 31
공집합 141
공통 테이블 표현식 128
그룹 함수 29, 196
그룹 내 비율 관련 함수 225
그룹 내 순위 관련 함수 225
그룹 내 집계 관련 함수 225
그룹 내 행 순서 관련 함수 225
기본값 91
깊이 우선 탐색 151

ㄴ

날짜/시간 절사 함수 60
날짜/시간 중첩 검사 함수 60
날짜형 함수 49
날짜형(DATE) 49
내장함수 29
너비 우선 탐색 151
누적곱 154

ㄷ

다중 컬럼 서브 쿼리 121
다중행 서브 쿼리 114, 122
다중행 함수 29
단일행 서브 쿼리 114, 115
단일행 함수 29
데이터 웨어하우스 136

독립 서브 쿼리 114
동기화 된 서브 쿼리 124

ㅁ

메인 쿼리 109
명시적 변환 64
묵시적 변환 64
문자열 병합/연결 함수 31
문자열 집계 함수 163
문자열 추출 함수 37
문자형 함수 31

ㅂ

배열 183
변환형 함수 64
뷰 병합 137

ㅅ

사용자 정의 함수 29
삼각함수 47
상관 서브 쿼리 114, 124
서브 쿼리 108
순환 관계 146
순환 관계 데이터 모델 146
숫자형 함수 43
스칼라 서브 쿼리 126
시간 선분 60
시간형(TIME) 49
실체화 뷰 136
실행 오류 115

ㅇ

앵커 멤버 148
윈도우 221
윈도우 함수 29, 221
인라인 뷰 110, 136

ㅈ

재귀 멤버 148
재귀 쿼리 148
정규식, 정규 표현식 188
집계 함수 99, 196
집계 기준 컬럼 203

집합 연산 **140**
집합 연산자 **140**
조건 표현식 **73**
조건절 진입 **110**
조건절 밀어 넣기 **110**

ㅊ

추출 테이블 **136**

ㅋ

카테션 곱 **112**
컬럼 값 연결 **163**

ㅌ

타임스탬프(TIMESTAMP) **49**
트리 구조 **149**

ㅍ

파티션 **222**
페이지 내비게이션 **249, 250**
페이지 처리 **242**
포맷 문자 **65**
피봇 **168**

ㅎ

하위 쿼리 **109**
함수 **29**
해싱 **142**
행 단위 비교 **122**
행 생성자 **122**